없는 민주공화국의 붕괴를 목도했을지도 모른다. 이 책도 나오지 못했을 것이다.

최악의 시나리오는 피했으나 다시 출발점일 뿐이다. 스스로에게 던진 질문으로 시작한 이 작업을 끝내니 한결 홀가분하다. 길게 써낸 답을 독자와 나눌 수 있는 시간이 다가오니 지나온 여정의 고단함마저 아스라하다. 이 책에는 여전히 많은 공백이 있고, 새로운 질문과 대답도 추가되어야 한다. 하지만 오늘까지의 깊은 고민은 담겨있다. 여기에 기대어 내일로 나아가려 한다. 이 책에 기대어 내일 더 많은 사람을 만나면 더욱 좋겠다.

2025년 4월 4일 11시 22분
윤석열 파면 시각을 확인하며

최광은

[차례]

책을 펴내며   2

|들어가며|
왜 지금 제7공화국인가: 민주주의 위기와 새로운 정치체제 모색   10

1부 제6공화국 체제의 종언: 12·3 내란과 대통령제의 한계

1장 12·3 내란 사태와 제6공화국 체제의 위기
12·3 내란의 전조, '부정선거 음모론'   21
비상계엄 선포, 12·3 내란의 발발   28
계엄 포고령의 무지막지함   31
12·3 내란은 '친위쿠데타'   34
윤석열은 왜 그랬을까   37
근본적인 문제는 현행 '대통령제'   40
12·3 내란과 민주주의의 후퇴 현상   42

2장 한국 정치체제의 역사적 변천: 제1공화국에서 제6공화국까지
의회제에서 독재적 대통령제로의 '변침'   51
4·19 혁명과 의회제의 실험   53
대통령제의 외피를 쓴 독재체제   56
1987년 6월 민주항쟁의 성과와 한계   60
사회적 논의와 합의로 열어야 할 제7공화국   67

3장 한국 대통령제의 구조적 한계: 제도와 운영의 문제점
미국식 대통령제의 변용   73
대통령의 막강한 권한과 국무회의의 형해화   75
승자독식, 정당정치의 왜곡, 책임성의 실종   79
'분점정부'의 일상화 문제   84
대통령제 자체에 대한 문제의식의 확산   89
대통령제 개혁을 둘러싼 논생: 제도와 행위자   92
제도개혁의 필요성과 근본적 과제   96

Beyond South Korea's Presidential System Toward a Consensus Democracy

대통령제의 종언

내란을 넘어 제7공화국으로

최광은 지음
정직한 모색

책을 펴내며

지난해 12월 14일, 졸저인 『위성정당 OUT!』2024, 정직한 모색 북토크를 마치고 참가자들과 함께 여의도 국회 앞으로 이동했다. 이 책은 위성정당이라는 기형적 정치 현상이 한국 민주주의를 어떻게 훼손했는지를 분석하고 그 해결책을 모색한 것이었다. 그날은 우연히 또 다른 민주주의의 중요한 순간과 맞닿아 있었다. 국회에서 윤석열 탄핵소추안이 가결되는 역사적 순간을 수많은 시민과 함께 지켜볼 수 있었다.

탄핵소추안 가결 소식이 전해지고 얼마 후, 여의도에 모인 군중은 환호와 안도감 속에서 서서히 흩어지기 시작했다. 일단 소임을 다했다는 듯한 표정들이었다. 칼날 같은 찬바람이 내리치는 서강대교를 건너는 사람들의 물결 속에 몸을 맡겼다. 다음 목적지가 정해져 있는 듯이 모두 말없이 한 방향으로 묵묵히 움직였다. 헌법재판소의 최종 판단을 기다리는 시간이 남았을 뿐 그 너머의 목적지는 사실 불분명했다.

이 다리를 다 건너면 이제 어디로 가야 하는 것인지 고민이 깊어졌다. 내란 우두머리 윤석열의 탄핵과 파면에 이어 내란 가담자를 단죄하는 것만으로 충분할까? 민주주의가 다시는 이런 위기를 겪지 않도록 하려면 무엇을 바꿔야 하는가? 윤석열이라는 개인을 사회에서 격리하는 것보다 더 근본적인 변화가 필요하지 않을까? 굳이 내가 나서서 이런 질문까지 던져야 하는 것일까? 무수한 의문이 쏟아졌다.

내란 사태에 분노한 평범한 시민으로서, 민주주의를 연구해 온 정치학자로서, 이 문제를 회피할 수 없다는 자각이 점점 거세졌다. 다리를 다 건널 무렵, 내란 종식 이후의 민주주의를 위해 작은 목소리라도 보태야 하겠다는 마음을 굳혔다. 대통령제가 가진 구조적 결함을 넘어설 새로운 정치체제가 필요하다는 결론에 도달했다. 내란 주범과 종범에 대한 처벌을 넘어 민주주의의 체질 자체를 바꾸는 근본 처방이 시급하다고 생각했다.

대통령 선거와의 첫 인연은 대학생 때인 1992년으로 거슬러 올라간다. 백기완 '민중 대통령 후보' 선거운동에 참여했다. 선거운동 자금에 보탠다며 귤을 한아름 들고 강의실을 돌며 팔아 푼돈을 모으기도 했다. 백기완의 사자후獅子吼를 모든 사람이 들을 수만 있다면 세상이 금방 바뀔 것만 같았다. 민중후보를 지지한 민중이 단지 1%에 불과함을 확인했지만, 곧 민중이 주인 되는 세상이 올 것이라 믿었다.

그런 세상을 만드는 것이 중요했으므로 대통령이라는 자리도 쓰임이 있을 줄 알았다. 그 후로도 한참 그런 세상을 꿈꾸는 대통령만 뽑으면 문제가 해결되리라 생각했다. 하지만 그런 미래는 결코 가까이 오지 않았고, 냉혹한 현실만 늘 마주했다. 12·3 내란은 상상조차 할 수 없었던 끔찍한 현실이었다. 이런 현실이 반복될 수도 있다는 생각에 몸서리쳤다. 30여 년이 넘도록 한 구석에 봉인해 두었던 질문을 드디어 꺼냈다.

지난 2월 25일 헌법재판소는 윤석열 대통령 탄핵심판 최종 변론 절차를 마무리했다. 국회가 탄핵소추안을 의결한 지 73일 만이었다. 그리고 4월 4일 헌법재판소는 드디어 전원 일치 의견으로 윤석열 대통령을 파면했다. 비상계엄이 선포된 12월 3일로부터 123일 만에 내려진 결정이다. 사실 많은 이들이 만장일치 파면 결정을 예상했다. 그 밖의 경우는 상상조차 하기 어려웠기 때문이다. 상식에 부합하는 당연한 결과였다.

지난 12월 14일부터 약 석 달 동안 어렴풋한 책 구상에서부터 세세한 각주 수정에 이르기까지 원고와 관련된 모든 일을 마쳤다. 이 책 원고 거의 모두는 헌법재판소 최종 선고가 나오기 이전에 완성되었다. 만에 하나 윤석열의 파면이 기각되었다면, 지금까지와는 완전히 다른 세상이 펼쳐졌을 것이다. 실패한 12·3 내란이 준 충격과는 비교할 수조차

2부 민주주의의 재구성: 이론과 제도개혁 논의의 쟁점

4장 민주주의 공고화론의 한계: 12·3 내란과 전 지구적 민주주의 위기

민주화 이행의 불완전성과 '보수적 민주화'	104
권위주의 잔재의 지속성	108
민주적 통제 및 견제 장치의 미비	111
민주주의의 단계적 발전론의 한계: '공고화론'을 중심으로	114
목적이 아닌 과정으로서의 '영속민주화론'	118
세계 각국에서 나타나는 민주주의 위기	121
민주주의 위기의 구조적 원인과 대응 전략	127

5장 기존 통치형태 개혁 논의에 대한 비판적 검토

1987년 이후 개헌 논의의 굴절	135
'4년 중임 대통령제'가 대안인가?	140
그렇다면 '준대통령제'는 괜찮은가?	144
대통령제에는 죄가 없다?	149
대통령제에 대한 뿌리 깊은 애착	152
의회제 도입에 대한 거부감과 우려	154
기존 제7공화국 구상의 의의와 한계	160

6장 한국 '선거-정당체제'의 문제점과 개혁의 필요성

'다수대표제'가 붙들어 맨 '양당제'	166
양당제의 고착화와 그 폐해	172
'위성정당'의 등장과 민주주의의 형해화	176
선거제도 개혁의 과제	179
정당 민주주의 개혁의 방향	182

3부 제7공화국의 청사진: 합의 민주주의로의 전환

7장 합의 민주주의 체제의 토대: 의회제와 비례대표제
대통령제의 구조적 결함   189
의회제의 특징과 장점   193
다수대표제에서 비례대표제로의 전환   196
다수결 민주주의에서 합의 민주주의로   200
OECD 국가 사례가 보여주는 시사점   207
제도개혁과 정치문화의 관계   214

8장 합의 민주주의 체제의 발전: 기본권, 분권, 참여
기본권의 실질적 보장   222
새로운 기본권의 확립   226
경제민주화의 실현   229
노동기본권의 보장   233
지역자치와 균형발전 강화   236
시민참여의 제도화   240
환경권과 미래세대 권리의 보장   245
합의 민주주의의 심화를 위하여   248

9장 제7공화국 수립의 과제와 전망
'개헌의 역설'   251
헌법개정 논의의 현실과 과제   255
제7공화국 수립의 최소 과제: 계엄제도의 개혁   257
제7공화국 수립의 핵심 과제: '의회제-비례대표제' 도입   260
헌법개정의 범위와 내용   264
헌법개정과 선거제도의 문제   266
헌법개정 과정의 민주화   269
시민참여형 헌법개정과 시민사회의 역할   272
제7공화국 이행의 로드맵   277

|맺으며|
제7공화국의 미래: 시속 가능한 민주주의를 위하여 284

참고문헌 290
찾아보기 297

|들어가며|
왜 지금 제7공화국인가:
민주주의 위기와 새로운 정치체제 모색

2024년 12월 3일 대한민국의 민주주의는 예기치 못한 심각한 위기를 맞았다. 윤석열 대통령이 전국에 비상계엄을 선포한 것이다. 이는 내용상은 물론 절차상으로도 명백한 위헌·위법 행위였고, 형법 제87조가 규정하는 '내란'에 해당하는 중대한 범죄였다. 내란 우두머리 윤석열을 비롯한 그의 지지자와 동조자들은 이 사태가 내란이 아니라 기껏해야 '소란'이나 '해프닝'에 불과하다고 항변했지만, 이 사태를 두 눈 부릅뜨고 생생하게 지켜본 시민들 가운데 이러한 항변에 동조하는 사람은 거의 없다. 대통령이 자신의 권한을 이용해 무장 병력을 동원하여 국회와 중앙선거관리위원회_{이하 선관위}를 향해 총부리를 겨눈 순간, 그 자체로 한국 민주주의는 미증유의 후퇴를 경험했다.

물론 아무런 전조가 없었던 것은 아니다. 이는 비상계엄 선포를 암시했던 윤석열의 여러 발언만을 의미하는 것이 아니다. 한국 민주주의의 수준 자체가 최근 급격히 추락하고 있었다. '민주주의 다양성 연구소$_{\text{V-Dem Institute}}$'가 매년 발표하는 지표가 이를 잘 보여준다. 2018년 한국은 '선거 민주주의 지수$_{\text{Electoral Democracy Index}}$'가 0.87$_{\text{세계 13위}}$, '자유 민주주의 지수$_{\text{Liberal Democracy Index}}$'가 0.8$_{\text{세계 13위}}$을 기록했으나$_{\text{V-Dem Institute 2019, 54}}$, 2023년에는 각각 0.70$_{\text{50위}}$과 0.60$_{\text{47위}}$으로 현저하게 후퇴했다$_{\text{V-Dem Institute 2024, 62}}$.

12·3 내란 사태는 이보다 훨씬 더 한국의 민주주의를 바닥으로 추락시킨, 결코 일어나서는 안 될 역사적 사건이었다. '민주주의 다양성 연구소'는 체제 유형을 '폐쇄된 권위주의', '선거 권위주의', '선거 민주주의', '자유 민주주의' 순서로 높아지는 네 단계로 구분한다. 한국은 1993년 처음 '자유 민주주의' 국가로 분류된 후 30년 내내 이 지위를 유지해 왔다. 그러나 12·3 내란 사태를 겪은 2024년 그 지위를 잃고 '선거 민주주의' 국가로 내려앉고 말았다$_{\text{V-Dem Institute 2025, 53}}$.

12·3 사태의 본질은 실패한 '친위쿠데타'이다. 대통령이 '대통령제'에서 곧잘 출현하는 분점정부 아래 교착상태를 정치적 수단으로 풀려는 생각을 하지 않고 자신이 가진 비상계엄 선포권을 통해 이러한 갈등을 매우 폭력적인 방식으로 해결하려고 한 것이 12·3 내란 사태의 본질이다. 많은 사람들이 윤석열의 비상식적 결단을 단순히 그의 개인적 특

성 또는 판단 오류의 결과로 치부하기도 했지만, 12·3 내란 사태와 그 이후 전개된 일련의 과정은 대통령제의 일반적 문제점을 가장 전형적으로 보여주었다. 이는 전 세계의 정치학자들이 통치형태에 관한 '결정적 사례' 연구의 대상으로 삼을 만한 일이다.

"나는 싸우다 죽을 거다. 죽어도 여한이 없다." 윤석열이 대통령 임기 시작 때부터 읊조렸다는 말이다. 2022년 10월 국민의힘 원외 당협위원장과의 오찬에서는 야당인 더불어민주당을 겨냥하여 "적대적 반국가 세력과는 협치가 불가능하다"라는 발언을 남기며 속내를 거침없이 드러냈다. 검찰 수사 결과에 따르면, 윤석열 등은 2024년 3월경부터 비상계엄을 염두에 두고 여러 차례 논의를 해왔고, 11월경부터는 실질적인 준비를 진행한 것으로 드러났다.

더욱 아이러니한 것은 법조인 출신 대통령이 헌법과 법률을 자의적으로 해석하며 위헌·위법 행위를 자행했다는 점이다. 수십 년간 법을 다뤘다는 대통령이 현행법을 자의적으로 해석하여 위헌·위법한 행위를 저지를 수 있었던 배경에는 문제의 개인 윤석열만 있는 것이 아니다. 막강한 권한을 가진, 또는 그러한 권한을 가진 것으로 착각하게 만든 대통령이라는 자리가 존재했다. 이는 개인의 일탈을 넘어선 제도의 실패를 여실히 보여준다. 대통령에게 부여된 막강한 권한과 그 권한에 대한 효과적인 견제 장치의 부재가 이러한 사태를 허용했다. 검찰은 12·3 내란 사태를 국헌 문란 목적의 폭동, 즉 내란이라고 결론 내렸다. 윤석열이 위헌·위법한 비상계엄을 선포하고 포고령을 발령한 점, 무장한 군대와 경찰이 국회를 봉쇄한 점, 국회의원 등 주요 인사와 선관위 직원을 영장 없이 체포·구금하고 선관위 전산 자료를 영장 없이 압수하려 한 점 등을 종합해 볼 때 국헌 문란의 목적이 충분히 인정된다는 것이다. 윤석열 대통령의 파면을 결정한 헌법재판소의 판단도 이와 다르지 않다.

1964년 샤를 드골Charles de Gaulle은 "국민이 선출한 대통령에게 국가의 불가분의 권위가 전적으로 주어진다. 대통령이 부여하거나 유지하지 않는 다른 어떤 권위도 존재하지 않는다. 그것이 장관의 권위든, 민간의 권위든, 군사적 권위든, 사법적 권위든 말이다"라고 주장했다Lijphart 2023, 3-4 재인용. 이는 간선제였던 1958년 대통령 선거에서 당선된 드골이 1965년 대통령 직선제를 앞둔 시점에서 한 발언이었다. 직선 대통령이 되고 나서 드골의 이 생각은 더욱 강화되었을지도 모른다. 그는 의회 역시 국민이 선출한다는 사실을 간단히 무시했다. 대통령과 국회의원 모두 국민의 직접 선거로 선출되므로 민주적 정통성의 원천은 동일하다. 그럼에도 대통령은 자신의 민주적 정통성이 가장 크다는 인식을 갖기 쉽다.

윤석열도 그랬다. 윤석열은 끝까지 자신의 위헌·위법한 계엄 선포가 대통령의 통치행위로서 정당하다고 여겼다. 그의 이 잘못된 신념은 개인의 깨달음도 아니고 하늘에서 갑자기 툭 떨어진 것도 아니다. 한국의 대통령제는 민주주의가 무엇인지도 모르고 정치 경험이 없는 자라도, 순간적인 이미지 정치를 통해 최고 권력자가 될 수 있는 구조적 맹점을 지니고 있다. 더욱 심각한 것은, 이러한 권력자가 내각과 의회의 견제 없이 독단적 결정을 강행할 수 있다는 점이다. 통치형태가 의회제였다면, 윤석열과 같은 인물은 총리 자리까지 오르기 어려웠을 것이다. 설령 그 자리에 오를 수 있다고 가정해도, 내각과 의회를 무시하고 혼자 독단적으로 비상조치를 감행할 수는 없었을 것이다. 그럼에도 위헌·위법한 비상조치를 감행할 수 있었다면, 즉각적인 의회의 불신임 투표를 통해 곧바로 실각했을 것이다.

1987년 개헌 협상에서 노태우의 민주정의당은 '6년 단임' 대통령제를 주장했고, 김영삼과 김대중은 '4년 중임' 대통령제를 지지했다. 결국 이들은 '5년 단임' 대통령제로 적당한 수준에서 타협했다. 이 타협의 본질은 노태우, 김영삼, 김대중 모두 대통령이 되기를 열망하는 정치인으로서 각자의 기회를 극대화하는 것이었다. 그리하여 5년 단임 대통령 직선제를 뼈대로 한 제6공화국 헌정憲政질서, 즉 '87년 체제'가 출범했다. 지금까지 이 체제의 한계에 대한 수많은 논의가 있었지만, 12·3 내란 사태만큼 그 근본적 결함을 적나라하게 드러낸 사건은 없었다.

실질적 민주주의를 보장하는 제도적 장치는 여전히 미비하지만, 87

년 체제는 형식적 민주주의의 틀이 상당히 공고화된 체제라는 인식이 그간 지배적이었다. 그런데 12·3 내란 사태는 이 형식적 민주주의마저 한순간에 물거품이 될 수 있는 87년 체제의 불안정성을 극명하게 드러냈다. 한 명의 대통령이 헌법에 명시된 권한을 자의적으로 해석하고 군대를 동원하는 것만으로도 수십 년간 쌓아온 민주주의의 토대가 붕괴될 수 있다는 사실이 확인된 것이다. 이는 대통령 직선제 도입이라는 성과에 안주한 채 권력구조의 근본적 개혁을 차일피일 미룬 가운데 생긴 일이기도 하다. 특히 권력의 집중과 남용을 효과적으로 견제할 수 있는 제도적 안전장치가 부재했다는 점은 한국 민주주의의 치명적 약점으로 드러났다.

이제 우리는 이러한 체제 수준의 결함을 직시하고 근본적인 정치체제 전환을 모색해야 한다. 제7공화국 수립은 단순한 정치적 수사가 아니라 12·3 내란이 드러낸 민주주의의 취약성과 한계를 극복하기 위한 이 시대의 요구다. 이 새로운 정치체제는 세 가지 핵심 가치에 기반해야 한다. 대통령제에서 의회제로의 전환은 한 개인에게 과도한 권력이 집중되는 현 체제의 위험성을 해소하고, 권력의 분산과 견제 및 균형의 원리를 실현할 것이다. 현행 다수대표제를 비례대표제로 전환하는 것은 다양한 민의가 골고루 반영되는 대의 민주주의의 혁신을 가능케 할 것이다. 이와 함께 시대의 흐름에 맞게 기본권을 확장하고 분권과 참여의 새로운 패러다임을 확립하며 형식적 민주주의를 넘어 실질적 민주주의를 강화해야 한다.

민주주의를 단순히 덜 나쁜 지도자를 뽑는 일에 가둘 수 없다. 민주주의는 플라톤Plato이 꿈꾼 철인왕哲人王의 출현을 고대하는 도박과 같은 것이 아니라, 굳건한 민주적 장치로 뒷받침되는 안정적 시스템이어야 한다. 대통령에게 과도한 권한을 부여하면서도 그 권한을 선용하라고 훈계하는 방식으로는 민주주의를 지켜낼 수 없다. 12·3 내란 사태에서 보았듯이 윤석열 한 개인의 판단만으로 대한민국은 한순간에 추락할 수도 있었다. 가까스로 추락을 막은 것은 국회의 계엄 해제권 작동이라는 제도적 장치, 헌정질서 수호를 위한 시민들의 적극적인 저항, 위헌·위법한 명령에 대한 계엄군의 소극적인 저항 등이 여러 우연적 요소와 함께 결부되었기 때문이다. 이처럼 불안정하며 우연적 요소에 의존할 수밖에 없는 민주주의를 그대로 지켜만 보자고 해서는 안 된다.

이 책은 12·3 내란이라는 역사적 위기를 새로운 도약의 계기로 전환하자고 주장한다. 1부에서는 현행 정치체제의 위기와 한계를 진단한다. 부정선거 음모론의 등장과 함께 한 12·3 내란의 발발 과정과 그 본질을 '친위쿠데타'의 관점에서 짚어보고, 제1공화국부터 제6공화국까지 한국 정치체제의 역사적 변천을 살펴본 뒤, 한국 대통령제의 구조적 한계를 분석한다. 2부에서는 먼저 민주화에 성공하고 정권교체가 반복되면 민주주의가 안정화된다는 '민주주의 공고화론'의 한계를 지적하면서 그 대안적 이론으로 '영속민주화론'을 제시하고, 전 지구적 민주주의의 위기와 그 원인을 함께 짚어본다. 이어서 기존 통치형태 개혁 논의를 비판적으로 검토한 뒤, 한국 '선거-정당체제'의 문제점 분석으로 나아간다. 3부에서는 제7공화국의 구체적 청사진을 제시한다. '의회제-비례대표제'라는 제도적 토대 위에서 기본권, 분권, 참여를 실질화하는 '합의 민주주의consensus democracy' 체제를 제안하면서, 시민참여형 헌법개정 방안과 함께 제7공화국 수립의 구체적인 과제와 이행 로드맵을 살펴본다.

내란 우두머리 윤석열과 그 일당에 대한 단호한 법적 처벌만으로는 내란 사태가 마무리될 수 없다. 윤석열이라는 부적합한 인물을 대통령으로 만들고 그의 권한 남용을 견제하지 못한 제6공화국 체제의 근본적 개혁 없이는 진정한 내란 종식을 선언할 수 없기 때문이다. 대통령제를 정점으로 한 현행 정치체제가 교착과 파행 상태를 넘어 왜 이런 지경까지 오게 되었는지 그 근본적인 이유를 직시해야 한다. 12·3 내란 사태가 드러낸 한국 민주주의의 취약성과 한계를 극복하는 것은 누구도 부정할 수 없는 이 시대의 과제다. 제7공화국 수립은 단순히 대통령제를 부분적으로 개선하는 것이 아니라 통치형태 전환을 포함한 대의 민주주의 체제의 근본적 재구성을 의미한다. 의회제-비례대표제를 핵심으로 하는 합의 민주주의 체제에 기초한 제7공화국을 제안하는 이 책이 앞으로의 사회적 논의에서 유의미하게 쓰이기를 기대한다.

1부

제6공화국 체제의 종언:

12·3 내란과 대통령제의 한계

– 1장 –
12·3 내란과 제6공화국 체제의 위기

독재정권과 연관된 친위쿠데타필리핀의 페르디난드 마르코스[1965-86]와 같은는 냉전 시기와 냉전 종식 후 10년 동안 상당히 흔했다. 1990년대에는 총 다섯 건의 친위쿠데타가 있었다. 1992년 페루알베르토 후지모리, 1995년 아르메니아레본 테르-페트로시안, 1995년 벨라루스알렉산드르 루카셴코, 1996년 잠비아프레데릭 칠루바, 그리고 1999년 아이티르네 프레발에서 발생했다. 다행히도 그 이후 민주주의 국가에서의 행정부 쿠데타 수는 급감했다. 2000년부터 2013년 사이에 니제르만이 유일하게 친위쿠데타를 경험한 민주주의 국가였다. Bermeo 2016, 7

윤석열은 "나는 싸우다 죽을 거다. 죽어도 여한이 없다"라는 말을 대통령 임기 시작 때부터 읊조렸다고 한다.[1] 2022년 10월 국민의힘 원외 당협위원장과의 오찬 자리에서는 "적대적 반국가 세력과는 협치가 불가능하다"라는 서슬퍼런 말을 처음으로 더불어민주당을 겨냥해 사용했다. 이후에도 윤석열은 2023년 6월 한국자유총연맹 기념식, 8월 광복절 경축식, 9월 국립외교원 기념식 등에서 계속 '반국가 세력'을 물리쳐야 한다고 강조했다.[2] 일회성의 즉흥적 발언이 아니었다. 검찰 수사 결과에 따르면, 윤석열과 그의 측근들은 2024년 3월경부터 비상계엄을 염두에 두고 여러 차례 논의를 진행했으며, 11월부터는 실질적인 준비 작업에 착수했다.[3] 12월 3일 전 국민이 갑작스레 맞닥뜨린 비상계엄은 사실 윤석열의 머릿속에서 오랫동안 차근차근 준비되어 온 것이었다.

12·3 내란의 전조, '부정선거 음모론'

윤석열은 2024년 제22대 총선에서 더불어민주당이 175석이라는 압도적 의석을 차지한 것에 대해 깊은 불신을 품었다. 선관위가 조직

---

1) 조귀동, 尹, 퇴각 모르는 '나무대가리' 오기가 파멸 불렀다, 新東亞, 2024.12.07.
2) 민주당 "尹 '반국가세력' 발언, 北 조선중앙방송 듣는 줄", 한경, 2024.08.21.
3) 12·3 비상계엄 특별수사본부, 보도 참고자료-김용현의 내란중요임무종사, 직권남용 사건 수사결과, 2024.12.27.

적인 부정선거에 연루되었다는 의혹을 갖고 강도 높은 조사를 시도했으나 이렇다 할 증거는 찾지 못했다. 대통령 관저에 머물던 윤석열은 2025년 1월 15일 내란 우두머리 혐의로 고위공직자범죄수사처에 의해 체포된 직후 페이스북에 올린 장문의 '국민께 드리는 글'에서도 "우리나라 선거에서 부정선거의 증거는 너무나 많습니다. 이를 가능하게 하는 선관위의 엉터리 시스템도 다 드러났습니다"라고 강변했다. 그러나 구체적인 증거는 아무것도 내놓지 못했다.

극우 음모론 세력이 제기한 부정선거 의혹은 2020년 제21대 총선에서 본격화되었다.[4] 당시 미국 미시간대학교 월터 미베인$_{\text{Walter R. Mebane Jr.}}$ 교수가 발표한 사전투표 결과 분석 논문 "2020년 한국 의회 선거의 부정선거 의혹$_{\text{Frauds in the Korea 2020 Parliamentary Election}}$"이 논란의 촉매제가 되었다$_{\text{Mebane 2020a}}$. 부정선거 음모론자들은 사전투표 데이터에 문제가 있어 보인다는 미베인 교수의 주장에 주목했다. 그러나 한국의 사전투표 시스템에 대한 이해가 부족했던 미베인 교수는 논문에서 틀린 주장을 전개했다. 특히 그는 특정 정당 지지자가 다른 정당 지지자보다 사전투표

---

[4] 2000년대 이후 부정선거 음모론에 최초로 불을 당긴 것은 2012년 제18대 대통령 선거 결과가 조작되었다는 김어준 등의 주장이었다. 2017년 4월 20일 개봉한 영화 〈더 플랜〉(제작 김어준, 감독 최진성)은 이 음모론에 대한 요약이다. 영화는 분류표에서의 후보 사이 득표율과 미분류표에서의 후보 사이 득표율이 같아야 한다며, 이른바 K값이라고 설정한 이 비율이 1이 되어야 한다고 주장했다. 그런데 제18대 대통령 선거에서는 박근혜 후보와 문재인 후보 사이의 K값 평균이 1.5로 나왔기에 어떤 조작이 있었다는 것이다. 그러나 제19대 대통령 선거에서 문재인 후보와 홍준표 후보 사이의 K값 평균이 1.6으로 알려지면서 음모론의 기본 전제가 틀렸다는 것이 증명되었다. 전문가들은 후보마다 미분류율의 차이가 있으므로 K값이 1이 아닌 것은 당연하다고 보았다. 예를 들어, 보수에 대한 지지가 높거나 60대 이상 투표자가 많은 곳에서는 박근혜 후보와 문재인 후보 사이의 미분류율 차이가 컸다.

를 더 선호했다는 결정적인 사실을 고려하지 않았다.

실제로 제21대 총선에서 더불어민주당 진영은 사전투표를 독려했고, 반대편 진영은 조작 우려를 제기하며 당일투표를 장려했다. 미베인 교수도 한 언론과의 인터뷰에서 전략적 투표 행위 결과를 자신의 분석 시스템이 '사기$_{frauds}$'로 판정할 수 있다는 설명을 덧붙였다.[5] 아울러 그는 문제가 된 논문의 수정본에서 "가장 중요하고, 원칙적으로 아마도 가장 간단하게 할 수 있는 것은 종이 투표용지를 검증하는 것이며, 종이 투표용지가 검증되면 종이 투표용지를 수작업으로 계수하는 것이다. 통계적 발견만으로는 선거에서 일어난 일에 대한 결정적인 증거가 될 수 없다"라고 분명히 밝힌 바 있다$_{Mebane\ 2020b,\ 18.}$ 미베인 교수의 통계적 발견은 결국 민경욱 전 의원이 제기한 2020년 4·15 국회의원 선거 무효 소송이 대법원에서 기각됨으로써 동시에 기각되었다. 이 소송에서 진행된 투표용지 검증에서 아무런 이상이 발견되지 않았고, 수작업 재검표 결과도 선거 개표 결과와 사실상 일치했기 때문이다. 그럼에도 부정선거 음모론은 사그라지지 않았다.

윤석열은 심지어 자신의 제20대 대통령 선거 승리, 즉 이재명 후보와 불과 0.73% 포인트 차이로 신승했다는 사실에 대해서도 의구심을 품었다. 2022년 4월 당시 대통령 당선인 신분이었던 윤석열이 부정선

---

[5] [팩트와이] '한국 부정선거' 보고서 쓴 美 교수…'오류 가능성 인정', YTN, 2020.05.08.

거 의혹을 제기하자 이를 반박하며 설전을 벌였던 인물로 알려진, 통계청장 출신의 유경준 전 국민의힘 의원은 "그때 윤 대통령의 발언은 부정선거 음모론을 제기하는 유튜버의 주장과 일치했다. 자신의 승리가 5~10%포인트 우위인 사전 예측보다 적은 0.73% 포인트 차이란 이유를 들었다"라고 증언했다.[6] 윤석열은 자신이 당연히 더 큰 표차로 이겼어야 한다고 확신했고, 그 작은 표차야말로 부정선거의 증거라고 믿었던 것으로 보인다. 이러한 윤석열의 믿음은 이후 그가 지속적으로 선관위를 공격하는 근거가 되었다.

〈그림 1-1〉은 제20대 대통령 선거를 앞두고 국민의힘이 홈페이지에 직접 게시한 홍보물이다. 자신들도 개표를 확실히 감시할 것이므로 부정선거가 불가능하니 안심하고 투표하라는 것이고, 대통령 후보자 윤석열도 사전투표를 적극 독려하고 있다. 더욱 아이러니한 것은 윤석열이 2024년 총선을 앞둔 2023년 7월 선관위 실무 전체를 총괄하는 사무총장에 자신과 가까운 사이인 서울대학교 법학과 79학번 동기생 김용빈을 임명했다는 점이다. 그는 역대 선관위 사무총장 중 37년 만의 외부 인사였고 대통령과 친밀한 관계라는 점 탓에 임명 당시 중립성 훼손 우려가 제기되기도 했다.[7] 그러나 윤석열은 자신이 임명한 선관위 사무총장보다 부정선거 음모론을 훨씬 더 신뢰했다.

---

[6] 유경준 "尹, 부정선거 아니면 더 크게 이겼다더라…말도 안 된다", 중앙일보, 2025.01.21.
[7] 선관위 사무총장에 '윤 대통령과 대학 동기' 내정…중립성은?, 한겨레, 2023.07.19.

〈그림 1-1〉 제20대 대통령 선거 국민의힘 팩트체크

2025년 1월 15일 윤석열은 페이스북에 올린 '국민께 드리는 글'에서 "디지털 시스템과 가짜 투표지 투입 등으로 이루어지는 부정선거 시스템은 한 국가의 경험 없는 정치세력이 혼자 독자적으로 시도하고 추진할 수 있는 일이 아닙니다"라는 주장까지 전개했다. 부정선거가 거대한 국제적 공모를 통해 이루어졌을 것이라는 터무니 없는 의혹 제기였다. 그는 또한 단순한 금품 살포나 이권 거래와는 차원이 다른, 투개표 부정과 여론조사 조작이 체계적으로 연결된 어떤 시스템이 존재한다고 주장했다. 이러한 주장은 국내 정치 차원의 부정선거 의혹 제기를 넘어 한국의 선거 시스템이 국외 세력에 의해 장악되어 조종되고 있다는 충격적인 국제 음모론의 시각이다.

사실 2020년 제21대 총선 이후 부정선거 음모론이 계속 확산하자, 선관위는 약간의 우려라도 불식시키고자 제22대 총선을 앞두고 확인 절차를 더욱 강화했다. 기존에도 투표지분류기가 분류한 투표지를 심사계수기를 거치도록 하면서 사람의 눈으로 확인하는 과정이 있었으나, 이에 더하여 심사계수기 확인 이전 단계에서 사람의 손으로 한 번 더 직접 확인하는 절차를 추가한 것이다. 투표지분류기를 통한 개표 조작은 처음부터 불가능하지만, 수작업 개표 절차를 추가하여 의혹을 완전히 해소하려 한 것이다.

이 때문인지 부정선거 음모론자들은 개표 과정에서의 부정보다는 전산 조작에 의한 부정을 더욱 의심하면서 선관위 서버로 눈을 돌린다. 서버에 존재하는 데이터의 조작으로 부정선거가 가능하다는 논리이다. 일단 개표 보고 시스템 입력 수치에 오류가 있거나 조작이 일어날 가능성은 없다. 개표소에서 개표참관인 등이 일일이 확인하여 최종 공표한 개표 결과가 실제 결과로 인정되므로 오류나 조작이 일어난다고 해도 실효성이 전혀 없기 때문이다. 음모론자들에게 남은 선택지는 이제 단 하나다. 선관위가 선거인명부를 임의로 조작하여 부정선거를 조직적으로 자행해 왔다는 것이다.

이런 주장이 얼마나 터무니없는 것인지도 곧바로 드러난다. 선거인명부는 선관위가 직접 만들고 관리하는 것이 아니다. 지방자치단체구·시·군의 장가 선거인명부를 작성하면 그 전산자료 복사본을 관할 구·시·군 선관위에 송부하기 때문이다. 선관위가 넘겨받은 선거인명부를 조작하고도 이것이 발각되지 않으려면, 지방자치단체가 작성한 모든 선거인명부도 함께 조작되어야 한다. 선거인명부 조작 자체도 불가능하지만, 설령 가능하다 해도 그 조작에 따른 부정 투표지가 수많은 감시의 눈을 피해 무더기로 투표함에 들어가는 것은 애당초 불가능하다.

윤석열을 필두로 한 극우 세력은 왜 부정선거 음모론에 이토록 집착하는 것일까. 답은 간단하다. 자신의 잘못과 패배를 인정하지 않기 때문이다. 윤석열은 '반국가 세력'이 선거에서 승리하는 방법은 부정선거

외에는 답이 없다고 본 것이다. 비록 계엄사령부 포고령에는 부정선거에 대한 직접적인 언급이 없지만, 반국가 세력이 장악한 국회를 무력화하는 비상계엄을 논리적으로 정당화하는 방법은 그것밖에 없다고 생각했을 것이다. 2024년 12월 3일 밤 국회와 동시에 선관위에 들이닥친 계엄군을 보고 의아해했던 많은 사람들의 궁금증은 이제야 비로소 해소된다. 한편, 2025년 2월 4일 헌법재판소에서 열린 대통령 탄핵심판 사건 5차 변론에서 윤석열은 처음으로 선관위에 계엄군을 보낸 것이 자신의 직접 지시라고 밝혔다.

비상계엄 선포, 12·3 내란의 발발

2024년 12월 3일 22시 23분 윤석열 대통령은 긴급 대국민 담화문 낭독을 시작했고, 22시 25분 전국 단위의 비상계엄을 선포했다. 그리고 23시 30분 계엄사령부는 포고령 제1호를 통해 정치활동 금지, 언론 통제, 의료인 통제, 영장 없는 체포 등의 조치를 발표했다. 이후 박안수 육군참모총장을 사령관으로 하는 계엄사령부는 제1공수특전여단과 제707특수임무단 등 정예 특수부대를 동원하여 국회의사당, 선관위 청사 등의 점거를 시도했다. 이러한 조치는 행정부 수반인 대통령이 군사력을 동원해 입법부를 공격하고 선관위 등을 장악하려 한 것으로, 자유민주적 기본 질서에 정면으로 반하는 반헌법 행위였다.

그러나 이 비상계엄 조치는 12월 4일 01시 01분 국회의 비상계엄 해제 요구 결의안이 재석 190명 중 찬성 190명의 만장일치로 가결되면서 법적 효력을 상실했다. 같은 날 04시 27분 윤석열은 대국민 담화를 발표하여 비상계엄 해제를 알렸고, 04시 30분 국무회의 심의로 약 6시간 만에 비상계엄 상황은 완전히 종료되었다. 이는 제6공화국 최초이자 신군부의 5·17 비상계엄 전국 확대 조치 이후 45년 만에 선포된 전국 단위의 비상계엄이었다. 또한 박정희의 10월 유신 이후 52년 만에 재임 중인 대한민국 대통령이 저지른 '친위쿠데타'였다. 결과적으로 윤석열은 탄핵과 파면을 당했을 뿐만 아니라 내란죄 혐의로 수사받고 임기 중 출국금지와 구속을 당한 최초의 대통령으로 기록되었다.

비상계엄 종료 후 야당은 대통령 탄핵을 추진하여 12월 4일 14시 40분 탄핵소추안을 발의했다. 헌법 제65조에 따라 탄핵소추 발의는 국회 재적의원 151명의 동의가 필요했고, 가결을 위해서는 재적의원 300명 중 200명 이상의 찬성이 필요했다. 첫 번째 탄핵소추안은 12월 7일 여당 의원 108명 중 105명이 불참하면서 표결 불성립으로 무산되고 말았다. 야당은 매주 토요일마다 탄핵소추안을 표결하겠다고 천명했고, 두 번째 탄핵소추안에 대한 표결이 12월 14일 이루어졌다. 국회의원 300명 전원이 출석한 가운데 찬성 204표, 반대 85표, 기권 3표, 무효

8표로 탄핵소추안이 통과됨으로써 대통령 직무가 정지되었다.

2024년 12월 27일 검찰은 김용현 전 국방부 장관을 구속 기소하면서 충격적인 사실을 추가로 공개했다. 12월 3일 비상계엄 선포 당시 윤석열이 직접 일선 지휘관들에게 "총을 쏴서라도 문을 부수고 들어가서 국회의원들을 끌어내라"라고 지시했다는 것이다. 더욱 놀라운 것은 국회가 계엄해제 요구안을 가결한 이후에도 "해제됐다 하더라도 내가 2번, 3번 계엄령 선포하면 되는 거니까 계속 진행해"라고 지시했다는 점이다.[8] 이는 대통령이 헌법적 절차와 국회의 권한을 완전히 무시하고 있었음을 보여주는 명백한 증거였다.

비상계엄 선포 전날 김용현 전 장관이 대국민 담화문과 계엄사령부 포고령 등을 완성하자 윤석열이 이를 검토하고 최종 승인했음은 물론 모든 관련 증언과 증거가 윤석열이 내란 우두머리임을 가리켰다. 비상계엄 선포 직전 윤석열이 발표한 대국민 담화문은 그의 극단적 현실 인식을 여실히 보여주었다. "민주당의 입법 독재는 … 내란을 획책하는 명백한 반국가 행위"라고 규정한 이 담화문은 아예 "국회는 범죄자 집단의 소굴"이자 "자유민주주의 체제를 붕괴시키는 괴물"이라고 단정했고, "패악질을 일삼은 망국의 원흉"이자 "파렴치한 종북 반국가 세력들을 일거에 척결"하겠다고 선언했다. 이는 민주적 절차로 선출된 국회의

---

[8] 12·3 비상계엄 특별수사본부, 보도 참고자료-김용현의 내란중요임무종사, 직권남용 사건 수사결과, 2024.12.27.

원들을 반국가 세력으로 규정한 매우 위험하고 상식에도 어긋나는 발상이었다.

이 담화문을 아무리 뜯어 보아도 체제 전복을 기도하는 종북 반국가 세력의 구체적 대상은 더불어민주당 외에는 없다. 이러한 인식은 더불어민주당을 이미 위헌정당으로 간주하고 있었다는 것이다. 헌법재판소법 제55조에 따르면, 정당의 목적이나 활동이 민주적 기본질서에 위배될 때 정부가 국무회의 심의를 거쳐 헌법재판소에 정당해산심판을 청구할 수 있다. 하지만 윤석열 정부는 이러한 합법적 절차를 밟을 배짱은 없었다. 윤석열은 대신 국회를 향해 총부리를 들이밀었다.

계엄 포고령의 무지막지함

계엄사령부 포고령은 역대 어느 계엄령보다 강압적인 내용을 담고 있다. "자유대한민국 내부에 암약하고 있는 반국가 세력의 대한민국 체제 전복 위협"이라는 수사로 시작하는 이 포고령은 구체적 대상을 지목하지는 않았지만, 이것이 위의 윤석열 담화문의 연장선에 있다는 것을 고려할 때 '암약하고 있는 반국가 세력'은 더불어민주당을 축으로 한 자신의 반대 세력을 말하는 것이 틀림없다. 175석의 거대 야당이 암약하고 있다는 인식도 몰상식한 것이지만, 이는 제22대 총선에서 더불어

민주당을 선택한 14,781,838명의 지역구 유권자를 '암약하고 있는 반국가 세력'의 지지 및 동조자로 만들어 버린 것과 같다. 더욱 우려스러웠던 것은 "선량한 일반 국민"과 '반국가 세력'을 자의적으로 구분함으로써, 정부에 비판적인 모든 세력을 잠재적 '반국가 세력'으로 규정할 수 있는 여지를 남겼다는 점이다. 포고령 전문은 다음과 같다.

계엄사령부 포고령(제1호)

자유대한민국 내부에 암약하고 있는 반국가 세력의 대한민국 체제 전복 위협으로부터 자유민주주의를 수호하고, 국민의 안전을 지키기 위해 2024년 12월 3일 23:00부로 대한민국 전역에 다음 사항을 포고합니다.

1. 국회와 지방의회, 정당의 활동과 정치적 결사, 집회, 시위 등 일체의 정치활동을 금한다.
2. 자유민주주의 체제를 부정하거나, 전복을 기도하는 일체의 행위를 금하고, 가짜 뉴스, 여론조작, 허위 선동을 금한다.
3. 모든 언론과 출판은 계엄사의 통제를 받는다.
4. 사회혼란을 조장하는 파업, 태업, 집회 행위를 금한다.
5. 전공의를 비롯하여 파업 중이거나 의료 현장을 이탈한 모든 의료인은 48시간 내 본업에 복귀하여 충실히 근무하고 위반 시에는 계엄법에 의해 처단한다.

> 6. 반국가세력 등 체제 전복세력을 제외한 선량한 일반 국민들은 일상생활에 불편을 최소화할 수 있도록 조치한다.
>
> 이상의 포고령 위반자에 대해서는 대한민국 계엄법 제9조(계엄사령관 특별 조치권)에 의하여 영장 없이 체포, 구금, 압수수색을 할 수 있으며, 계엄법 제14조(벌칙)에 의하여 처단한다.
>
> 2024. 12. 3.(화) 계엄사령관 육군대장 박안수

많은 사람이 이 비상계엄 발동과 포고령의 내용을 보고 실소를 금치 못하며 마치 70년대로 돌아간 타임머신을 탄 기분을 느꼈다고 말했다. 그런데 위 포고령의 내용을 꼼꼼히 들여다보면 과거의 포고령보다 훨씬 더 무지막지한 내용까지 발견할 수 있다. 뉴스타파가 1961년 5.16 쿠데타 이후 나온 여섯 차례의 비상계엄 포고령을 비교 분석한 바에 따르면, '반국가 세력 척결'을 명분으로 내세운 것은 이번이 처음이다. 국회와 지방의회, 정당의 활동을 콕 집어 정치활동 금지를 밝힌 것도 처음이다. '처단'이라는 표현이 1979년 10월과 1980년 5월 포고령에도 등장했지만, 의료인과 같은 특정 직업군을 지목하여 48시간 내 복귀를 명령하고 위반 시 '처단'하겠다고 위협한 것은 전례가 없는 일이다.[9]

---

9) '처단' 반복한 역대급 포고문…과거 계엄 포고문과 비교, 뉴스타파, 2024.12.04.

12·3 내란은 '친위쿠데타'

12·3 내란의 본질은 한마디로 '친위쿠데타$_{self-coup}$'다.[10] 친위쿠데타는 합법적으로 집권한 지도자가 더 큰 권력을 획득하기 위해 불법적 무력 수단을 동원하는 것을 의미한다. 역사적으로 가장 유명한 사례로는 1851년 루이 나폴레옹 보나파르트$_{나폴레옹 3세}$와 1934년 아돌프 히틀러가 일으켰던 친위쿠데타가 있다. 아시아에서는 1972년 필리핀의 페르디난드 마르코스 대통령과 한국의 박정희 대통령이 일으켰던 친위쿠데타가 있고, 라틴아메리카에서는 1992년 페루의 알베르토 후지모리 대통령이 일으켰던 친위쿠데타가 대표적이다.

2024년 윤석열의 12·3 내란은 1972년 박정희의 '10월 유신' 이후 처음 시도된 친위쿠데타이자 민주화 이후 최초의 친위쿠데타였다는 점에서 특별한 역사적 의미를 지닌다. 박정희는 성공했으나 윤석열은 실패했다는 점에서 결정적인 차이가 있지만, 이 두 시도는 상당한 공통점이 있다. 1972년 당시 헌법에는 대통령의 국회해산권이 없었으나 박정희는 군대를 동원하여 강제로 국회를 해산하고 모든 정당 및 정치활동을 중지시켰다. 그리고 야당 국회의원들을 감금하고 고문했다. 2024년 12·3 내란 과정에서도 이와 똑같은 시도가 벌어졌다. 박정희는 "유신

---

10) 친위쿠데타는 스페인어 'autogolpe'에서 온 'autocoup'로 불리기도 한다. 비교정치학자 낸시 버미오(Nancy Bermeo)는 'executive coup'라고 부른다(Bermeo 2016).

체제는 공산 침략자들로부터 우리의 자유를 지키자는 체제입니다"라고 주장했다.[11] 윤석열은 "외부의 주권 침탈 세력"과 손잡은 야당의 "반국가 행위"에 맞서 자유민주주의를 지키기 위해 비상계엄 권한을 행사했다고 밝혔다.[12]

윤석열은 반국가 세력이 모든 국가기관에서 암약하고 이를 장악하고 있어 도무지 합법적 수단으로는 이 문제를 해결할 방법이 없다고 생각한 것으로 보인다. 그리하여 마지막으로 선택한 것이 군대와 경찰을 동원한 무장 폭동, 즉 12·3 내란이었다. 검찰 또한 12·3 비상계엄 사태를 국헌 문란 목적의 폭동, 즉 내란이라고 결론 내렸다. 윤석열이 위헌·위법한 비상계엄을 선포하고 포고령을 발령한 점, 무장한 군대와 경찰이 국회를 봉쇄한 점, 국회의원 등 주요 인사와 선관위 직원을 영장 없이 체포·구금하고 선관위 전산 자료를 영장 없이 압수하려 한 점 등을 종합해 볼 때 국헌 문란의 목적이 충분히 인정된다는 것이 검찰의 결론이다.

검찰 수사 결과, 이 사태에 동원된 군경은 총 4,749명에 달했으며, 윤석열과 그의 측근들은 국회를 무력화한 후 별도의 '비상입법기구' 창설까지 구상했던 것으로 드러났다.[13] 이 기구는 1979년 12·12 군사반

---

11) 박정희, 건군 27주년 국군의 날 행사 연설, 1974.10.01.
12) 윤석열, 국민께 드리는 글, 페이스북, 2025.01.15.
13) 12·3 비상계엄 특별수사본부, 보도 참고자료-김용현의 내란중요임무종사, 직권남용 사건 수사결과, 2024.12.27.

란으로 정권을 탈취한 전두환 신군부가 이후 국회를 해산하고 설치했던 '국가보위입법회의'와 유사한 성격의 것으로 보인다. 실제로 12·3 비상계엄 선포 직후 윤석열이 최상목 당시 기획재정부장관에게 은밀하게 전달한 문건에는 "예비비를 조속한 시일내 충분히 확보하여 보고할 것, 국회 관련 각종 보조금, 지원금, 각종 임금 등 현재 운용 중인 자금 포함 완전 차단할 것, 국가비상 입법기구 관련 예산을 편성할 것"이라는 세 가지 지시사항이 들어있었다.[14]

대다수 언론은 이 가운데 '국가비상 입법기구'가 명시된 세 번째 지시사항에 주목했지만, 두 번째 지시사항도 중요하다. 국회 마비를 가정하고 국회 관련 모든 자금을 차단한다는 내용이기 때문이다. 두 번째와 세 번째 지시사항은 사실상 동전의 양면과 같다. 그런데 헌법재판소의 탄핵심판 과정에서 윤석열은 이 문건의 작성자가 자신이 아니라고 증언했고, 김용현 전 국방부장관은 말을 맞춘 듯 자신이 이를 작성했다고 증언했다. 그러나 기획재정부장관보다 아래 서열인 국방장관이 '기획재정부장관'이라는 제목을 달아 마치 상급자처럼 지시사항을 전달한다는 것은 상식적으로 이해할 수 없는 일이다. 또한 작성자가 누구인지와는 상관없이 이 문건의 존재 자체가 '경고성 계엄'에 불과했다는 윤석열의 주장을 정면으로 반박한다. 경고에는 예산이 필요하지 않기 때문이다.

---

14) [단독] '최상목 문건' 실물에 '비상입법기구'···포고령과 형식도 비슷, MBC, 2025.01.20.

과거 전두환 신군부는 1980년 5·17 비상계엄 확대조치 이후 5월 31일 '국가보위비상대책위원회'라는 임시기구를 설치했고, 9월 29일 이를 '국가보위입법회의'로 확대 개편했다. 같은 해 10월 27일 제5공화국 헌법 부칙을 통해 이 기구는 국회를 대신하는 입법권을 부여받았다. 대통령이 임명한 81명의 의원들로 구성된 국가보위입법회의는 여러 분야의 인사들로 구성되었으나, 이들은 실질적으로 신군부의 허수아비에 지나지 않았다. 국가보위입법회의는 1981년 4월 제11대 국회의원 선거가 치러지기까지 약 6개월 동안 무려 189건의 법률안을 의결했다. 윤석열이 구상한 비상입법기구 역시 이와 같이 국회를 무력화하고 입법권을 장악하기 위한 수단이 아니었는지 의심할 수밖에 없다. 이것이 실현되었다면, 민주공화국 헌정질서는 완전히 파괴되었을 것이다.

윤석열은 왜 그랬을까

12·3 내란이 발생하자 많은 이들이 윤석열 개인의 성격을 분석하기 시작했다. 그의 감정적이고 즉흥적인 성격, 남의 말을 귀담아듣지 않고 고집을 부리는 태도, 안이하거나 게으른 판단력, 술에 대한 자제

력 부족, 오만한 자의식 등이 도마 위에 올랐다.[15] 그의 이러한 성격은 12·3 내란 전후의 모든 과정에서 확인된 사실이다. 비상계엄 선포 직전과 이후의 대국민 담화에서 드러난 그의 말과 표정 모두는 이를 증명한다. 그러나 이러한 분석에만 집중하는 것은 자칫 문제의 본질을 흐릴 수 있다.

강준만 전북대 명예교수는 "우리가 정작 관심을 기울여야 할 것은 "윤석열은 왜 그랬을까?"라는 질문을 넘어서, 현 체제는 대통령의 성격이나 기질에 의해 국가와 국민이 치명적인 타격을 받을 수도 있는 가능성에 대해 무방비 상태라는 점이다. 이에 대한 성찰을 건너뛰면서 윤석열 개인에게 아무리 비난과 저주와 조롱을 퍼부어봐야 달라질 건 없다"라며 인간 윤석열에 대한 분석을 넘어서는 제도적 성찰에 대한 필요성을 강조한다.[16]

12·3 내란을 일으킨 것은 개인 윤석열 이전에 대통령 윤석열이다. 과반 의석을 지닌 거대 야당인 더불어민주당을 종북 반국가 세력이라 인식하고 선관위가 조직적인 선거 부정에 연루되었다고 생각하는 극우 망상의 세계에 빠진 것은 일개 시민이 아니라 대통령이었다. 그는 자신의 권한을 남용하여 내란을 일으켰다. 헌법재판소 결정으로 파면

---

15) 강준만, 윤석열은 왜 그랬을까, 경향신문, 2024.12.10.; 노원명, 술에 취한 지도자, 운명에 취한 지도자, 매일경제, 2024.12.15.
16) 강준만, 윤석열은 왜 그랬을까, 경향신문, 2024.12.10.

된 윤석열이 내란죄로 엄격한 처벌까지 받는다면, 앞으로 어떤 대통령도 이와 같은 시대착오적 만행을 감히 저지르기 어려울 것이다. 그러나 그런 가능성은 언제든 다시 열릴 수 있다. 합리적인 정치공동체라면, 이러한 사태가 결코 재발할 수 없도록 제도적 안전장치를 마련해 두는 것이 당연하다.

12·3 내란은 또한 대통령 윤석열만으로 설명할 수 없는 더 큰 사회적·정치적 현상의 한 단면이다. 윤석열은 주요 권력기관에 자신과 뜻을 같이하는 인물들을 적극 배치했다. 실제로 윤 정부는 출범 이후 한 달도 채 되지 않는 시점에 정부 부처 차관급, 대통령실 비서관급 이상 인사 중 검찰 출신 15명을 기용했고,[17] 법무부 장관이었던 한동훈은 얼마 뒤 여당 대표까지 되었다. 윤석열의 모교인 충암고 출신 인사들은 국방부장관, 국군방첩사령관 등 핵심 보직을 차지했으며, 이른바 '충암파'로 불린 이들은 12·3 내란 과정에서 주도적 역할을 했다. 또한 여기저기 흩어져 있던 극우 세력은 부정선거 음모론 등 다양한 연결고리를 통해 윤석열 주변에 집결했다.

계엄 포고령에 명시되었고 내란 전후 과정에서도 나타난 냉전 반공주의 이데올로기와 국가 폭력 행사 의도는 과거 이승만, 박정희, 전두환 시대의 행동양식을 그대로 복제한 것이었다. '종북', '종중', '반국

---

17) 윤석열 정부, '검찰 출신' 15명…왜 논란일까?, BBC NEWS 코리아, 2022.06.10.

가 세력' 척결 등의 수사는 대통령 탄핵을 반대한 극우 시위대를 일찌감치 점령했다. 극우 세력의 부상 과정을 톺아보며 그것이 한국 정치에 미칠 중장기적 영향을 고찰하는 일은 매우 중요한 문제다. 분명한 것은 극우 세력의 정치적 부상에 대한 효과적인 대처는 물론 이들의 뿌리를 약화시킬 수 있는 대응 전략 수립이 향후 우리 정치체제의 핵심 과제 중 하나가 될 것이라는 점이다.

근본적인 문제는 현행 '대통령제'

근본적인 문제는 현행 '대통령제$_{presidential\ system}$'가 지닌 구조적 결함에 있다. 대통령에게 부여된 막강한 권한에 비해 이를 견제할 수 있는 제도적 장치는 매우 미약하다. 특히 계엄 선포권과 같은 비상대권은 그 발동 요건이 모호하고 사전 통제 장치가 부실하다. 헌법 제77조는 대통령에게 광범위한 계엄 선포권을 부여하고 있는데, 국회는 단지 계엄 해제를 요구할 수 있을 뿐이다. 12·3 내란 사태는 이러한 제도적 결함이 초래할 수 있는 위험성을 적나라하게 보여주었다. 대통령의 권한 남용을 원천적으로 차단할 수 있는 제도적 장치의 마련이 시급한 과제로 대두되었다.

이러한 대통령제의 문제점은 박근혜 대통령 탄핵 사건에서도 이미 드러난 바 있다. 당시 헌법재판소 재판관이었던 안창호는 "'제왕적 대통령제imperial presidency'로 비판되는 우리 헌법의 권력구조가 이러한 헌법과 법률 위반행위를 가능하게 한 필요조건"이라면서 현행 권력구조의 문제점과 개혁 방향을 제시한 바 있다.[18] 그러나 이 시기에도 권력구조 개혁 논의의 진전은 없었고, 근본적인 제도개혁의 기회는 결국 날아갔다. 더 나은 대통령을 뽑으면 된다는 안이한 인식이 팽배했다. 국헌 문란을 일으키는 대통령이 등장할 수 있다는 가능성은 전혀 고려되지 않았다.

1987년 대통령 직선제 도입은 민주화운동의 분명한 성과였지만, 한국 정치는 이에 안주한 채 권력구조의 근본적 개혁을 계속 미루어왔다. 그 결과 윤석열을 우두머리로 한 내란 세력이 한국의 민주주의를 한순간에 위기로 몰아넣는 기회를 포착했다. 참으로 다행스럽게도 국회의 신속한 계엄 해제권 작동, 시민들의 적극적 저항, 군대와 경찰 내부의 소극적 저항 등이 맞물려 이 위기를 넘길 수 있었다. 그러나 이러한 우연적 요소들의 마주침에 민주주의의 운명을 맡겨둘 수는 없는 일이다. 체계적인 제도적 방어막이 절실하게 요구된다.

한국의 정치체제는 윤석열이 대통령이 되는 것을 왜 막을 수 없었을

---

18) 재판관 안창호의 보충의견, 대통령(박근혜)탄핵 헌재결정례, 2016헌나1, 2017.03.10. 참고로, 여기서 언급된 '제왕적 대통령제'의 영어 표현인 'imperial presidency'는 미국의 역사가 아서 슐레진저(Arthur Schlesinger Jr.)가 1973년에 출간한 『제왕적 대통령제(The Imperial Presidency)』라는 책에서 처음 등장한 것이다(김일년 2020, 413).

까? 대통령이 된 윤석열을 왜 견제하고 통제할 수 없었을까? 현재와 같은 대통령제를 그대로 유지하자는 결론은 이 질문들에 대한 해답과 양립할 수 없다. 현행 권력구조 개혁을 포함하여 87년 체제의 한계로 지적되어 온 여러 쟁점을 종합적으로 검토하고 사회적 합의를 모색하는 과정이 시급하다. 제7공화국 수립은 이러한 시대적 과제에 대한 응답이다. 권력의 집중과 남용을 막는 견제와 균형의 통치구조, 다양한 정치세력과 사회집단의 대표성을 보장하는 선거제도를 비롯한 민주주의의 질적 도약을 뒷받침할 수 있는 전면적 제도개혁과 정치문화 혁신이 정치체제 전환의 관건이다.

12·3 내란과 민주주의의 후퇴 현상

12·3 내란의 발발은 전 세계적으로 진행되고 있는 민주주의의 후퇴 현상이 한국에서 더욱 극적인 방식으로 표출된 것이다. 민주주의 위기를 연구하는 정치학자 스티븐 레비츠키Steven Levitsky와 대니얼 지블랫Daniel Ziblatt이 『어떻게 민주주의는 무너지는가How Democracies Die』에서 지적했듯이, 현대의 민주주의는 군사쿠데타와 같은 폭력적 전복뿐만 아니라 선출된 지도자의 손에 의해 서서히 붕괴하는 경향을 종종 보이기도 한다 Levitsky and Ziblatt 2018. 친위쿠데타에 해당하는 12·3 내란 자체는 군대와 경

찰이 동원되었다는 점에서 직접적인 폭력의 형식을 띤 것이었지만, 그 이전까지 합법적 또는 비폭력적 방식으로 민주주의의 붕괴 압력이 점점 높아져 온 과정 또한 무시할 수 없다. 이것이 임계점을 넘어 한꺼번에 폭발한 사태가 바로 12·3 내란이었다.

레비츠키와 지블랫은 '민주주의 규범 거부', '정치적 경쟁자 부정', '폭력의 용인 또는 조장', '시민적 자유의 억압'을 민주주의 붕괴의 네 가지 경고 신호로 파악한다Levitsky and Ziblatt 2018, 28-29. 윤석열 정부에서 이 모든 신호가 관찰되었다. 특히 윤석열은 취임 초기부터 더불어민주당을 '적대적 반국가 세력'으로 규정하며 정치적 경쟁자를 부정했고, "나는 싸우다 죽을 거다"라는 발언 등으로 폭력적 사태 해결 가능성을 암시했다. 이는 그가 처음부터 민주주의의 기본 규범을 무시했다는 것을 보여준다.

민주적 기본권의 전면적인 제한을 포함한 헌정질서의 중단은 비상계엄 포고령에 집약되어 있다. 그러나 계엄 선포 이전에도 민주주의에 대한 공격 신호는 꾸준히 감지되었다. 윤석열의 권력 행사 방식은 레비츠키와 지블랫이 분석한 현대의 선출된 독재자들의 전형적인 행태와 닮았다. 그들이 '심판 매수'라고 부른 전략은 윤석열이 군대와 경찰, 검찰의 수뇌부를 자신의 측근으로 교체한 것에서 잘 드러났고, '비판자 탄압'과 '운동장 기울이기'는 방송과 언론 장악 시도에서 충분히 확인되었다.

한편, 음모론의 만연은 포퓰리즘populism 시대의 특징이기도 하다Runciman 2018. 이념적 스펙트럼의 차이를 떠나 포퓰리즘의 기본 가정은 엘리트 집단이 대중에게서 민주주의를 탈취했다는 것이고, 대중은 이를 되찾아야 한다는 것이다. 이러한 포퓰리즘의 부상은 음모론의 비옥한 토양이 된다. 도널드 트럼프Donald Trump는 자신이 패배한 2020년 미국 대통령 선거가 부정선거였다고 주장했다. 트럼프가 승리한 2016년 선거에서는 그가 러시아의 꼭두각시라는 음모론이 제기된 적도 있다.

윤석열의 부정선거 음모론은 트럼프의 '선거 사기' 주장을 빼닮았다. 그는 2024년 여당의 총선 패배를 부정선거 탓으로 돌렸고, 자신이 당선되었던 대통령 선거에서조차 예상보다 훨씬 적은 표차가 발생했다며, 이를 부정선거의 증거로 의심했다. 트럼프 지지자는 "Stop the Steal도둑질을 멈춰라"이라는 구호를 통해 선거 결과에 대한 불복을 조직화했는데, 이는 2021년 1월 6일 미국 의사당 폭동으로 이어졌다. 한국의 윤석열 지지자도 같은 "Stop the Steal" 구호를 내세우며 선거제도와 선관위, 나아가 선관위와 한통속이라 믿는 사법부를 향한 비난을 멈추지 않고 있다.

더욱 우려스러운 것은 이러한 음모론이 단순한 의혹 제기를 넘어 민주주의를 정면으로 부정하는 폭력 행위로 발전했다는 점이다. 2021년 1월 6일 미국의 의사당 난입 사태는 트럼프가 사실상 촉발했다. 2024

년 12월 3일 윤석열은 직접 계엄군과 경찰을 동원하여 국회 봉쇄 명령과 함께 국회의원을 끌어내고 주요 정치인을 체포하라는 지시를 내렸다. 2025년 1월 19일 현직 대통령으로서는 헌정사상 처음으로 윤석열에 대한 구속영장이 발부되자 이에 흥분한 윤석열 지지자들은 구속영장을 발부한 서울서부지방법원에 난입하여 건물 내외부를 처참하게 파괴하는 폭력 난동을 벌였다.

현대 민주주의의 위기는 단순히 개별 지도자의 반민주적 성향만으로는 설명될 수 없다. 레비츠키와 지블랫은 정당의 '문지기$_{gatekeeper}$' 기능 약화가 권위주의자, 극단주의자, 선동가가 정치 무대에 등장하는 주요 원인이라고 본다$_{Levitsky\ and\ Ziblatt\ 2018}$. 한국에서도 마찬가지였다. 국민의힘은 권력에 맞서며 인지도와 인기를 얻은 전직 검찰총장이 선거 승리의 유일한 카드라고 판단했고, 윤석열을 영입해 대통령 후보로 내세웠다. 그의 민주적 자질이나 정치적 능력에 대한 검증은 애당초 관심사가 아니었다. 대통령이 된 윤석열이 독단적 행보를 계속 벌였지만, 국민의힘은 아무런 힘도 쓰지 못했다. 심지어 내란 사태가 발발했는데도 국민의힘은 윤석열 비호에만 급급했을 뿐이다.

12·3 내란으로 이어지는 과정이 역설적으로 보여준 또 하나의 중요한 시사점은 민주주의를 지키는 것이 민주적 제도뿐만이 아니라 민주적 규범이라는 점이다. 레비츠키와 지블랫이 강조한 '상호 관용$_{mutual}$

tolerance'과 '제도적 자제institutional forbearance'라는 두 가지 핵심 규범은 윤석열 정부에서 완전히 무너졌다. '상호 관용'은 정치적 경쟁자들을 언제든 권력을 차지할 수 있는 정당한 후보자로 대우하는 것이고, '제도적 자제'는 공정한 경쟁의 정신에 따라 자신의 제도적 특권을 절제하여 사용하는 것을 말한다Levitsky and Ziblatt 2018, 261. 윤석열은 야당을 '반국가 세력'으로 규정하여 정치적 반대자의 정당성은 물론 존재 자체를 전면 부정했고, 계엄령이라는 극단적 수단을 동원하여 대통령의 권한을 위헌·위법한 방식으로 남용했다.

1장 12·3 내란과 제6공화국 체제의 위기

- 2장 -

한국 정치체제의 역사적 변천: 제1공화국에서 제6공화국까지

정부는 국회를 "정부를 파괴하는 단체"로 비난했으며, 국회는 정부가 바로 그들에 의해 탄생된 정치기구라는 점을 강조했다. 그러한 대립과 갈등은 한국의 현대정치를 가장 두드러지게 특징짓는 점이며, 어떤 의미에서는 오늘날에 이르기까지 계속되고 있다. 서희경 2001, 396-397

한국의 정치체제는 1948년 건국 이후 여러 차례의 급격한 변화를 겪어왔다. 〈표 2-1〉에서 보듯이 제1공화국 헌정체제는 오늘날 제6공화국 헌정체제로 변화되었고, 권위주의 체제로부터 민주주의 체제로 나아갔다. '통치형태 forms of government'[19]의 측면에서는 대통령제가 지배적이었으나, 제2공화국에서는 짧은 기간 동안 '의회제 parliamentary system'[20]를 경험하기도 했다. 이러한 헌정사적 경험은 오늘날 한국 민주주의의 미래를 모색하는 데 중요한 시사점을 제공한다. 특히 12·3 내란이 발생한 배경을 돌아보고 이 사태가 한국 사회에 던진 근본적 질문들에 답하기 위해서는, 지난 75년간의 정치체제 변천사가 일러주는 교훈을 깊이 성찰해야 한다. 이를 바탕으로 더 나은 민주주의를 위한 새로운 정치체제를 정초할 수 있을 것이다.

---

19) 'forms of government'의 번역어로 '통치형태'를 주로 사용한다. '권력구조' 또는 '통치구조'도 동의어로 쓰인다. 이 개념은 종종 '정부형태'로도 번역되는데, 이는 '단독정부/연립정부'나 '단점정부/분점정부'와 같은 '정부구성' 개념과 혼동될 수 있으므로 여기서는 사용하지 않는다. 한편, 최한수(2005)는 권력구조와 정부형태라는 개념이 혼용되고 있다면서, 정부형태를 권력구조의 하위개념으로 간주하여 정부의 구성을 지칭하는 용어로 사용하자고 제안한다. 그러나 여기서는 이미 '정부구성'이라는 용어를 권력구조의 하위개념으로 사용하고 있으므로 '정부형태'라는 개념을 그런 방식으로 사용할 이유가 없다.

20) 'parliamentary system'의 번역어로 '의회제'를 사용한다. 의회가 정부를 구성하는 제도의 본질적 특징을 가장 잘 살린 용어가 바로 의회제다. 한국에서 흔히 쓰이는 '의원내각제'라는 용어는 영국의 의회제를 일본이 수용하는 과정에서 만들어진 일본어 '議院内閣制(ぎいんないかくせい)'를 그대로 가져온 것이다. 다만, 인용문이나 여론조사 문항 등에서는 의회제를 지칭하는 다른 표현을 그대로 둔다.

⟨표 2-1⟩ 한국의 공화국 구분과 헌법 체계의 변화

공화국	시기	헌법(공포일)	특징	통치형태	대통령 선출방식
제1공화국	1948.08.15.~ 1960.04.26.	헌법 제1호 (1948.07.17.)	제헌헌법	대통령제 (4년 중임 → 중임제한 폐지)	제1대 국회의원 간선 제2~3대 국민 직선
		헌법 제2호 (1952.07.07.)	발췌 개헌		
		헌법 제3호 (1954.11.29.)	사사오입 개헌		
제2공화국	1960.08.13.~ 1961.05.16.	헌법 제4호 (1960.06.15.)	제2공 개헌	의회제	제4대 양원 간선
		헌법 제5호 (1960.11.29.)	소급입법 개헌		
제3공화국	1963.12.17.~ 1972.10.17.	헌법 제6호 (1962.12.26.)	제3공 개헌	대통령제 (4년 중임 → 3선 허용)	제5~7대 국민 직선
		헌법 제7호 (1969.10.21.)	3선 개헌		
제4공화국	1972.12.27.~ 1979.10.26.	헌법 제8호 (1972.12.27.)	유신 개헌	대통령제 (6년 임기 연임)	제8~11대 통일주체국민회의 간선
제5공화국	1981.03.03.~ 1987.10.29.	헌법 제9호 (1980.10.27.)	제5공 개헌	대통령제 (7년 단임)	제12대 선거인단 간선
제6공화국	1987.10.29.~ 현재	헌법 제10호 (1987.10.29.)	제6공 개헌	대통령제 (5년 단임)	제13~20대 국민 직선

의회제에서 독재적 대통령제로의 '변침'

대한민국 건국 과정에서 제헌국회 헌법기초위원회의 원안은 의회제였다. 간선으로 선출되는 대통령에게는 상징적인 권력만 부여하고, 실질적인 권력은 국무총리와 내각이 갖되 이를 국회가 통제하는 것이었다서희경 2001, 358. 유진오 등의 헌법기초위원들은 정치안정과 독재방지를 위해 의회제를 옹호했다. 반면, 이승만은 대통령제를 강력히 주장했다. 그의 대통령제 옹호도 겉으로는 정치 안정이 이유였다. 그러나 헌법기초위원회의 의회제 지지가 완강하게 지속되자 이승만은 의회제 반대에 정치생명을 걸었다. 의회제 헌법이 통과되면 자신은 정부에 참여하지 않을 것이라고 협박했다서희경 2001, 363.

1948년 6월 22일 이승만의 압력을 이겨내지 못한 헌법기초위원회는 결국 대통령제 헌법 초안을 통과시키는 타협을 선택했다. 그러나 이 타협안은 의회제를 완전히 포기하고 순수 대통령제를 도입하는 것은 아니었다. 대통령은 국회에서 간선으로 선출하고 임기는 4년으로 하되 한 번의 중임을 허용하는 안이었다. 대통령이 임명하나 국회의 승인을 얻어야 하는 국무총리를 두었다. 또한 헌법 초안 제67조는 주요 사안의 결정이 "국무회의의 의결"을 거치도록 함으로써 대통령의 권한을 일정

하게 제약하는 것이었다.[21]

이승만은 해방 정국에서 자신이 구축한 정치적 영향력과 카리스마를 적극 활용하여 강력한 대통령제 도입을 주장했다. 이 과정에서 이승만은 신생 독립국의 건설 과정에서는 강력하고 효율적인 리더십 구축이 필수적이라는 논리를 전개했다. 당시 한반도를 둘러싼 복잡한 국제 정세, 특히 냉전 구도의 심화와 남북 분단이라는 안보적 위기, 그리고 국내의 정치·사회적 혼란이 이러한 주장에 상당한 설득력을 부여했다.

이승만의 대통령제 도입 관철은 단순히 통치형태의 선택이라는 차원을 넘어, 한국 현대 정치사의 근본적인 방향을 결정짓는 역사적 전환점이 되었다. 대통령에게 과도한 권한이 집중되는 불균형한 권력구조가 제도화되었고, 이는 후일 한국에서 권위주의 체제가 장기화되는 구조적 토대가 되었다. 초대 대통령이 된 이승만은 자신의 권력 기반을 더욱 강화하기 위해 두 차례나 헌법개정을 강행했다. 1952년의 '발췌 개헌'[22]과 1954년의 '사사오입 개헌'[23]은 한국 민주주의의 퇴보를 상징하는 사건이 되었다.

---

21) 제헌헌법에서는 국무회의 의결 사항이 제72조에 명시되어 있다.
22) 1952년 7월 4일 이루어진 제1차 헌법개정이다. 여러 개헌안에서 이승만 측에 유리한 조항들만을 발췌하여 하나의 개헌안으로 만들었다고 하여 이러한 별칭이 붙었다.
23) 1954년 11월 29일 이루어진 제2차 헌법개정이다. 203명의 국회의원 중 135명의 찬성으로 개헌안이 처음에는 부결되었으나, 후에 번복되어 통과되었다. 이때 203의 3분의 2인 '135.33…'에서 반올림이 안 되는 소수점 이하를 버리면 135가 된다는 궤변이 동원되었고, 이에 '사사오입 개헌'이라는 별칭이 붙었다.

'발췌 개헌'은 표면적으로는 대통령 직선제라는 민주적 조치를 내세웠으나, 실상은 이승만의 재집권을 위한 정치적 술수였다. 1950년 제2대 총선에서 여당이 패배하여 국회 내 반이승만 세력이 다수를 차지하게 되자, 이승만은 국회의원들의 간선으로는 자신의 대통령 재선이 불가능하다고 판단했다. 이에 국회를 우회하여 국민 직선으로 대통령을 선출하는 방식을 추진했다. 국회의원들이 의회제를 지지하며 이에 반대했음에도, 이승만은 전시 상황을 이용해 계엄을 선포하고 반대 의원들을 체포·연금하며 물리적 강압을 동원하는 등 사실상 친위쿠데타적 방식으로 발췌 개헌을 통과시켰다.

이어진 '사사오입 개헌'은 초대 대통령의 중임 제한을 폐지함으로써 이승만의 종신집권을 제도적으로 보장하는 더욱 노골적인 조치였다. 이러한 일련의 헌법개정 과정은 이승만이 헌법을 자신의 권력 강화를 위한 도구로 전락시켰음을 명확히 보여준다. 이는 한국 정치사에서 대통령이 헌법적 제약을 자의적·강압적으로 변경할 수 있다는 위험한 선례를 남겼고, 이후 반복해서 나타난 헌정질서 파괴의 시발점이 되었다.

4·19 혁명과 의회제의 실험

1960년 4·19 혁명으로 이승만 정권이 무너진 후, 한국은 의회제를 실험할 수 있는 역사적 기회를 맞이했다. 3·15 부정선거에 항거한 학생들과 시민들의 민주화운동은 12년간 지속된 이승만 독재체제를 무너뜨렸다. 이는 한국 현대사에서 최초의 시민혁명으로 기록되었다. 이승만 하야 후 허정 과도정부는 독재의 재발을 방지하기 위해 제헌헌법 당시부터 내재되어 있던 의회제적 요소들을 전면화하는 헌법개정을 주도했다. 이는 당시 정치세력들 간의 합의이자 시대적 요구였다. 그리하여 1960년 6월 15일 제3차 헌법개정을 통해 제2공화국이 수립되었고, 대통령제에서 의회제로의 획기적인 전환이 이루어졌다.

새 헌법에서 대통령은 국가수반으로서의 의례적 권한만을 보유했으며, 국무총리가 행정권을 총괄하는 실질적인 행정수반이 되었다. 국무총리는 민의원 의원 중에서 민의원의 동의를 얻어 대통령이 임명하도록 했고, 국무위원도 국무총리의 제청으로 대통령이 임명하게 함으로써 내각의 의회에 대한 책임성이 강화되었다. 기본권 조항이 대폭 확대되었고 헌법재판소가 설치되는 등 진보적 요소들이 다수 포함되었다. 국회는 양원제를 채택하여 민의원과 참의원으로 구성되었으며, 이를 통해 입법부의 견제와 균형이 도모되었다. 또한 지방자치단체장을 주민이 직접 선출하도록 하는 등 민주주의의 지평이 확대되었다

1960년 7월 29일 실시된 제5대 총선에서 민주당은 민의원 233석 중 172석, 참의원 58석 중 31석을 차지하며 압도적 승리를 거두었다.

자유당은 사실상 와해되었고, 사회대중당과 한국사회당 등 혁신계 정당들이 원내에 진출했으나 이들 의원은 소수에 그쳤다. 8월 23일 윤보선을 대통령으로, 장면을 국무총리로 한 민주당 단독정부인 제1기 내각이 출범했다. 그러나 민주당은 이미 윤보선 대통령 중심의 구파와 장면 총리 중심의 신파로 분열되어 있었다.[24] 양측은 국군통수권의 소재와 인사 문제 등을 두고 첨예하게 대립했다. 민주당 정부는 과거사 청산과 부정 축재자 처벌 등의 개혁 정책을 추진했으나 당내 분열로 인해 일관된 정책 추진이 어려웠다.

의회제라는 민주적 실험은 결국 9개월이라는 짧은 기간으로 막을 내리고 말았다. 1961년 5월 16일 새벽 박정희를 중심으로 한 군부 세력은 쿠데타를 감행했다. 이날 발표된 군사혁명위원회 의장 육군참모총장 장도영 중장 명의의 성명은 "부패하고 무능한 현 정권과 기성 정치인에게 더 이상 국가와 민족의 운명을 맡겨둘 수 없다"라는 이유를 들어 쿠데타를 감행했다고 밝혔고, "반공을 국시國是의 제일의第一義"로 삼겠다고 공약했다. 군사혁명위원회는 포고령을 통해 즉각 헌정을 중단시키고 국회를 해산했으며, 정당과 사회단체의 활동을 금지했다. 5월 18일 군사혁명위원회는 국가재건최고회의로 개칭했고, 1963년 12월 17일 제3공화국이 수립되기까지 군정이 실시되었다.

---

24) 민주당 구파는 1960년 9월 22일 신당 창당을 선언하고, 11월 8일 발기준비대회를 열어 당명을 신민당으로 확정했다. 1961년 2월 20일 창당한 신민당은 국회의원 79명을 보유한 제1야당이 되었다.

5·16 군사쿠데타 이후 한국 사회에서 의회제는 '실패한 제도'라는 부정적 인식이 강하게 자리 잡게 되었다. 당시 의회제의 실패는 제도 자체의 문제였다기보다 정치·경제·사회적 조건의 미성숙에서 기인했다는 평가가 좀 더 사실에 부합한다. 특히 민주당의 분열과 정책 실패의 문제를 의회제 자체의 문제로 치환하는 것은 지나친 단순화다. 의회제에서 일반적으로 상징적이고 의례적 권한을 갖는 대통령과 실질적인 권한을 갖는 총리가 치열한 권력 다툼의 중심에 있었다는 사실 또한 의회제에서 찾아보기 힘든 매우 예외적인 사례였다. 그러나 이러한 역사적 경험에 더해 정치적 불안정과 의회제를 동일시하는 인식은 오늘날까지도 의회제 도입에 관한 논의 자체를 가로막는 상당한 심리적 장벽으로 기능하고 있다.

대통령제의 외피를 쓴 독재체제

5·16 군사쿠데타 이후 군정을 이끈 박정희는 당연히 대통령제로의 회귀를 선택했다. 그러나 이승만 시기의 대통령제로 회귀한 것은 아니었다. 1962년 제정된 제3공화국 헌법은 표면적으로는 삼권분립과 기본권 보장 등 민주적 외양을 갖추었으나, 실질적으로는 대통령에게 전례 없는 광범위한 권한을 부여했다. 더욱 권위주의적이고 억압적인 헌

정질서가 구축되었다. 다만, 대통령 직선제를 도입하면서 3선을 제한하는 조항을 둔 것은 장기 집권에 대한 국민의 우려를 부분적으로 수용한 결과였다. 군정에서 민정으로 전환하기 위해 실시된 1963년 10월 15일 제5대 대통령 선거에서 박정희는 46.6%를 득표해 45.1%를 득표한 윤보선을 누르고 당선되었다.

1967년 5월 3일 제6대 대통령 선거에서 다시 윤보선 후보를 누르고 당선된 박정희는 장기 집권을 꿈꾸기 시작했다. 1969년 9월 14일 여당인 민주공화당은 대통령의 3선 제한 조항을 삭제하는 헌법개정안을 국회에 제출했다. 이른바 '3선 개헌'은 야당과 학생들의 격렬한 반대에도 불구하고 10월 17일 국회에서 통과되었고, 10월 21일 국민투표를 통해 최종 확정되었다. 이를 통해 박정희는 1971년 4월 27일 제7대 대통령 선거에 출마할 수 있게 되었고, 김대중 후보와의 경합 끝에 승리하여 다시 집권에 성공할 수 있었다. 3선 개헌은 "대통령의 계속 재임은 3기에 한한다"라는 것이었지만, 이는 개헌을 통한 권력 연장이 언제든 가능할 수 있음을 알리는 전조였다.

예측은 빗나가지 않았다. 이른바 '10월 유신'을 단행한 박정희는 한국 헌정사의 가장 암울한 시기를 열었다. 1972년 10월 17일 제3공화국이 강제 종료되었다. 박정희는 이날 '대통령 특별선언'을 발표하여 국회 해산, 정당 및 정치활동의 중지 등 헌법의 일부 기능을 정지시키고 전국에 비상계엄령을 선포했다. 박정희는 안보위기와 남북대화를 비상조치의 명분으로 내세웠다. 국회의 권한을 대행한 비상국무회의는 10월 26일 유신헌법 개정안을 의결·공고했다. 개정안은 11월 21일 국민투표를 통해 확정되었고, 12월 27일 시행되었다. 대통령에게 초헌법적 권한을 부여한 유신헌법 체제는 대통령제의 극단적 변형이자 왜곡이었다.

유신헌법은 대통령에게 긴급조치권, 국회해산권, 국회의원 1/3 추천권 등 전례 없는 막강한 권한을 부여했다. 또한 '통일주체국민회의'[25]라는 관제 조직을 통한 간선제로 대통령 선출 방식을 변경하여 사실상 종신집권을 제도화했다. 대통령은 이제 입법·사법·행정 전반에 걸친 절대적 권력을 행사할 수 있게 되었다. 이러한 유신체제에서 국회는 거수기로 전락했고, 사법부 역시 독립성을 상실한 채 대통령의 권력을 보조하는 기관으로 변질되었다. 특히 대통령의 긴급조치권은 기본권 제한의 한계마저 설정하지 않아 인권유린의 주된 수단으로 악용되었다.

박정희는 1979년 '10·26 사건'으로 비극적 종말을 맞았다. 중앙정보부장 김재규가 대통령을 살해한 이 사건으로 18년간의 장기 집권은 막을 내렸다. 이후 정국을 주도한 신군부 세력은 1979년 12·12 군사

---

25) 통일주체국민회의 대의원은 대략 도시는 1개 동마다 1명, 농어촌은 면마다 1명씩 직접 선거로 선출했는데, 출마자들 상당수는 관변 성향의 지역유지였다. 이 기구는 대통령 선출, 국회의원 1/3 선출, 헌법개정안 최종 확정 등의 권한을 가졌다. 1980년 제5공화국 헌법(헌법 제9호) 발효와 함께 폐지되었다.

반란과 1980년 5·18 광주 민주항쟁 진압을 통해 집권에 성공했고 새로운 형태의 독재체제를 구축했다. 12·12 쿠데타 당시 합동수사본부장 겸 보안사령관 전두환과 제9보병사단장 노태우를 중심으로 한 이들 신군부 세력은 군부 내 실권을 장악한 데 이어 민주화를 요구하는 국민의 열망을 짓밟고 정치권력까지 탈취했던 것이다.

전두환을 우두머리로 한 신군부 세력은 1980년 10월 27일 국민투표로 확정된 제5공화국 헌법을 통해 7년 단임 대통령제를 도입하여 외형적으로는 이전의 유신체제보다 일부 순화된 모습을 보였다. 그러나 제5공화국은 본질적으로 군사독재의 연장선 위에 있었으며, 헌법상의 대통령 권력과 그 권력의 행사 방식 또한 여전히 억압적이고 권위주의적이었다. 5천 명 이상의 '대통령선거인단'[26]이라는 사실상의 관변 조직을 통한 대통령 간선제는 이전의 통일주체국민회의를 통한 간선제와 크게 다르지 않았다. 전두환은 1980년 8월 27일 통일주체국민회의 선거를 통해 최규하 대통령의 잔여 임기를 채우는 제11대 대통령으로 선출되었으며, 1981년 2월 25일 대통령선거인단 선거를 통해 제12대 대통령으로 선출되었다.

1961년 5·16 군사쿠데타부터 1987년 민주화 이전까지의 한국 대통령제는 민주적 정당성이 사라진 권위주의 통치의 도구에 불과했다.

---

[26] 대통령선거인단은 헌법 제9호 제40조에 따라 직접 선거로 선출된 대통령선거인 5,000명 이상으로 구성되었다.

군부독재 세력은 '국가안전보장'과 '국가비상사태' 등을 명분으로 여러 차례 비상계엄을 발동하여 기본권을 광범위하게 제한했고, 특히 유신체제는 "국민의 자유와 권리를 잠정적으로 정지"하는 긴급조치를 남발했다. 1961년 5월 설치된 중앙정보부와 1981년 이를 개편한 국가안전기획부는 대공수사권과 정보수집권을 바탕으로 시민사회에 대한 감시와 통제를 강화했다. 정보기관을 통한 광범위한 사찰과 더불어 언론과 집회·결사의 자유는 심각하게 제한되었고, 교육기관과 문화예술계에 대한 통제도 강화되었다. 특히 전두환 정권은 '보도지침'을 통해 언론을 체계적으로 통제했다. 대통령제의 외피를 두른 이러한 독재체제는 한국의 민주주의를 오래도록 질식시켰다.

1987년 6월 민주항쟁의 성과와 한계

1987년 6월 민주항쟁은 전두환 독재정권을 굴복시킨 시민의 위대한 승리였다. 전두환은 1987년 4월 13일 모든 개헌 논의를 중단하고 1980년 8차 개정 헌법 헌법 제9호으로 정권교체를 하겠다는 '호헌'을 선언했다. 이는 민주화에 대한 국민적 열망을 정면으로 거스르는 것이었다. 이에 시민들은 "호헌 철폐, 독재 타도"를 외치며 격렬히 저항했고, 이는 전국적 민주화 시위로 발전하여 군부독재 체제의 종말을 앞당긴 '6·29

선언'을 이끌어냈다. 당시 민주정의당 대표였던 노태우가 1987년 6월 29일에 발표한 시국 수습 방안인 이 선언은 대통령 직선제 개헌, 김대중 등 정치범 사면복권, 시국 관련 구속자 석방, 언론자유 보장, 지방자치제 실시, 정당 활동 보장, 국민 기본권 신장, 선거법 개정 등 8개 항목의 민주화 관련 주요 조치를 담았다.

그러나 대통령 직선제 개헌을 약속한 6·29 선언 이후의 정치적 타협 과정은 오늘날까지 이어지는 87년 체제의 근본적 한계를 내포하고 있었다. 여당인 민주정의당과 야당인 통일민주당은 1987년 7월 23일 8인 정치회담이라는 기구를 구성하여 개헌 논의를 시작하기로 했다. 7월 31일 1차 회담이 개최되었고, 8월 3일 실질적 논의가 시작되어 8월 31일 개헌안 합의에 이르렀다. 불과 한 달 남짓한 기간의 협상과 논의로 개헌안이 서둘러 만들어졌다. 물론 대통령 직선제 개헌이 1988년 2월 24일 임기가 만료되는 전두환의 후임자부터 직선으로 선출해야 한다는 전제에서 출발한 것이므로, 개헌 합의를 서둘러 진행해 그의 임기 만료 이전에 모든 준비 및 절차를 마쳐야 한다는 조건이 있었다는 점을 부정하기는 어렵다.최호동 2020, 82-83.

출처: 중앙일보

〈그림 2-1〉 개헌을 위한 여야 8인 정치회담 타결 서명식 1987.09.01.

〈그림 2-1〉은 개헌을 위한 여야 8인 정치회담이 타결된 직후인 1987년 9월 1일, 민주정의당 권익현앞줄 왼쪽 대표와 통일민주당 이중재 앞줄 오른쪽 수석 대표가 합의문에 서명하고 있는 모습이다. 뒷줄 왼쪽부터 민주정의당의 윤길중, 최영철, 이한동 의원, 통일민주당의 이용희, 박용만, 김동영 의원이 보인다. 이후 9월 18일 국회의 헌법개정안 공고 요청, 9월 21일 대통령의 헌법개정안 공고, 10월 12일 국회 의결이 이어졌고, 10월 27일 국민투표에서 투표율 78.2%, 찬성 93.1%로 개헌안

이 확정되었다. 실질적 논의 시작에서부터 국민투표로 확정되기까지 3개월도 채 걸리지 않은 헌법개정으로 1972년 유신헌법으로 사라졌던 대통령 지선제가 부활했다.

8인 정치회담의 구성을 보면, 4명의 민주정의당 의원들은 노태우와 전두환을 대변했고, 4명의 통일민주당 의원들 중 김동영과 박용만은 김영삼의 상도동계를, 이용희와 이중재는 김대중의 동교동계를 대변하는 이들이었다. 이들의 협상은 시민사회와 전문가 집단의 의견수렴 없이, 공청회도 한번 개최하지 않은 채 시종일관 비공개로 진행되었다. 이 때문에 한석봉 신한민주당 의원은 제6공화국 헌법에 대해 "8명이 밀실에서 만든 불행한 헌법"이라는 신랄한 평가를 내리기도 했다.[27] 더구나 독재 종식 헌법을 만든 사람 중 절반은 바로 그 독재체제의 주역들이었다. 민주주의의 새 시대를 열기 위한 진지한 성찰과 모색이 부족할 수밖에 없는 개헌 논의구조였다.

이중재 통일민주당 의원은 "상대방이 될 경우 그다음을 자기가 노리기 위해서라도 대통령 임기는 길면 안 된다는 게 양쪽의 일치된 생각"이었다면서, "장기독재 방지를 위해 연임은 안 된다는 생각도 같았죠. 그래서 나온 게 5년 단임제였습니다"라고 당시 상황을 회고했다.[28] 실제로 개헌 협상 과정에서 노태우의 민주정의당은 '6년 단임' 대통령제

---

27) 왜 우리는 '87년 헌법'을 그들의 손에 맡겼나, 한국일보, 2018.04.07.
28) 왜 우리는 '87년 헌법'을 그들의 손에 맡겼나, 한국일보, 2018.04.07.

를, 김영삼과 김대중은 '4년 중임' 대통령제를 각각 주장하다가 '5년 단임' 대통령제라는 절충안에 합의했다. 이는 노태우, 김영삼, 김대중 모두에게 대통령이 될 기회를 열어주기 위한 정치적 타협의 산물이었다. 그리하여 5년 단임 대통령 직선제를 뼈대로 하는 제6공화국 헌정질서가 출발하게 된 것이다.

1987년 10월 29일 확정·공포된 현행 제10호 헌법은 장기독재를 불가능하게 하는 5년 단임 대통령제뿐만 아니라 대통령의 국회해산권 폐지, 국회의 국정감사권 부활, 헌법재판소 신설 등 대통령의 권한을 일부 제한하고 기본권 규정을 강화하는 요소를 어느 정도 담았다. 그러나 주요 개정 내용 중 국회 권한을 줄이면서 오히려 대통령제 요소를 강화한 부분도 존재했다. 유신헌법 제97조와 제5공화국 헌법 제99조에 있던 국회의 국무총리와 국무위원에 대한 해임의결권이 현행 헌법 제63조에 있는 해임건의권으로 대체되었기 때문이다.

1987년 헌법에는 유신체제 이전 박정희의 반민주적 통치 시기의 흔적이 상당 부분 그대로 남았다. 이한동 당시 민주정의당 의원은 헌법개정 협상 과정에서 제3공화국 헌법을 상당 부분 참조했다고 밝혔다.[29] 5·16 쿠데타 이후 박정희의 군정 기간에 마련된 1962년 헌법이 1987년 헌법을 둘러싼 쟁점 논의에서 일종의 "모범답안과 같은 기능"을 했

---

29) 이한동 인터뷰, 6·29선언 관련 주요 인사 구술채록, 대한민국역사박물관, 2016.

다는 것이다강원택 2017, 25. 결과적으로, 1987년 대통령 직선제 중심의 헌법개정은 대통령 '권력 형성'의 민주적 정당성 측면에서는 큰 변화를 불러온 것이 사실이지만, 대통령 '권력 행사'의 민주적 정당성 측면에서는 그렇지 않았다고 볼 수 있다.[30]

헌법개정 과정에 시민사회의 목소리가 제대로 반영되지 못한 한계 또한 컸다. 6월 민주항쟁을 주도적으로 이끈 '민주헌법쟁취 국민운동본부'는 헌법개정특별위원회를 구성하여 독자적인 개헌 시안을 마련하고, 이를 통일민주당의 개헌안에 적극 반영하고자 했다. 그러나 내부 논의조차 충분히 이루어지지 않은 채 마련된 개헌 시안의 영향력은 제한적일 수밖에 없었다최호동 2020, 158-162. 6·29 선언 직후 범사회적 차원의 개헌 논의를 활발하게 전개하면서 개헌안을 마련하기에는 시간이 부족한 탓도 있었다. 이러한 한계로 인해 시민사회는 개헌 의제 설정을 사실상 통일민주당에 위임했다. 아래로부터의 민주화 열망으로 시작된 헌법개정이 여야 양대 정당의 상층 협상과 타협을 통해 마무리되었다.

한편, 1987년 민주화 이후 대통령제를 의회제로 전환하려는 두 차례의 정치적 시도가 있었다. 첫 번째 시도는 1990년 1월 22일 여당인 민주정의당과 야당인 통일민주당, 신민주공화당이 합당하여 민주자유당을 창당한, 이른바 '3당 합당' 과정에서 나왔다. 당시 노태우의 민주

---

30) 재판관 안창호의 보충의견, 대통령(박근혜)탄핵 헌재결정례, 2016헌나1, 2017.03.10.

정의당, 김영삼의 통일민주당, 김종필의 신민주공화당이 정계 개편을 논의하는 과정에서 세 정파 사이의 권력 분점을 위한 '내각제의회제' 개헌 밀약이 있었다. 김종필은 내각제 개헌에 적극적이었고, 노태우 대통령도 이를 수용하는 태도였다. 그러나 처음에 모호한 태도를 견지했던 김영삼은 이후 당내 계파싸움이 격해지는 과정에서 명확한 반대 의사를 표명했다. 차기 대통령이 될 것이 유력한 상황에서 내각제 개헌을 추진할 이유가 없다고 본 것이다.

두 번째 시도는 1997년 제15대 대통령 선거 과정에서 김대중 새정치국민회의 총재와 김종필 자유민주연합 총재 사이에 맺어진 정치연합인, 이른바 'DJP연합' 과정에서 나왔다. 대통령 선거를 앞두고 김대중과 김종필은 연합정부 구성에 합의했다. 김대중이 대통령이 되고 김종필이 총리가 되는 권력 분점 구상이었다. 이 과정에서 김종필은 내각제 개헌을 연합의 조건으로 내세웠다. '대선 후보단일화 합의문'에도 1999년 12월 말까지 내각제 개헌을 완료한다는 내용이 들어갔다. 그러나 김대중은 내각제 개헌을 실제로 추진할 의지와 계획이 없었다. 1999년 7월 17일 한 만찬에서 김대중은 내각제 개헌 약속을 지킬 수 없다는 사실에 대해 정식으로 양해를 구했고, 김종필은 고개를 끄덕이며 수긍했다.[31]

---

31) YS와 DJ가 차례로 '내각제 개헌' 약속을 깬 이유, 한겨레, 2023.08.22.

이 두 사례는 정치적 협상 과정에서 의회제가 중요한 카드로 다루어졌지만, 실제 권력에 가까이 다가가거나 권력을 획득한 후에는 대통령직의 막강한 권한을 포기하지 않으려는 정치적 계산이 앞섰다는 사실을 보여준다. 국민 직선 대통령이라는 자리가 갖는 강력한 권한과 상징성을 누구보다 잘 아는 정치 지도자들은 대통령제 개혁을 위해 발 벗고 나설 동기가 없었다. 물론 당시의 권력구조 개편 시도가 민주주의의 발전을 위해서라기보다는 단순히 권력 분점의 수단으로 활용된 측면이 컸다는 점도 간과할 수 없다. 이러한 역사적 경험은 기존 권력구조의 관성과 함께 제도개혁의 난맥상을 잘 보여준다. 결과적으로, 대통령 직선제에 기초한 87년 체제는 민주화의 성과와 한계를 동시에 내포한 채 지난 40여 년 동안 한국 정치를 지배한 기본적인 틀이었다.

사회적 논의와 합의로 열어야 할 제7공화국

2016년 촛불 혁명은 대통령 박근혜를 탄핵하고 파면으로 이끌었다. 당시 대한민국이 마주했던 시대정신은 바로 민주주의의 재건이었다. 촛불 시민들은 "대한민국은 민주공화국이다. 대한민국의 주권은 국민에게 있고, 모든 권력은 국민으로부터 나온다"라고 명시한 대한민국 헌법 제1조를 끊임없이 외쳤다. 그러나 이러한 열망은 권력구조 혁신을 포함한 제도개혁으로 나아가지 못했다. 그리고 2024년 12월 3일, 국민은 위헌·위법한 비상계엄 선포를 통해 내란 우두머리로 등극한 윤석열을 충격과 공포 속에서 멍하니 바라볼 수밖에 없었다.

12·3 내란 사태 이후 시민사회에서는 '제왕적 대통령제를 끝장내자'라는 구호가 등장했고, 언론들도 앞다투어 '제왕적 대통령제'의 문제점을 짚는 기획 기사를 내보내기 시작했다. 그러나 여기서 '제왕적'이라는 수식어는 단순한 정치적 수사修辭의 의미를 크게 넘어서지 못했다.[32] 이러한 수식어를 뗄 수 있는 상황이 온다고 해서 대통령제의 본질적인 문제가 사라지지는 않는다. 사실 대통령제의 문제에 대한 깊이 있는 사회적 토론은 한국에서 제대로 시작조차 해 본 일이 없다. 1948년 대한민국 수립 이후 바람직한 권력구조에 대한 진지한 논의 자체가 부족했다. 앞에서 살펴보았듯이 지금까지 한국의 통치구조 변화는 대부분 이러한 논의를 생략한 채 구체제에 대한 즉자적 반정립 또는 권위주의 체제를 강화하는 형태로만 이루어져 왔다.

대통령제에서 의회제로의 통치형태 변화가 민주주의의 질적 심화로 이어지기 위해서는 선거제도 및 정당체제 개혁, 정당정치의 성숙, 정치문화의 전반적인 변화, 시민사회의 역량 강화 등 복합적인 과제를 해결

---

[32] 양 진영의 지지자들은 자신이 지지하는 대통령은 '제왕적 대통령'이 아니고 상대편이 지지하는 대통령은 '제왕적 대통령'이라고 종종 불러왔다. 애초 당파적인 목적에 의해 고안된 정치적 언어였던 이 표현 자체가 "상대편 대통령을 공격하기 위한 값싼 정치적 수사"로 계속 활용된 것이다(김일년 2020, 429).

해야 한다. 이때 정당정치의 혁신 없는 의회제 도입은 제2공화국의 실패를 되풀이할 위험이 있다는 지적이 많다. 그렇지만 이는 문제의 한 측면에 불과하다. 민주화 이전은 물론 민주화 이후에도 한국의 정당정치는 대통령제라는 족쇄 때문에 발전이 지체되어 왔다는 사실에도 주목해야 한다. 정당정치를 더욱 활성화하고 발전시키기 위해 이제 그 족쇄를 풀자는 주장을 적극적으로 제기할 때가 되었다.

우리는 과거와 현재의 실패로부터 분명한 교훈을 얻어야 한다. 마치 '선출된 군주'와 같은 권위주의적 대통령을 양산하는 현행 대통령제를 조금만 손보면 아무런 문제가 없을 것이라고 단정할 수 없다. 제도개혁을 꾀하기는커녕 앞으로 대통령만 잘 뽑으면 된다는 안일한 사고나, 차기 대통령을 꿈꾸는 정치 지도자의 선의에 기대면 된다는 사고도 문제해결과 거리가 멀다. 한국 정치를 혁신할 수 있는 새로운 권력구조를 본격적으로 논의하고, 광범위한 사회적 합의를 모색해야 한다. 이는 정당과 정치인만의 과제가 아니라 시민사회 전체의 과제이기도 하다.

한국 정치체제의 역사적 변천 과정이 우리에게 보여주는 가장 큰 교훈은 권력의 강압 또는 소수 정치인 사이의 타협으로 헌법개정이나 여타의 제도개혁 문제가 종결되는 사태를 막아야 한다는 것이다. 이는 이승만, 박정희, 전두환 정권으로 이어졌던 대통령제의 탈을 쓴 독재, 1987년 6월 민주항쟁으로 솟구친 민주화 열망을 제대로 담아내지 못한 채 '밀실 정치협상'으로 탄생한 제6공화국 헌법, 그리고 그 이후 헌법개정에 관한 사회적 논의의 연이은 실패를 경험하면서 우리가 뼈저리게 체득한 교훈이다. 앞으로의 제7공화국 수립 논의와 그 과정은 이러한 과거의 한계를 넘어서야 한다.

2장 한국 정치체제의 역사적 변천

- 3장 -
한국 대통령제의 구조적 한계: 제도와 운영의 문제점

우리나라는 건국 이후 1987년 민주화에 이르기까지 채 40년도 안 된 기간 동안 무려 아홉 차례나 헌법을 개정했다. 한국 헌정사의 험난한 도정을 이보다 잘 드러내 주는 징표는 없다. 그것은 정치체제의 불안정성과 낮은 수준의 민주주의 제도화를 말해 주는 것이기도 하다. 4·19 혁명 이후의 제4차 개정을 제외한다면 개헌은 모두 정부의 권력구조, 최고 행정수반의 선출 방법, 임기, 권한에 관한 것이다. 말하자면 한국 헌정사의 불안정은 거의 대통령과 관련된 것이다. 최장집 2010, 174

한국의 현행 대통령제가 지닌 구조적 결함은 12·3 내란 사태를 통해 더욱 분명히 드러났다. 대통령의 광범위한 비상대권은 입법부와 사법부의 제한적 견제 속에서 민주주의 자체를 위협하는 수단이 될 수 있음이 입증되었다. 이는 단순히 개인의 일탈이나 권한 남용의 차원을 넘어 현행 통치구조가 지닌 근본적 한계를 보여주는 것이다. 특히 대통령과 의회의 '이원적 정통성$_{\text{dual legitimacy}}$'[33] 문제, 승자독식의 구조, 분점정부 상황에서의 극단적 대립 등은 한국에서도 대통령제의 고질적 문제점으로 지적되어 왔다. 이 장에서는 대통령제의 역사적 기원과 그 변용 과정, 그리고 한국의 대통령제가 보여온 특징들을 면밀히 검토함으로써 이러한 제도적 결함의 본질을 파악하고자 한다. 이를 통해 우리는 현행 대통령제의 구조적 문제를 해결하기 위한 통치형태 개혁의 방향을 모색할 수 있을 것이다.

미국식 대통령제의 변용

대통령제는 1787년 미국 연방헌법이 제정되면서 역사에 처음 등장했다. 미국이 대표적인 대통령제 국가이기는 하나 미국의 정치체제를

---

[33] 직접 선거로 선출된 대통령과 국회의원들이 각각 별도의 민주적 정당성을 갖는다는 것을 의미한다. 이원적 정통성이 존재하면 상호 간에 갈등이 발생할 때 어느 편의 정당성이 우선하는지 분명하지 않아 정치적 교착상태가 발생하기 쉽다(7장 참조).

단순히 '대통령 중심제'라고 보기는 어렵다. 반면, 한국을 포함한 많은 국가는 대통령 중심제 또는 기형적 대통령제를 발전시켜 왔다.조지형 2008, 8. 멕시코, 브라질, 아르헨티나 등 아메리카 대륙의 상당수 국가, 인도네시아, 필리핀 등 아시아 지역의 일부 국가, 나이지리아, 케냐 등 아프리카 대륙의 다수 국가가 이러한 형태의 대통령제를 채택하고 있다.

대통령제가 발명된 미국에서 이 제도의 핵심 원리는 '권력분립 separation of powers'과 '견제와 균형 checks and balances'이다. 이는 단순히 입법부, 행정부, 사법부의 삼권분립만을 의미하는 것이 아니라 각 부처가 서로를 견제하고 균형을 잡을 수 있는 실질적인 권한을 가져야 함을 의미한다. 예를 들어, 미국의 상원은 대통령이 지명한 고위공직자에 대한 인준권을 가지고 있으며, 연방대법원은 대통령의 행정명령이나 의회가 제정한 법률에 대해 위헌 심사를 할 수 있다.

그러나 제2차 세계대전 이후 독립한 많은 국가는 미국식 대통령제와는 다른 형태의 대통령제를 발전시켰다. 이를 '신대통령제 neo-presidentialism'[34]라고 부르기도 한다. 신대통령제의 특징은 대통령에게 권력이 과도하게 집중되어 있다는 점이다. 대통령이 행정부의 수반일 뿐만 아니라 사실상 입법부와 사법부에 대해서도 강력한 영향력을 행사

---

34) 독일 출신의 법학자이자 정치학자인 칼 뢰벤슈타인(Karl Loewenstein)이 그의 대표작인 『정치권력과 정부과정(Political Power and the Governmental Process)』에서 제안한 개념이다(Loewenstein 1957).

한다. 한국의 초기 대통령제 역시 이러한 신대통령제의 전형적인 사례였다. 대통령을 중심으로 한 강력한 권력 통합이 이루어졌고, 이는 이후 독재의 제도적 기반이 되었다. 이승만 정부에서 시작된 이러한 경향은 박정희 정부를 거치면서 더욱 강화되었고 유신체제에서 그 절정에 달했다.

한국은 제6공화국 체제에서 이러한 신대통령제의 틀을 일정하게 벗어나고자 했지만, 권력 통합의 유혹은 여전히 강하게 남아있었다. 대통령 직선제에 기초한 87년 체제에서 대통령의 실질적 권한은 여전히 막강하게 유지되었고, 국민의 직접 선거를 통해 선출된 대통령은 강력한 민주적 정당성을 확보함으로써 자신의 권력 기반을 더욱 강화했다. 12·3 내란은 이러한 한국형 대통령제의 구조적 문제점을 적나라하게 드러낸 역사적 사건이었다.

대통령의 막강한 권한과 국무회의의 형해화

현행 1987년 헌법은 대통령에게 광범위한 비상대권을 부여하고 있다. 제76조는 대통령에게 내우·외환·천재·지변 또는 중대한 재정·경제상의 위기에 있어서 국가의 안전보장이나 공공의 안녕질서를 유지하기 위한 긴급명령권을 부여한다. 제77조는 계엄 선포권을 규정한다. 12·3

내란 과정에서 드러났듯이, 이러한 비상대권의 남용은 매우 위험한 결과를 초래할 수 있다.

〈표 3-1〉에 따르면, 한국19.5점, 필리핀19점, 미국13점, 인도네시아9점 순으로 대통령의 헌법적 권한이 강하게 나타난다. 특히 한국과 필리핀은 입법 권한각각 9점, 8점이 상대적으로 매우 강력하다. 비입법 권한에서는 국가별 차이가 크게 드러나지 않는다. 미국은 대통령제의 원형 국가임에도 법률안 전면거부권2점을 제외한 다른 입법 권한이 없어 한국이나 필리핀보다 대통령의 권한이 훨씬 더 제한적인 것이 특징적이다.

〈표 3-1〉 각국 대통령의 헌법적 권한 비교

		한국	미국	필리핀	인도네시아
입법 권한	법률안 전면거부권	2	2	2	0
	법률안 부분거부권	0	0	3	0
	긴급명령권	2	0	0	1
	예산권	3	0	3	0
	국민투표 제안권	2	0	0	0
	소계	9	2	8	1
비입법 권한	조각권	3.5	3	3	4
	각료 해임권	4	4	4	4
	의회의 불신임권	3	4	4	0
	의회해산권	0	0	0	0
	소계	10.5	11	11	8
총계		19.5	13	19	9

출처: 이동성•유종성2017, 134

〈표 3-2〉는 제6공화국 역대 대통령들의 법률안 거부권 행사 횟수를 보여준다. 노태우 대통령이 7회, 노무현 대통령이 6회 행사한 것이 주목할 만한 수준이었다. 그러나 윤석열 대통령은 2022년 5월 취임 이후 2024년 12월 탄핵으로 직무가 정지될 때까지 약 2년 7개월 동안 무려 25차례나 거부권을 행사했다. 이는 과거 어느 대통령과도 비교할 수 없는 수준으로 빈번했던 권한 행사였다. 이로부터 이 시기 내내 지속된 여소야대 분점정부 상황에서 행정부와 입법부 간의 정치적 갈등이 얼마나 고조되었는가를 쉽게 짐작할 수 있다.

〈표 3-2〉 제6공화국 대통령의 법률안 전면거부권 행사 횟수

제6공화국 대통령	제13대 노태우	제14대 김영삼	제15대 김대중	제16대 노무현
법률안 전면거부권 행사 횟수	7	0	0	6

제6공화국 대통령	제17대 이명박	제18대 박근혜	제19대 문재인	제20대 윤석열
법률안 전면거부권 행사 횟수	1	2	0	25

국무회의의 형해화도 매우 심각한 문제다. 현행 헌법 제88조와 제89조에 따르면, 국무회의는 계엄과 그 해제를 포함한 정부의 주요 정책에 대해 의결이 아닌 심의만 할 수 있을 뿐이다. 국무총리와 국무위원은 대통령을 보좌하거나 명을 받는 지위에 불과하고 대통령의 결정과

판단을 제어할 수 있는 아무런 권한이 없다.

제헌헌법의 국무원은 이와 매우 달랐다. 1948년 헌법 제68조는 "국무원은 대통령과 국무총리 기타의 국무위원으로 조직되는 합의체로서 대통령의 권한에 속한 중요 국책을 의결한다"라고 명시했고, 제71조는 "국무회의의 의결은 과반수로써 행한다"라고 규정했다. 이는 국무위원 과반수가 반대하면 대통령이 추진하는 주요 정책이 승인될 수 없다는 것을 의미했다.

1960년의 의회제 헌법에서도 이러한 국무회의의 실질적 권한은 유지되었다. 그러나 1963년 제3공화국 헌법에서 국무회의의 위상이 심각하게 손상되었다. "국무회의는 정부의 권한에 속하는 중요한 정책을 심의한다"라는 제83조의 규정이 이때 처음 등장했고, 이는 현행 헌법 제88조로 그대로 이어졌다. 12·3 비상계엄 선포 과정에서도 국무위원 대다수가 우려 또는 반대의 뜻을 밝혔으나 이는 단순한 의견 개진에 불과했다. 국무회의는 대통령의 독단적 결정을 제어할 수 있는 아무런 권한이 없었다.

대통령의 막강한 권한이라는 측면에서 보면, 1987년 헌법은 1963년 헌법을 상당 부분 그대로 계승하고 있다. 적어도 대통령제의 성격이라는 측면에서 87년 체제는 이전 독재 체제와의 단절성보다 연속성이 더 강하다고 볼 수 있다. 87년 체제의 주춧돌이라고 여겨진 절차적·형식적 민주주의는 그만큼 불완전했다. 그리고 이는 12·3 내란 사태를 미연에 방지할 수 없었던 주요 배경이었다.

승자독식, 정당정치의 왜곡, 책임성의 실종

〈표 3-3〉이 보여주는 제6공화국 이후 대통령 선거 결과는 한국 대통령제가 마주한 또 하나의 민주적 정당성 문제를 여실히 보여준다. 제18대 대통령 선거에서 박근혜 후보가 기록한 51.55%의 득표율을 제외하면, 어떤 대통령 당선인도 과반수의 지지를 얻은 적이 없다. 특히 제20대 선거에서는 윤석열 당선인과 이재명 후보의 득표율 차이가 0.73% 포인트에 불과해 역대 최소 차이를 기록했다. 이는 전체 유권자의 절반에도 미치지 못하는 지지로, 게다가 간발의 차이로 차점자를 이긴 승자가 모든 권한을 독식하는 불합리한 상황을 보여준 사례였다. 한편, 제17대 대통령 선거에서 이명박 당선인과 정동영 후보 간 22.53% 포인트 격차, 제19대 대통령 선거에서 문재인 당선인과 홍준표 후보 간 17.05% 포인트 격차와 같이 매우 큰 차이가 발생한 선거에서조차 당선인 득표율이 50%에도 미치지 못했다는 점은 단순다수대표제로 치러지는 현행 대통령 선거제도의 한계를 분명히 보여준다. 실질적인 다수의 지지를 받지 못한 대통령이 권력과 권위를 독차지해 온 것이다.

〈표 3-3〉 제6공화국 대통령 선거 당선인과 차점자 득표율

	당선인	당선인 득표율(%)	차점자	차점자 득표율(%)	득표율 차이 (%p)
제13대	노태우	36.64	김영삼	28.03	8.61
제14대	김영삼	41.96	김대중	33.82	8.14
제15대	김대중	40.27	이회창	38.75	1.52
제16대	노무현	48.91	이회창	46.58	2.33
제17대	이명박	48.67	정동영	26.14	22.53
제18대	박근혜	51.55	문재인	48.02	3.53
제19대	문재인	41.08	홍준표	24.03	17.05
제20대	윤석열	48.56	이재명	47.83	0.73

이러한 문제를 해결하기 위해 결선투표제 도입을 통한 절대다수대표제로의 전환이 제안되기도 한다. 결선투표제는 1차 투표에서 과반수 득표자가 없을 경우 상위 득표자들을 대상으로 2차 투표를 실시함으로써 최종 당선자가 과반수의 지지를 확보하도록 보장한다. 이는 당선인의 민주적 정당성을 강화할 뿐만 아니라 1차 투표에서 유권자들이 전략적 투표에 얽매이지 않고 자신이 진정으로 선호하는 후보를 선택할 수 있게 함으로써 정치적 다양성을 증진시킬 수 있다. 그러나 이러한 선출 방식의 개선만으로는 승자독식 구조를 지닌 대통령제의 근본적 문제를 해결할 수 없다.

박근혜 정부에서 드러난 최순실과의 비공식적 관계나 윤석열 정부에서 불거진 김건희와 관련된 무수한 논란들은 대통령제가 '궁정정치

court politics'에 얼마나 취약한가를 잘 보여준다. 대통령에게 권력이 집중된 상황에서는 대통령의 개인적 인맥이나 사적 관계가 공식적인 국정 운영 체계를 우회하여 영향력을 행사할 수 있는 구조적 취약성이 존재한다. 이는 단순히 개인의 일탈 문제가 아니라 제도화된 견제 장치 없이 대통령 개인에게 과도한 권력이 집중된 대통령제의 구조적 문제와 연결된다. 특히 대통령의 권력이 헌법적 절차나 제도적 통로가 아닌 비공식적 관계를 통해 행사될 때, 이를 효과적으로 통제할 수 있는 수단이 부재하다는 점이 계속 드러났다. 이러한 사례들은 대통령제에서 권력의 사유화가 구조적으로 반복될 수 있음을 시사한다. 따라서 대통령 선거제도 개혁을 넘어서는 근본적인 통치형태 개혁에 대한 사회적 논의가 절실하다.

민주주의의 발전에 있어서 정당정치, 의회정치의 성숙도가 중요하다는 점을 부인하는 사람은 없다. 그러나 한국의 현실에서 정당은 대통령의 권력을 뒷받침하는 도구로 전락해 왔다. 정당정치의 뿌리가 얕은 곳에서 정치는 정당이 아니라 인물 중심으로 이루어지게 되고 공당은 사당私黨으로 전락하기 쉽다. 인물 중심의 정치와 공당의 사당화는 대통령제와 짝을 이루며 악순환의 관계에 빠진다. 이는 사실 한국 정치에서만 나타나는 현상은 아니다. 대통령제의 문제점에 대한 분석으로 유명한 비교정치학자 후안 린츠Juan J. Linz는 "대체로 대통령제는 약하고 분열된, 그리고 후견주의적이거나 사당화된 정당과 관련이 있다"고 지적한다$_{\text{Linz 1994, 42.}}$ 현대 민주주의 이론의 발전에 크게 기여한 정치학자 아렌트 레이파르트$_{\text{Arend Lijphart}}$도 대통령제가 응집력 있는 정당의 형성을 저해한다고 주장한다$_{\text{Lijphart 1994, 98.}}$

특히 여당이 대통령에게 종속되는 현상은 심각한 수준이다. 윤석열 정부 시기 국민의힘 사례가 매우 대표적이다. 대통령 탄핵 직후 출범한 권영세 의원을 위원장으로 한 비상대책위원회는 윤석열 정부 출범 이후 벌써 5번째 비상대책위원회였다. 대통령의 입김으로 인한 당 지도부의 잦은 교체로, 당원 민주주의 훼손은 말할 것도 없고 양당제의 축을 이루는 거대정당의 기본적인 기능조차 현격히 약화되었다. 이는 단순히 한 정당의 문제가 아니라 한국의 대통령제가 정당정치와 얼마나 부조화를 이루고 있는지를 잘 보여준다.

정치 양극화가 심화하면서 음모론의 확산 또한 심각한 문제로 대두되었다. 윤석열은 2024년 12월 12일 대국민 담화와 2025년 1월 15일 페이스북 게시글 등을 통해 비상계엄 선포의 배경에 부정선거에 대한 확신이 있었음을 실토했다. 소수 극우 유튜브 채널이 유포하던 음모론에 대통령 자신도 빠져있었음을 보여주었다. 이러한 현상의 근저에는 정치적 경쟁자를 악으로 규정하는 극단적 양극화가 자리하고 있다. 즉, '악인인 경쟁자의 승리는 부정선거를 통해서만 가능하다'라는 왜곡된 논리가 음모론으로 발전한 것이다. 민주주의 자체를 위협하는 내란의 주요 동기 가운데 하나가 이러한 부정선거 음모론이었다는 점은 세계 민주주의 역사에서 중요한 사례로 남을 것이다.

이러한 음모론은 2012년 제18대 대통령 선거 직후의 상황으로 거슬러 올라갈 수 있다. 당시 문재인 후보의 낙선과 박근혜 후보의 당선에 대해 김어준이 제기했던 부정선거 의혹은 현재 극우 유튜버들이 주장하는 논리와 놀라울 정도로 유사한 측면이 있다.[35] 그러나 두 사례는 결정적인 차이가 있다. 2012년 대통령 선거를 둘러싼 의혹 제기는 그 근거의 오류가 드러나자 자연스럽게 수그러들었던 반면, 현재의 음모론은 부정선거의 증거가 없다는 대법원 판결뿐만 아니라 사실에 기초한 어떠한 반박에도 그 믿음이 흔들리지 않는 망상에 가까운 종교적 신념으로 발전했다.

그간 대통령제의 폐단이 극단적 양극화와 음모론의 확산으로 이어졌다는 점은 매우 우려스러운 현상이다. 특히 이러한 문제들이 궁극적으로는 책임정치의 실종으로 귀결되었다는 점에 주목할 필요가 있다. 5년 단임 대통령제 아래에서 대통령은 임기가 끝나면 모든 책임에서 벗어난다. 임기 중에는 정책 실패에 대한 책임을 묻는 방법이 없다. 여당은 대통령에게 책임을 전가하고, 대통령은 야당이나 관료조직의 저항을 탓한다. 이러는 가운데 진정한 책임정치는 사라진다.

---

35) '극우 유튜버'처럼… 왜 대통령은 부정선거 음모론에 사로잡혔을까, 주간경향, 2024.12.14.

더욱이 단임 대통령제의 특성상 대통령은 정책의 장기적 효과나 지속가능성보다 임기 내 가시적인 성과 창출에 집중하게 된다. 이는 또한 소위 '식물 대통령' 현상을 낳기도 한다. 임기 후반으로 갈수록 정책 추진력이 현저히 떨어지기 때문이다. 차기 정권에서 정책이 번복되거나 폐기될 것이 예상된다면, 정부 관료들은 소극적 태도를 보이게 되고 이는 정책 실패의 또 다른 원인이 된다.

특히 대통령제에서는 정책 실패에 대한 정치적 책임을 지는 제도적 장치가 없다. 국회의 탄핵소추권은 헌법이나 법률 위반과 같은 명백한 위법 행위에만 제한적으로 적용될 뿐, 잘못된 정책 판단이나 무능한 국정 운영에 대해서는 효과적인 견제 수단이 되지 못한다. 의회제의 '불신임 투표vote of no confidence'와 같은 상시 가능한 책임추궁 메커니즘이 부재한 상황에서 대통령의 권한 행사는 충분한 견제나 책임성 확보 없이 이루어지게 된다.

'분점정부'의 일상화 문제

'단점정부unified government'는 대통령의 소속정당이 의회의 과반수 의석을 차지하여 행정부와 입법부가 동일 정당에 의해 통제되는 정부 구성을 의미한다. 반면, '분점정부divided government'는 대통령의 소속 정당이 의회 과반수를 확보하지 못해 행정부와 입법부를 서로 다른 정당이 장악하는 상황을 말한다. 이 두 가지 정부 구성 형태를 구분하는 핵심 기준은 의회 내 정당의 의석 분포다. 구체적으로, 대통령 소속 정당의 의회 의석수가 전체 의석의 과반수를 차지하는지가 일차적 기준이다. 물론 실질적으로는 단순한 의석수 계산을 넘어 연합 정당들의 존재 여부와 그들과의 관계, 원내 정당 간 협력 구도, 정당 내부의 단결력 등도 중요한 고려 사항이 된다.

노태우 정부는 '3당 합당'을 통해, 김대중 정부는 'DJP연합'을 통해 분점정부를 단점정부로 바꿀 수 있었다. 노무현, 이명박, 문재인 정부는 총선 승리를 통해 분점정부를 단점정부로 바꿀 수 있었다. 박근혜 정부는 단점정부로 출발했으나 분점정부로 바뀌었고 탄핵 사태를 맞았다. 분점정부로 출발한 윤석열 정부는 임기 중 총선에서 패배함으로써 분점정부를 이어갈 수밖에 없었고, 윤석열은 급기야 내란을 일으켜 탄핵 사태를 자초했다. 제6공화국의 역대 정부 가운데 윤석열 정부만 유일하게 단점정부를 경험하지 못했다.

〈표 3-4〉는 의석 과반수를 기준으로 제6공화국 시기의 단점정부와 분점정부를 시기별로 구분해 본 것이다. 1988년 2월 25일부터 2024년 12월 14일까지 13,443일약 36.8년 가운데 단점정부 기간은 7,189일약 19.7년, 53.5%, 분점정부 기간은 6,254일약 17.1년, 46.5%에 이른다. 전체 기간의

약 절반이 분점정부 시기였다. 분점정부가 일상화된 대통령제의 한 단면이다.

〈표 3-4〉 제6공화국의 단점/분점정부 기간

대통령(재임 기간)	국회(구분 기간)	대통령 소속정당	제1당(의석비율 %)	단점/분점
제13대 노태우 (1988.02.25. ~1993.02.24.)	제12대 (1988.02.25. ~1988.05.29.)	민주정의당	민주정의당(58.7)	단점
	제13대 (1988.05.30. ~1990.01.21.)	민주정의당	민주정의당(41.8)	분점
	제13대 (1990.01.22. ~1992.05.29.)	민주자유당	민주자유당(71.9)	단점
	제14대 (1992.05.30. ~1993.02.24.)	민주자유당	민주자유당(50.8)	단점
제14대 김영삼 (1993.02.25. ~1998.02.24.)	제14대 (1993.02.25. ~1995.12.05.)	민주자유당	민주자유당(54.5)	단점
	제14대 (1995.12.06. ~1996.05.29.)	신한국당	신한국당(55.5)	단점
	제15대 (1996.05.30. ~1997.11.20.)	신한국당	신한국당(50.5)	단점
	제15대 (1997.11.21. ~1998.02.24.)	한나라당	한나라당(54.8)	단점
제15대 김대중 (1998.02.25. ~2003.02.24.)	제15대 (1998.02.25. ~1998.09.27.)	새정치국민회의	한나라당(53.8)	분점
	제15대 (1998.09.28. ~2000.01.19.)	새정치국민회의	한나라당(46.2)	단점

대통령(재임 기간)	국회(구분 기간)	대통령 소속정당	제1당(의석비율 %)	단점/분점
제15대 김대중 (1998.02.25. ~2003.02.24.)	제15대 (2000.01.20. ~2000.05.29.)	새천년민주당	한나라당(43.5)	단점
	제16대 (2000.05.30. ~2003.02.24.)	새천년민주당	한나라당(48.7)	분점
제16대 노무현 (2003.02.25. ~2008.02.24.)	제16대 (2003.02.25. ~2004.05.29.)	새천년민주당	한나라당(55.3)	분점
	제17대 (2004.05.30. ~2005.01.27.)	열린우리당	열린우리당(50.8)	단점
	제17대 (2005.01.28. ~2008.02.24.)	열린우리당	열린우리당(49.8)	분점
제17대 이명박 (2008.02.25. ~2013.02.24.)	제17대 (2008.02.25. ~2008.05.29.)	한나라당	통합민주당(48.2)	분점
	제18대 (2008.05.30. ~2012.02.11.)	한나라당	한나라당(51.2)	단점
	제18대 (2012.02.12. ~2012.04.19.)	새누리당	새누리당(58.9)	단점
	제19대 (2012.04.20. ~2012.05.29.)	새누리당	새누리당(50.0)	분점
	제19대 (2012.05.30. ~2012.11.06.)	새누리당	새누리당(50.0)	분점
	제19대 (2012.11.07. ~2013.02.24.)	새누리당	새누리당(51.3)	단점

대통령(재임 기간)	국회(구분 기간)	대통령 소속정당	제1당(의석비율 %)	단점/분점
제18대 박근혜 (2013.02.25. ~2017.03.10.)	제19대 (2013.02.25. ~2014.05.14.)	새누리당	새누리당(51.0)	단점
	제19대 (2014.05.15. ~2014.07.30.)	새누리당	새누리당(49.7)	분점
	제20대 (2014.07.31. ~2016.03.21.)	새누리당	새누리당(52.7)	단점
	제20대 (2016.03.22. ~2016.05.29.)	새누리당	새누리당(50.0)	분점
	제20대 (2016.05.30. ~2017.02.12.)	새누리당	더불어민주당(41.0)	분점
	제20대 (2017.02.13. ~2017.05.09.)	자유한국당	더불어민주당(40.3)	분점
제19대 문재인 (2017.05.10. ~2022.05.09.)	제20대 (2017.05.10. ~2020.05.29.)	더불어민주당	더불어민주당(40.0)	분점
	제21대 (2020.05.30. ~2022.05.09.)	더불어민주당	더불어민주당(59.0)	단점
제20대 윤석열 (2022.05.10. ~2024.12.14.)	제21대 (2022.05.10. ~2024.05.29.)	국민의힘	더불어민주당(56.0)	분점
	제22대 (2024.05.30. ~2024.12.14.)	국민의힘	더불어민주당(57.0)	분점

대통령제 자체에 대한 문제의식의 확산

김대중 전 대통령은 서거 이듬해인 2010년 출간된 자서전에서 대통령제의 한계와 개혁의 필요성을 예리하게 지적했다. 만약 그가 2017년 박근혜 전 대통령의 파면과 구속, 2018년 이명박 전 대통령의 구속, 그리고 2024년 윤석열의 내란 범죄 행위와 이에 따른 탄핵 및 파면을 보았더라면, 대통령제에 대한 그의 비판적 인식은 더욱 강화되었을 것이다. 특히 윤석열의 12·3 내란은 대통령이라는 자리가 지닌 구조적 위험성을 명확히 보여주었다. 공교롭게도 1994년 검사로 임용된 윤석열은 박근혜와 이명박 전 대통령을 직접 수사한 경험이 있다. 한때 대통령들을 수사했던 그가 이제 스스로 내란죄 수사 대상이 된 역설적 상황에 놓여있다.

> 나는 오랫동안 대통령 중심제를 지지해 왔다. 이를 관철하기 위해서 목숨을 걸고 싸웠다. 그리고 국민과 함께 직선 대통령제를 쟁취하여 대통령직을 수행했다. 그러나 진정 내가 원하는 것은 정·부통령제였다. … 이런 이유로 1987년 민주화 항쟁 이후 직선제 개헌을 할 때 4년 중임제의 정·부통령제를 주장했다. 그러나 이미 알려진 대로 여당이 나와 김영삼 씨의 연대를 두려워해서 이를 극력 반대한 것이다.
>
> 지금도 정·부통령제를 마음에 두고 있지만 또 한편으로는 생각이 많이 달라졌다. 대통령제하에서 10명의 대통령이 있었다. 이승만, 박정희, 전두환 같은

독재자들이 비극적 종말을 맞았지만 그 후로도 독재자나 그 아류들이 출현했다. 이를 막기 위해 이제는 대통령 중심제를 바꾸는 것도 고려해 봄 직하다. 5년 단임제는 책임을 물을 방법이 없다. 이제 민의를 따르지 않는 독재자는 민의로 퇴출시켜야 할 때가 되었다. 이원 집정부제나 내각 책임제를 도입하는 것도 나쁘지 않다고 본다. 10년 동안의 민주 정부가 많은 것을 변화시켰고, 특히 우리 국민의 민주주의에 대한 의식이 매우 성숙했다고 보기 때문이다.

미국도 마찬가지다. 한때는 성공한 대통령 중심제 나라의 표본이었지만 부시 대통령의 8년 실정은 참담하다. 지구촌과 그 속의 인류에게 끼친 해악이 크다. 내정·외교 모든 분야에서 실패했다. 그러면서도 어떤 제어도 하지 못하고 꼼짝없이 그 속에서 살아야 했다. 그토록 우리가 문명과 이성을 발달시켰어도 지도자의 잘못 하나 바로잡을 수 없음이 속상하다. 그것이 변함없는 권력의 속성이라면 제도를 통해 예방책을 모색해야 할 것이다. 김대중 2010, 586-587

이제 우리 사회에서도 대통령제 개혁의 필요성에 대한 공감대가 형성되고 있다. 12·3 내란 사태 발발과 겹친 시점에 실시된 한국갤럽의 여론조사12월 3~5일에서 응답자의 51%는 현행 대통령제에 문제가 있으므로 개헌이 필요하다고 답했다. 만약 개헌을 한다면 46%는 '4년 중임 대통령제'를, 18%는 '의원내각제'를, 14%는 '분권형 대통령제'를 선호한다고 밝혔다. 한편, '의원내각제'에 대한 지지가 2008년에 실시된 같은 조사와 비교할 때 10%나 상승한 것은 주목할 만하다.

2024년 12월 22~23일 한국일보가 한국리서치에 의뢰해 실시한 여론조사에서 개헌 동의는 53%로 나타났다. 51%는 대통령 권한 축소를 지지했고, 현재의 권한을 유지해야 한다는 의견은 36%로 나타났다. 구체적으로는 29%가 '권한 대폭 축소-분산한 대통령제'를, 26%는 '현행 5년 대통령 단임제'를, 25%는 '혼합정부제'를, 9%는 '의원내각제'를 지지한다고 밝혔다.

2024년 12월 29~30일 중앙일보가 엠브레인퍼블릭에 의뢰해 실시한 개헌 방향 여론조사에 따르면, 차기 정부 출범 이전에 개헌을 추진해야 한다는 의견이 60%, 차기 정부 출범 이후에 추진해야 한다는 의견이 32%로 나타났다. 개헌 방향으로는 43%가 '4년 중임 대통령제'를, 10%는 '의원내각제'를, 2%는 '이원집정부제'를 지지했고, 33%는 '현행 5년 단임 대통령제 유지'를 선호했다.

2025년 1월 31일~2월 1일 세계일보가 한국갤럽에 의뢰해 실시한 창간 36주년 기념 여론조사에 따르면, 개헌 추진 방향과 관련하여 49%가 '4년 중임 대통령제'를, 17%는 '의원내각제'를, 14%는 '분권형 대통령제'를 선호했다. 참고로, 국민의힘 지지층의 선호는 '4년 중임 대통령제' 52%, '분권형 대통령제' 18%, '의원내각제' 8% 순이었고, 더불어민주당 지지층의 선호는 각각 52%, 11%, 23%였다. 즉, '4년 중임 대통령제'에 대한 지지는 정치 성향에 따른 차이가 거의 없었고, '분권형 대통령제'는 상대적으로 보수층의 선호가, '의원내각제'는 진보층의 선호가 좀 더 높은 것으로 나타났다.

이상의 여론조사 결과를 종합해 보면, 현재의 다수 여론은 현행 대통령제에 대한 문제의식 속에 개헌의 필요성 자체에 대해서는 대체로 크게 공감하고 있다. 다만, 세부적인 개헌 방향과 관련해서는 압도적 다수 여론이 형성되지 않은 상태이다. 현행 대통령제를 유지하자는 의견보다 최소한 부분적으로라도 손질하자는 의견이 상당히 우세한데, 그 구체적인 방안으로 '4년 중임 대통령제'에 대한 지지가 상대적으로 높은 것이 현실이다.

대통령제 개혁을 둘러싼 논쟁: 제도와 행위자

한국의 대통령제를 논할 때 어김없이 등장하는 표현이 '제왕적 대통령제'다. 이 용어는 1990년대 김영삼, 김대중 정부 시기에 본격적으로 확산하기 시작했다. 고려대학교 정치외교학과 명예교수 최장집이 지적한 바와 같이, 당시 거대 보수 언론과 보수 야당은 일종의 '담론 동맹'을 맺어 개혁 정책을 추진하는 현직 대통령을 공격하는 도구로 이를 활용했다.최장집 2010, 181-182. 그러나 이 용어는 단순한 정파적 공격 수단을 넘어 한국 대통령제의 구조적 문제를 지적하는 개념으로 쓰이기도 한다. 특히 박근혜 대통령의 국정농단과 윤석열 대통령의 내란 사태를 겪으면서 그런 의미가 좀 더 강해진 측면이 있다.

현행 대통령제의 문제를 해결하는 것은 양극단으로 단순화할 수 없다. 대통령만 바꾸면 해결되는 것이 아니고, 좋은 대통령이 계속 선택되리라는 보장도 없다. 그렇다고 제도만 바꾸면 모든 것이 해결된다고 생각하는 '제도 물신주의'에 빠져서도 안 된다. 대통령제를 의회제로 바꾸고 다수대표제를 비례대표제로 바꾸기만 하면 우리가 지금 마주한 정치의 모든 문제가 저절로 해소되는 것은 아니다. 제도와 그 제도를 실천하는 행위자는 항상 상호작용의 관계에 있다. 제도와 행위자는 서로 영향을 주고받으며 함께 변화하고 새로운 제도적 규범을 만들어낸다. 그런데 대통령제라는 통치형태를 개혁하자는 주장이 제기될 때마다 항상 뒤따르는 비판은 제도가 문제가 아니라 사람이 문제라는 것이다. '제도가 아닌 사람이 문제'라는 주장은 매우 뿌리가 깊다. 다음과 같은 설명이 대표적이다.

> 권력구조의 문제는 제도가 아니라 정치 행위자의 의지 또는 이들 사이의 상호작용에서 유래한다는 결론에 다다를 수 있다. 따라서 문제해결의 시작은 제도개혁이 아니라 정치문화적 개혁이 선행되어야 한다. 이 결론을 한국 현실에서 적용해 본다면, 현재 많은 사람이 '제왕적 대통령제'라고 부르는 한국 대통령제의 문제는 제도 자체의 문제라기보다는 대통령 개인의 통치 스타일에서 연유한다. 좀 더 구조적으로 보더라도 대통령을 포함한 정당정치의 현실이 대통령의 권력을 강화하는 조건이지 현행 대통령제 자체가 문제라고 볼 수는 없을

듯하다. 결국, 제도개혁이 아니라 정치영역 행위자의 행태적 개선이 선행되어야 한다는 주장으로 수렴된다. 즉, 올바른 대통령을 뽑거나, 정치개혁을 통해 야당이 제 역할을 하고 집권 정당이 대통령을 견제하는 역할을 충실히 한다면 제왕적 대통령의 폐해를 충분히 예방할 수 있다. 김연식 2022, 65-66

윤석열을 우두머리로 한 12·3 내란 사태를 겪고도 이런 주장을 굽히지 않는 사람이 많다. 문재인 전 대통령도 한 언론과의 인터뷰에서 "나는 우리 대통령제가 제왕적 대통령제라는 말에 동의하지 않습니다. 김대중 대통령이나 노무현 대통령이 제왕적 대통령이었나요? 별로 힘이 없는 대통령이었죠. 나도 제왕적 대통령이었다고 생각하지 않습니다"라고 말했다.36) 즉, 권력을 남용하며 일탈을 자행한 대통령이 문제인 것이지 대통령제 자체는 큰 문제가 없다는 것이다.

이는 결국 대통령만 잘 뽑고 여야 정당이 제 역할을 잘하면 된다는 주장으로 이어진다. 그러나 이 주장의 결정적인 약점은 유권자가 항상 결과적으로 좋은 대통령을 뽑을 수 없다는 것에 있다. 그간 제대로 된 역할을 하지 못했던 여야 정당이 앞으로는 대통령의 문제를 예방하는 역할을 제대로 하리라는 보증도 물론 없다. 김대중 전 대통령이 그의 자서전에서 대통령제 개혁의 필요성을 주장했던 것은 자신을 제왕적 대통령이었다고 생각해서 그랬던 것이 전혀 아니다.

---

36) 문재인 전 대통령 인터뷰 ② "민주당 포용·확장 먼저…이재명 대표도 공감", 한겨레, 2025.02.10.

헌법학자인 연세대학교 법학전문대학원의 김종철 교수는 "윤 대통령이 거부권을 행사하는 것 말고 실질적으로 할 수 있는 게 없다면 그게 무슨 제왕적 대통령인가?"라고 반문하며 이 개념의 현실 적합성에 의문을 제기했다.[37] 윤석열이 거부권 행사를 넘어 비상계엄 선포를 통한 내란을 일으켰음에도 그는 "윤석열 대통령의 시대착오적 만행을 헌법 탓으로 돌리는 것은 현상에 매몰된 착시일 수 있다. 예컨대, 내각제나 이원정부제를 한들 위헌·위법한 계엄 선포를 막을 수 있나?"라고 반문했다.[38]

민족일보기념사업회 이사장이자 원로 언론인인 원희복은 제왕적 대통령제 담론을 "권위주의 체제에서 비롯된 정치권의 환상"이자 "다른 나라의 헌법과 비교연구를 하지 않은 정치·헌법학자, 게으른 언론이 만들어낸 '잘못된 고정관념'"이라고 신랄하게 비판했다.[39] 성신여자대학교 법학과 김봉수 교수는 "대통령들이 감옥에 가는 불행은 앞으로도 생길 수 있다. 그러나 우리나라는 대통령을 감옥 보내면서 발전하고 있다. 대통령의 비극이지 국가의 비극은 아니다"라는 주장까지 전개했다.[40]

---

37) 김종철, 민주공화적 대통령제 다시 보기, 경향신문, 2024.07.11.
38) 김종철, 탄핵 골든타임, 섣부른 개헌론을 경계함, 경향신문, 2024.12.19.
39) 원희복, '제왕적 대통령제' 손보자는 개헌론의 오류, 민들레, 2025.01.17.
40) 김봉수, 페이스북, 2024.12.13.

제도개혁의 필요성과 근본적 과제

　이러한 관점들은 제왕적 권한을 행사하고자 하는 대통령을 출현시키는 제도의 문제를 간과하고 있다. 특히 윤석열이 일으킨 내란의 경우 그것이 결과적으로 실패했기에 헌법과 법률 절차에 따른 단죄가 가능케 된 것이다. 상상하기도 끔찍하지만, 만약 이러한 시도가 성공했다면 민주주의 체제는 순식간에 붕괴했을 것이고, 국민이 치러야 할 정치적·사회적·경제적 대가는 가늠하기 어려울 정도로 컸을 것이다. 비록 내란 사태 관련자에 대한 법적 처벌이 앞으로 순조롭게 완료된다고 하더라도, 이 사태가 초래한 엄청난 정치적 혼란, 사회적 분열, 경제적 손실은 이미 돌이킬 수 없는 것이다.

　따라서 대통령의 권한 남용과 일탈을 사후적으로 처벌하는 것만으로는 민주주의를 지킬 수 없다. 이러한 시도 자체를 원천적으로 봉쇄할 수 있는 제도적 장치가 필요하다. 더 이상 우연에 기대어 민주주의를 지킬 수 없다는 것은 자명하다. 이는 마치 민주주의를 판돈으로 걸고 도박을 벌이는 것과 다름 없다. 더군다나 대통령의 비극이 곧 국가의 비극은 아니라는 김봉수 교수의 주장은 사태의 본질을 축소하고 왜곡하는 것이다. 내란과 같은 사태는 특히 대통령 개인의 비극으로 끝날 수 있는 문제가 아니다.

한편, 한국의 대통령제에 관한 최장집의 분석은 제도와 운영의 괴리 문제에 초점을 맞추고 있다. 그에 따르면 대통령의 권위주의적 행태는 그 자체가 근본 원인이라기보다는 한국 정치가 안고 있는 전반적인 문제의 결과물이다. 특히 그는 대통령이 권위주의에 경도되는 것이 정당의 취약성에서 비롯된다고 본다. 정당과 정당체제의 민주적 발전이 문제의 핵심이며, 이를 해결함으로써 대통령제를 민주적으로 작동하도록 만드는 것이 일차적인 과제라는 것이다.^{최장집 2010, 183-184.}

이러한 분석은 정당과 정당체제 민주화의 중요성을 환기하는 의의가 있지만, 대통령제 자체의 고유한 특성이 정당 민주주의 발전을 지체시키거나 저해하는 측면이 있다는 점을 간과하는 한계가 있다. 또한 정당 민주주의의 저발전이라는 고질적인 한국 정치의 문제점이 단시간에 해결될 수 없는 것이라면, 비민주적인 대통령제를 계속 감내할 수밖에 없다는 주장으로 읽힐 수도 있다.

현행 1987년 헌법의 근본적 한계는 여전히 극복되지 않고 있다. 이는 박정희 시대를 연 1963년 제3공화국 헌법과 본질적으로 크게 다르지 않으며, 대통령의 막강한 권한에 대한 견제와 균형 장치가 미흡하다. 이러한 제도적 결함은 우리가 경험한 것처럼 실패한 대통령들을 반복적으로 배출하는 원인이 되었다. 대통령제의 실패는 단순히 대통령을 둘러싼 물리적 환경이 권위주의와 친화적이기 때문만은 아니다. 또한 최장집이 언급한 바 있는 "대통령직의 민주화"가 부족해서 그렇다고만 할 수도 없다최장집 2010, 177. 대통령제 자체에 대한 근본적인 의문을 제기하지 않으면 문제의 본질에 다가서기 어렵다.

물론 통치형태의 변경만으로 현재의 모든 문제가 해결될 수는 없다. 통치형태의 변경조차 쉬운 일이 아니다. 대통령제를 의회제로 전환하는 것이 대통령제의 문제를 일거에 해결하는 방법이지만, 현실적으로 이를 즉각 실현하기는 쉽지 않다. 사회적 합의에 이르는 길은 험난할 것이다. 그렇다고 해서 목표를 포기해야 한다는 것은 아니다. 당분간 대통령제의 기본 틀이 유지될 가능성이 높다고 하더라도, 시급한 과제부터 처리하면서 의회제 요소의 확대를 위한 노력을 계속 기울여야 한다. 우선 다음과 같은 세 가지 방향의 개혁을 적극 고려할 필요가 있다.

첫째, 대통령의 비상대권을 엄격히 제한하고 이에 대한 견제 장치를 강화해야 한다. 둘째, 국무회의를 실질적인 합의체로 복원하여 대통령의 독단적 결정을 방지할 수 있는 제도적 장치를 마련해야 한다. 셋째, 정당 민주주의를 강화하고 의회의 권한을 실질화하여 견제와 균형의 원리가 실제로 작동할 수 있도록 해야 한다. 이러한 개혁은 단편적으로 이루어질 수 없으며, 정당정치의 발전, 의회정치의 성숙, 그리고 무엇보다 시민사회의 견제 기능 강화와 유기적으로 연계되어 추진되어야 할 것이다. 이는 한국 민주주의의 질적 도약을 위한 필수적인 과제들이기도 하다.

3장 한국 대통령제의 구조적 한계

2부

민주주의의 재구성:

이론과 제도개혁 논의의 쟁점

– 4장 –

민주주의 공고화론의 한계:
12·3 내란과 전 지구적 민주주의 위기

민주주의를 '공고화된 것'과 '공고화되지 않은 것'이라는 종種의 변형으로 나눌 수는 없다. 민주주의의 형식과 실질 사이, 약속과 구체적 현실 사이에는 항상 간극이 존재하고, 앞으로도 계속 존재할 것이기 때문에, 민주주의를 심화시키고 더 지속 가능하게 만드는 사회적 노력을 가장 정확히 이해하는 방식은, 이를 결코 도달할 수 없는 민주주의의 이상을 향한 전진 또는 후퇴의 연속선상에 자리매김하는 것이다. 이런 관점에서 민주주의는 결코 완성되지 않는 것이고, 민주주의를 향한 탐색은, 도달할 수 있는 종착지가 없다는 명확한 인식 속에서 민주주의 사회가 항상 떠맡아야만 하는 과업이다. Friedman 2011, 48-49

'제3의 민주화 물결'에서 탄생한 모범적인 민주주의 국가로 여겨지던 한국에서 벌어진 12·3 내란 사태는 민주주의 발전에 관한 기존 이론들의 근본적 한계를 극명하게 드러냈다. 지금까지 정치학자들은 한 국가가 권위주의에서 벗어나 민주주의로 발전하는 과정을 일련의 단계로 설명해 왔다. 이러한 '민주주의 단계론'에 따르면, 국가는 먼저 권위주의에서 민주주의로 '이행'한 후, 민주적 제도와 관행이 사회에 뿌리내리면서 '공고화' 단계에 도달한다는 것이다. 특히 '민주주의 공고화론'은 여러 차례의 평화적 정권교체가 이루어지면 민주주의가 안정적으로 정착된다고 본다. 이러한 이론에 따르면, 1987년 민주화 이후 네 차례나 평화적 정권교체를 이룬 한국은 이미 민주주의의 '공고화'가 완성된 국가여야 한다. 그러나 합법적으로 선출된 대통령이 헌정질서를 파괴하는 친위쿠데타를 시도했다는 사실은 이러한 단계적 접근법의 설명력에 근본적인 의문을 제기한다.

대통령제에 기초한 한국의 민주주의는 대통령의 위헌·위법한 비상계엄 시도를 사전에 차단할 수 있는 방어막을 갖추지 못했다. 이러한 취약성은 민주화 과정의 불완전성, 권위주의 잔재의 지속, 민주적 통제 및 견제 장치의 미비라는 구조적 문제들과 깊이 연관되어 있다. 이는 또한 단순히 한국에만 국한된 특수한 문제가 아니라 2000년대 이후 여러 민주주의 국가에서 나타나고 있는 권위주의적 퇴행과 같은 맥락에 있는 현상이다. 이 장에서는 먼저 한국 민주주의의 이러한 구조적 취약성을 확인하고, 이어서 민주주의를 단계적·불가역적으로 발전하는 과정으로 보는 '민주주의 공고화론'의 한계를 검토한다. 나아가 민주주의를 고정된 상태가 아닌 끊임없이 지키고 발전시켜야 할 영속적 과정으로 파악하는 '영속민주화론'의 관점을 제시한다. 또한 지구적 차원에서 벌어지고 있는 민주주의의 후퇴 현상을 살펴보고, 신자유주의적 불평등 심화, 디지털 정보 환경 변화, 포퓰리즘 부상 등을 중심으로 이러한 현상의 구조적 원인을 진단하며 이에 대응하는 전략을 모색한다.

민주화 이행의 불완전성과 '보수적 민주화'

1987년 민주화는 1980년 5월 광주 민주항쟁으로부터 이어져 온 민주주의에 대한 열망이 6월 민주항쟁을 통해 폭발적으로 분출되는 가운데 시민들의 치열한 투쟁으로 쟁취한 것이었다. 그러나 6·29 선언 이후 전개된 민주화 이행은 기존 군부독재 세력, 관료 집단, 보수 정치세력 등과의 타협을 통해 이루어졌다. 최장집이 '보수적 민주화'로 규정한 바 있는 이 과정은 광범위한 사회적 요구와 개혁 의제를 배제한 채, 정치 엘리트 간의 협약에 의해 정치 경쟁의 절차적 측면만을 민주화하는 데 그쳤다 최장집 2010, 247-250. 이러한 보수적 민주화는 군부독재 시기의 권위주의적 유산을 청산하지 못한 채 민주주의의 형식적 측면만을, 그것도 불완전한 형태로 도입하는 결과를 낳았다. 이러한 한국 민주주의의 태생적 취약성은 결과적으로 12·3 내란이 발생할 수 있는 토양이 되었다.

이행의 불완전성은 특히 정치제도 차원에서 두드러졌다. 대통령이 비상계엄과 같은 비상대권을 발동하기 전에 이를 견제할 수 있는 장치가 미비했고, 대통령 개인의 의지에 따라 군대와 경찰 등 관료조직이 민주적 통제를 벗어나 움직일 수 있는 구조적 맹점이 남아있었다. 현행 헌법 제77조에는 비상계엄 선포 시 국회 동의 절차가 없고 계엄 해제권만 국회에 존재하는데, 이는 대통령의 비상대권 남용 가능성을 충분히 내포하는 것이었다. 대통령은 또한 국군통수권자로서 군 전반에 대한 강력한 영향력을 행사할 수 있는데, 특히 군령권과 군정권 모두를 행사하는 국방부장관에 대한 인사권을 통해 군을 정치적으로 활용할 수 있는 여지를 남기고 있다. 이처럼 대통령에게 권력이 집중된 상태에서 행정부에 대한 국회의 실질적인 견제 기능은 여전히 미약한 상태로 남아있다.

권위주의 시대의 유산 청산 실패는 민주화 이행의 또 다른 중요한 한계였다. 군부와 관료제 내부의 권위주의적 문화와 관행이 그대로 온존했는데, 특히 정부 관료제는 행정과정의 비밀주의와 비효율성을 크게 개선하지 못했다. 국가정보원이전 국가안전기획부의 경우에도 2012년 대통령 선거 개입 사건에서 드러났듯이 정치적 중립성 확보에 실패한 사례가 있다. 군 내부에서는 사조직적 인맥이 여전히 인사권과 승진에 영향력을 행사하고 있고, 관료제는 시민사회와의 협의나 충분한 의견수렴 없이 폐쇄적이고 독단적인 의사결정을 지속하고 있다. 과거 권위주의 체제에서 형성된 정치인-관료-재벌의 결탁 구조 역시 정치검찰의 행태나 정경유착 사례들을 통해 드러난 경우가 많다. 이러한 상황은 민주적 제도와 권위주의적 관행이 기형적으로 공존하는 상태를 초래했으며, 이는 민주주의의 실질적 작동을 가로막는 요인이 되기도 했다.

정당정치의 민주적 제도화 실패 역시 민주화 이행의 불완전성을 보여주는 중요한 지표였다. 정당들은 민주적 가치와 이념에 기반한 정책 경쟁을 하기보다는, 유력 정치인이 정당을 사유화하는 방식의 인물 중심 정치나 영남과 호남의 지역주의적 동원에 크게 의존했다. 정당 내부의 의사결정은 당원들의 실질적인 참여보다는 지도부 중심으로 이루어졌고, 공천 과정에서도 계파와 인맥을 중심으로 한 비민주적 관행이 비일비재했다. 정당의 정책연구소는 형식적으로 운영되어 정책 개발과 전문성 확보가 미흡했으며, 시민단체나 이해관계 집단과의 정책적 연계도 편향적이거나 제한적이었다. 특히 여당은 대통령의 국정 운영에 대한 독자적 견제는커녕 대통령의 권력 기반으로 기능하면서 대통령 중심성을 강화했고, 야당은 반사이득을 노린 정권 비판 외에 정책적·건설적 대안 마련에는 소홀했다. 이러한 정당정치의 취약성은 결과적으로 대통령과 행정부에 대한 견제를 어렵게 만들었으며, 민주주의의 질적 성숙을 저해하는 요인으로 작용했다.

시민사회의 조직적 기반과 민주적 실천 역량 또한 여전히 취약했다. 민주화운동 과정에서 국가와 비판적 거리두기를 하면서 다양한 삼재력을 보여주었던 시민사회는 1987년 민주화 이후 그 활력을 꾸준히 이어가지는 못했다. 민주노총으로 대표되는 노동조합운동이 양적으로 성장하고 시민운동 또한 몇몇 주요 시민단체들을 중심으로 성장했으나, 이들의 회원 규모와 재정적 기반은 그리 튼튼하지 못했고, 지역 시민사회와의 연계도 부족했다. 일부 시민단체들은 정부 지원금이나 관변단체화를 통해 국가에 실질적으로 포섭되었고, 국가와 비판적 거리를 유지한 다른 일부는 대중적 지지기반 확보에 한계를 보이기도 했다. 언론을 통한 이슈 제기나 고발성 운동에 치중한 시민단체가 많았고, 주요 활동가들의 정치권 진출로 조직이 약화하거나 존재의 의의가 의심받는 사례도 있었다. 또한 시민들의 정치참여는 주로 선거에 국한되었고, 일상적인 정치과정에 시민이 참여할 수 있는 다양한 민주주의 기제들의 결여는 시민사회의 역량을 제한하는 조건이었다.

그러나 1987년 이후 40여 년간의 민주주의 경험은 그 한계에도 불구하고 민주주의의 근간을 송두리째 무너뜨릴 수도 있었던 12·3 내란을 극적으로 저지한 강력한 힘이었다. 위기 상황에서 나타난 시민들의 즉각적이고 광범위한 저항은 민주주의의 가치가 우리 사회에 어느 정도 깊이 뿌리내렸음을 보여주었다. 특히 내란에 동원된 계엄군 상당수의 소극적 저항 또는 비협조는 군대 내부에서도 민주적 규범이 일정하게 작동하고 있음을 증명했다. 이는 불완전하고 제한적 형태의 민주화에도 불구하고 시민사회 내부에 민주주의의 마지노선을 지킬 수 있는 잠재적 역량이 어느 정도 축적되어 있음을 의미했다.

권위주의 잔재의 지속성

권위주의 체제의 제도적·문화적 잔재는 12·3 내란의 발생을 가능케 한 구조적 배경 가운데 하나였다. 반대 세력을 '반국가 세력'으로 낙인찍고 물리적 폭력을 동원하여 제거하려 한 시도는 권위주의 시대의 전형적인 사고방식을 보여준다. 이는 민주화 이후에도 권위주의적 정치문화가 여전히 물밑에서 강력하게 작동하고 있었다는 것을 의미한다. 특히 민주적 절차로 선출되어 민주적 정통성을 지닌 국회의원들을 '반국가 세력'으로 규정하여 몰아내려 한 것은 민주주의의 기본 원리, 나아가 민주주의 체제 자체를 부정하는 것이었다. 이는 1970년대 유신체제가 야당 정치인 또는 재야 인사를 '용공 세력'으로 몰아 탄압했던 방식과 놀랍도록 유사하다.

권위주의적 잔재는 제도적 차원에서 뚜렷하게 발견된다. 특히 대통령의 강력한 비상대권, 광범위한 각종 인사권, 관료제에 대한 직접적 통제권 등은 과거 권위주의 시대와 크게 다르지 않다. 검찰총장이나 경찰청장에 대한 대통령의 전횡적 인사권은 물론, 검찰청법 제34조에 따르면, 법무부장관 제청 절차가 있으나 모든 검사의 임명과 보직도 대통령이 한다. 대통령은 국가정보원장은 물론 차장 및 기획조정실장까지 임명함으로써 정보기관을 사실상 지휘한다. 대통령은 군 수뇌부에 대한 독점적 임명권을 행사하고, 대령 이하 장교를 제외한 모든 장교도 임용한다. 또한 국가보안법과 같은 권위주의 시대의 대표적 통제 법령도 여전히 존속하고 있다. 결과적으로 이러한 제도적 유산은 대통령이 권위주의적 통치를 시도할 수 있는 견고한 토대가 된다.

관료제 내부의 권위주의적 문화도 여전히 강고하게 남아있다. 법과 제도보다 상관의 명령을 우선시하는 문화가 계속 힘을 발휘하고 있고, 많은 관료는 여전히 시민에 대한 통제자로서의 인식을 지니고 있다. 특히 군대와 경찰 조직에서 이러한 경향은 더욱 두드러진다. 이들 조직에서 '절대복종'의 문화는 여전히 지배적이며, 이는 위법한 명령에 대한 거부권을 실질적으로 행사하기 어렵게 만든다. 이러한 문화는 특별한 위기 상황에서 관료들이 시민의 기본권 보호와 같은 민주적 가치보다는 상관의 명령에 충실할 가능성을 높인다.

한국의 정치엘리트 문화에서도 권위주의의 흔적이 뚜렷하게 나타난다. 특히 정당 운영의 측면에서 이 점이 두드러진다. 민주화 이후에도 중앙당 지도부가 공천권을 독점하고 밀실에서 주요 결정을 내리는 하향식 의사결정 구조가 오랜 기간 지배적이었다. 최근 상향식 공천 제도가 어느 정도 도입되었음에도 실질적으로는 중앙당 지도부의 영향력이 여전히 막강하다. 이는 소수 엘리트 중심의 폐쇄적 의사결정 구조에 기초한 권위주의 시대의 정치문화가 민주화 이후에도 여전히 지속되고 있다는 점을 보여준다.

이러한 권위주의적 요소들은 제도와 문화가 서로를 강화하는 순환 구조 속에서 공고해진다. 대통령의 강력한 인사권과 비상대권은 관료조직 내 수직적 위계질서와 절대복종 문화를 정당화한다. 이렇게 형성되는 권위주의적 조직문화는 제도개혁에 대한 관료사회의 저항으로 쉽게 이어진다. 정당정치에서도 중앙당의 공천권 독점이라는 제도적 특성이 하향식 의사결정 문화를 고착화시키고, 이는 다시 상향식 공천제도의 실질적 정착을 어렵게 만든다. 이처럼 제도와 문화가 상호 보강하며 만들어내는 권위주의의 악순환을 끊어내기 위해서는, 대통령제의 전면적 개혁, 관료제의 민주적 변화, 정당 공천제도의 혁신 등을 포함하는 구조적이고 총체적인 전환이 요구된다.

민주적 통제 및 견제 장치의 미비

12·3 내란 사태는 한국 민주주의의 근본적인 취약성, 특히 민주적 통제 및 견제 장치의 심각한 결함을 적나라하게 드러냈다. 가장 핵심적인 문제는 대통령의 권한 남용을 효과적으로 통제할 수 있는 법·제도적 장치가 미비했다는 점이다. 헌법 제77조 제1항은 대통령에게 "전시·사변 또는 이에 준하는 국가비상사태에 있어서 병력으로써 군사상의 필요 또는 공공의 안녕질서를 유지할 필요가 있을 때" 비상계엄을 선포할 수 있는 권한을 부여한다. 그러나 '이에 준하는 국가비상사태'나 '공공의 안녕질서를 유지할 필요'와 같은 요건이 지나치게 포괄적이어서 대통령이 이를 자의적으로 잘못 해석할 여지가 있다. 다만, 헌법 제77조 제5항이 "국회가 재적의원 과반수의 찬성으로 계엄의 해제를 요구한 때에는 대통령은 이를 해제하여야 한다"라고 규정한 것은 주목할 만하다. 이는 비상계엄이라는 강력한 비상조치에 대해 국회가 최종적인 통제권을 가질 수 있도록 한 민주적 안전장치였으며, 실제로 12·3 내란 과정에서 계엄을 해제시킨 법적 근거가 되었다.

행정부와 정당을 통한 견제 시스템의 부재도 매우 심각한 수준이었다. 국무총리와 국무위원 대다수가 12·3 비상계엄에 반대 의사를 표명했음에도 이를 저지하지 못했다.[41] 대통령의 독단적 의사결정을 제어할 수 있는 제도적 장치도 없었지만, 국가 중대사 논의에 관한 아무런 규범도 작동하지 않았기 때문이다. 집권 여당 역시 사전에 아무런 견제 역할을 하지 못했다. 사태의 성격이 곧 내란으로 명확해졌음에도 여전히 갈피를 잡지 못했고, 오히려 야당의 행위를 사태의 원인으로 지목하면서 대통령의 행위를 옹호하기에 급급했다. 이를 보면 사전에 그 계획을 알았다 한들 대통령을 과연 적극 만류했을 것인가라는 의심까지 하게 만든다. 하향식 의사결정과 계파정치의 만연으로 평상시 정당 내부의 민주적 의사결정 구조가 매우 취약했고, 따라서 정당이 권력을 견제하는 효과적인 수단이 되지 못한 것도 분명하다. 다만, 비상계엄 해제 의결 과정에서 보여준 야당과 일부 여당 의원들의 신속한 초당적 협력은 민주주의의 존립이 위협받는 위기 상황에서 최소한 헌법 수호의 역할을 한 것이다.

시민사회의 감시와 견제 기능 또한 법·제도상의 심각한 제약 속에 있다. 정보공개법 제9조는 국가안전보장, 국방, 통일, 외교관계 등에 관한 정보를 "국가의 중대한 이익을 현저히 해칠 우려"가 있다는 포괄적 이유로 비공개할 수 있도록 한다. 이는 대통령실, 대통령 경호처, 국가

---

41) 김용현 전 국방부 장관은 비상계엄에 동의한 국무위원이 있었다고 주장했으나 이름을 밝히지는 않았다. 반면, 한덕수 전 국무총리는 2025년 2월 20일 헌법재판소에서 열린 대통령 탄핵심판 사건 10차 변론기일에 증인으로 출석해 김용현 전 장관을 제외한 국무위원 모두가 비상계엄을 걱정하고 만류했다고 밝혔다(한덕수 "비상계엄 모두 걱정·만류…찬성 국무위원 없었다", 뉴스1, 2025.02.20.).

정보원 등 권력기관 관련 정보의 상당 부분이 공개되지 않는 근거가 된다. 행정절차법상의 시민참여 제도 역시 행정예고, 청문, 공청회, 의견 제출 등의 절차를 규정하고 있으나, 이는 형식적 운영에 그치는 것이어서 실질적인 참여 기회는 매우 제한적이다. 언론 역시 이러한 제한된 정보 환경 속에서 권력기관이 제공하는 일방적인 정보에 의존할 수밖에 없고, 대부분은 정부의 공식 발표를 제대로 된 검증 없이 전달하는 수준에 머물러 있다. 이와 같은 법·제도상의 한계와 정보 접근의 제약은 시민사회가 권력을 성역 없이 감시하고 효과적인 견제 역할을 하기 어렵게 만드는 요인이다.

12·3 내란 사태는 대통령의 권한 행사를 통제하는 것이 제도가 아닌 개인의 판단이나 자제력에 맡겨질 때, 민주주의가 본질적으로 취약해질 수밖에 없다는 점을 보여주었다. 특히 대통령이 헌법과 법률을 따르지 않고 자의적으로 권력기관에 영향력을 행사할 수 없도록, 이들 기관에 대한 민주적 통제 방안을 마련해야 한다는 점은 이번 사태로부터 얻어야 할 가장 중요한 교훈 가운데 하나다. 권력구조 개혁 논의와 별도로, 향후 내란과 같은 비상사태를 막고 권력에 대한 민주적 통제와 견제를 강화하기 위해서는 주요 권력기관에 대한 상시적이고 실효성 있는 관리·감독 체계 구축, 비상시국에 대비한 명확한 위기관리 프로토콜과 권한 작동 체계 수립, 시민사회와 언론의 감시 기능을 폭넓게 보장하는 정책 마련 등과 같은 제도적 보완책이 필요하다.

민주주의의 단계적 발전론의 한계: '공고화론'을 중심으로

12·3 내란 사태의 발생은 민주주의 공고화가 이미 완성된 것으로 평가받던 한국 민주주의의 취약성을 극명하게 드러냈다. 이는 민주주의의 발전을 단계적·불가역적 과정으로 보는 기존 이론으로는 설명할 수 없는 사건이다. 네 차례의 평화적 정권교체를 경험하며 민주화가 안정적으로 정착된 것처럼 보였던 한국에서 권위주의적 퇴행이 시도되었다는 사실은 민주화의 단계론적 접근에 근본적 의문을 제기한다. 권위주의에서 민주주의로 이행하고, 이행기를 넘어 민주주의가 공고화되면 더 이상 퇴행하지 않는다는 전통적 가정이 깨진 것이다. 민주적 절차를 통해 합법적으로 선출된 대통령이 의회를 무력화하고 민주주의 자체를 부정하려 한 사건의 등장은 민주주의의 발전이 단선적이거나 불가역적인 것이 아니라 전진과 후퇴가 공존하는 영속적인 과정임을 시사한다.

라틴아메리카 정치의 권위자인 비교정치학자 기예르모 오도넬 Guillermo O'Donnell은 2단계 민주주의 이행론을 제시한 바 있다. 첫 번째 이행은 권위주의에서 민주주의로의 이행이고, 두 번째 이행은 "민주적으로 선출된 정부"가 "제도화되고 공고화된 민주적 체제"로 이행한다는 것이다 O'Donnell 1994, 56. 그러나 그는 얼마 뒤 민주주의 이행에 관한 자신의 단계론적 사고를 비판한다. 국제 민주주의 진흥 및 민주화 연구를 해온 국제관계학자 토마스 캐로더스Thomas Carothers는 권위주의 체제에서 벗어나는 국가들이 보통 "개방opening", "돌파breakthrough", "공고화consolidation"라는 세 단계의 민주화 과정을 거친다고 보는 "이행 패러다임transition paradigm"을 비판한다Carothers 2002, 17. 그가 보기에 이러한 사고는 많은 신생 민주주의 국가들이 겪고 있는 현실을 제대로 설명하지 못한다는 것이다. 미국의 정치사회학자 찰스 틸리Charles Tilly 또한 민주주의를 단계적 발전으로 보는 관점에 반대한다. 그는 "민주화 또는 탈민주화de-democratization의 원인과 결과를 이해하고자 한다면, 우리는 이를 어느 한 방향으로의 단순한 문턱 넘기가 아니라 연속적인 과정으로 인식할 수밖에 없다"라고 주장한다Tilly 2007, 10. 이는 모두 민주주의가 한 방향을 향해 단계적으로 발전하는 것이 아니라 전진과 후퇴를 함께 겪는 지속적인 과정임을 강조한다.

민주주의 공고화론은 민주주의 발전을 단계적으로 바라보는 넓은 의미의 단계론적 접근민주주의 단계론 내에서 민주주의 이행론과 함께 핵심을 이루는 개념이다. 이행론이 권위주의에서 민주주의로의 전환 과정에 초점을 맞춘다면, 공고화론은 그 이후 민주주의가 안정화되는 단계를 설명한다. 민주주의 공고화는 사실 다양한 맥락에서 넓은 의미로 사용되기도 하지만Schedler 1998, 주로는 민주주의로의 이행 이후 민주주의가 안착하는 단계를 가리킨다. 민주주의 공고화는 크게 두 가지 방식으로 정의되어 왔다. 하나는 모든 주요 정치 행위자들이 민주주의를 "공동체의 유일한 규칙only game in town"으로 받아들일 때 민주주의가 공고화된다고 보는 것이다.Linz and Stepan 1996, 5. 이는 선거 결과에 불만이 있는 정당이나 후보가 있다고 해도 이들이 그 결과에 승복하지 않거나 다른 수단을 통해 그 결과를 뒤집으려고 하지 않는다는 규범이 뿌리내린 상태를 말한다.

다른 하나는 '두 차례의 평화적 정권교체'가 일어났다고 검증되면 민주주의 공고화가 달성된 것으로 보는 것이다. 이는 '문명의 충돌' 이론으로 잘 알려진 미국의 정치학자 새뮤얼 헌팅턴Samuel P. Huntington이 제안한 기준이다. 그는 민주주의가 공고화되는 것은 "이행기의 첫 선거에서 승리한 정당이나 집단이 그다음 선거에서 패배하여 선거 승리자들에게 정권을 이양하고, 그 선거 승리자들이 다시 그다음 선거 승리자들에게 평화적으로 정권을 이양할 때"라고 주장한다Huntington 1991, 267. 이 기준에 따르면, 한국은 1987년 민주화 이행 이후 1998년 김대중 정권, 2008년 이명박 정권, 2017년 문재인 정권, 2022년 윤석열 정권 출범으로 무려 네 차례나 여야 사이의 평화적 정권교체가 실현되었으므로 민주주의 공고화가 이미 완성된 상태여야만 한다.

12·3 내란 사태는 이 두 가지 정의 모두의 한계를 드러냈을 뿐만 아니라 민주주의 발전을 단계적으로 보는 접근법의 근본적 문제점을 보여주었다. 내란은 민주공화국의 '유일한 규칙'인 헌정질서 파괴를 시

도했고, 네 차례의 평화적 정권교체가 일어난 다음에 발생했다. 민주주의 공고화 패러다임은 민주주의가 처한 현실을 제대로 설명하지 못한다는 문제뿐만 아니라 이론적 한계 또한 명확하다. 민주주의 공고화론의 첫 번째 문제는 민주주의를 고정된 상태나 제도, 또는 도달해야 할 목표로 파악하는 것에 그치고 그 과정을 설명하는 이론이 없다는 점이다. 이러한 관점은 민주주의를 선거, 삼권분립, 법치주의와 같은 일련의 제도적 장치나 절차로 환원시키면서 그것의 역동적인 변화 과정을 간과한다. 실제로 민주주의는 끊임없는 정치적 투쟁과 사회적 갈등 속에서 재구성되는 과정이며, 이는 항상 퇴행 또는 붕괴의 가능성을 내포하고 있다.

두 번째 문제는 민주화 이행 이후의 과정을 지나치게 낙관적으로 전망한다는 점이다. 공고화론자들은 일단 민주화가 이루어지고 체제가 안정되면 자연스럽게 공고화 단계로 나아갈 것이라고 가정한다. 그러나 현실에서는 민주화와 권위주의화가 역동적으로 교차하기도 하고, 때로는 민주적 제도와 절차 자체가 준수되는 가운데, 즉 합법적인 외양 아래 권위주의화가 일어나기도 한다. 예컨대, 선거를 통해 민주적 정당성을 획득한 권력이 민주주의의 근간이기도 한 법치주의를 권위주의적 통치를 위한 도구로 악용할 수 있다. 이는 민주주의의 발전 경로가 공고화론자들이 상정하는 것보다 훨씬 더 복잡하고 불확실하며, 때로는 역진적일 수 있다는 것을 의미한다.

세 번째 문제는 민주주의의 외적 형식과 내적 실체의 괴리 문제를 제대로 포착하지 못한다는 것이다. 민주주의 공고화론은 이미 도달한 또는 도달해야 할 하나의 단계 또는 목표를 전제하므로 형식과 실체를 구분하지 않는다. 엄밀히 말하면, 제도화라는 형식에 초점을 맞춘다는 한계가 있다. 따라서 형식적으로는 선거와 의회를 비롯한 민주적 제도와 절차가 작동하는 것처럼 보이지만, 실질적으로는 민주주의에 역행하는 통치행위가 이루어지거나 반민주적 규범이 확산하는 현상을 설명하기 어렵다. 이는 민주주의를 단순히 형식적 제도화의 수준으로만 파악하는 것이 아니라 그 실질적인 작동 방식과 질적 수준까지 종합적으로 고려하는 평가가 필요하다는 점을 보여준다.

목적이 아닌 과정으로서의 '영속민주화론'

민주주의 공고화론은 사실 '제3의 민주화 물결' 속에 탄생한 많은 신생 민주주의 국가들의 정치과정과 그 역동성을 해명하는 데 있어 한계를 드러냈다. 이들 중 상당수는 오랫동안 공고화론자들이 기대했던 공고화 또는 수준 높은 제도화를 보여주지 못했기 때문이다. 공고화 패러다임의 '궁극적 목적$_{telos}$'은 오도넬이 언급했던 민주주의의 '두 번째 이행'을 완성하는 것인데, 이는 최근의 한국을 비롯한 많은 신생 민주주의 국가들의 경험에서 드러났듯이 현실을 제대로 설명하지 못했다.

공고화 패러다임의 가장 큰 이론적 한계는 그것의 "목적론적teleological"성격에 있다Friedman 2011, 29; O'Donnell 1996, 38; Schedler 1998, 95. 이는 모든 민주주의가 공고화라는 종착점에 자연스럽게 도달한다고 전제하고, 별다른 이론적 정당화 없이 이를 표준으로 삼는 것을 말한다. 따라서 이러한 종착점에 도달하지 못한 민주주의는 일종의 예외적 현상으로 취급된다. 오도넬은 어떤 민주주의가 공고화되었다고 말하는 것은 단지 그 민주주의가 우리가 기대하고 인정하는 방식으로 제도화되었다고 말하는 것에 지나지 않는다고 본다. 이것이 어떻게, 왜 일어나는 것인지에 대한 이론적 설명이 뒷받침되지 않으면, 새로운 민주주의가 공고화될 것이라는 또는 공고화되어야 한다는 기대는 섣부르다는 것이다 O'Donnell 1996, 39.

그렇다면 공고화론을 밀어낸 자리에 어떤 민주주의론을 채울 수 있을 것인가. 이 책에서는 '영속민주화론perpetual democratization'이라는 새로운 개념을 사용하자고 제안한다. 이는 민주주의를 고정된 제도나 도달해야 할 최종 상태가 아닌, 끊임없이 재구성되고 재창조되는 동태적 과정으로 이해하는 관점이다. 여기서 비슷한 표현인 '영구' 대신 '영속'을 사용한 것은 의도적인데, 전자가 '상태의 지속성'을 함의한다면 후자는 '과정의 지속성'을 강조하는 의미가 있기 때문이다. 비록 이 용어는 이

책에서 처음 제시하는 것이지만, 그 근본 개념은 기존 민주주의 이론에서 발견되는 여러 통찰의 핵심을 재조명한 것이다.

남아프리카공화국의 민주주의 연구자 스티븐 프리드먼 Steven Friedman 은 민주주의가 "완성된 산물 finished product"이라는 공고화 패러다임의 가정을 거부하고, 모든 민주주의가 불완전하고 불균등하게 발전하고 있다는 사실을 인정하는 새로운 접근법이 필요하다면서 Friedman 2011, 27, 이를 위해 "형성 중인 민주주의 democracies in the making"라는 개념을 사용한다 Friedman 2011, 42. 민주화를 연구하는 미국의 정치학자 발레리 번스 Valerie Bunce도 민주주의는 결과가 아닌 과정이고, 민주주의 프로젝트는 결코 완성될 수 없는 것이라는 견해를 표명한다 Bunce 1995, 125. 틸리 또한 민주화는 "영원히 완성되지 않는 역동적인 과정"이라면서, 이는 "항상 역전의 위험, 즉 탈민주화의 위험을 안고 있다"라고 주장한다 Tilly 2007, xi.

'공고화'라는 용어는 사실 민주주의의 어떤 '최종 상태'를 암시한다. 그러나 이러한 '궁극적 목적'을 갖지 않는 영속민주화론은 민주주의의 발전을 단계적으로 바라보는 기존의 접근법과 그 핵심 요소인 공고화론을 기각한다. 오해를 피하고자 덧붙이면, 공고화론의 기각은 민주주의의 발전 및 심화를 위한 노력을 중단한다는 뜻이 전혀 아니다. 오히려 그 반대로 공고화된 민주주의란 일종의 가상에 불과하므로 끊임없이 민주주의를 발명하고 살아 숨 쉬게 만들어야 한다는 것이다. 민주주의는 한 번 성취되면 영원히 유지되고 저절로 나아가는 것이 아니라, 시민들의 지속적인 관심과 적극적인 참여, 그리고 민주적 제도 및 규범의 끊임없는 확신을 통해서만 지키고 발전시킬 수 있다는 것이다. 앞서 살펴보았듯이, 12·3 내란 사태의 발발은 기존의 민주주의 공고화론으로는 설명할 수 없다. 12·3 내란을 저지할 수 있었던 동력은 작동을 멈추지 않았던 민주주의의 기본 제도와 시민의 참여와 연대였다. 민주화의 저류가 멈추지 않고 흐르고 있었던 것이다. 이 도도한 흐름을 발전시켜 내란의 완전 종식과 새로운 공화국 수립으로 나아가야 한다.

세계 각국에서 나타나는 민주주의 위기

12·3 내란 사태가 보여준 한국 민주주의의 위기는 2000년대 이후 세계 곳곳에서 관찰되고 있는 민주주의의 퇴행 현상과 일정한 유사성을 보인다. 여러 민주주의 국가들에서 나타나는 권위주의적 현상과 극우 포퓰리즘의 부상 등은 이러한 위기의 핵심적 징후 또는 원인으로 지목된다. 특히 민주적 절차로 선출된 지도자가 그 민주적 정통성을 이용하여 민주주의의 기본 제도와 규범에 균열을 내는 현상이 세계 곳곳에서 나타나고 있다. 이들은 국민의 뜻을 내세우면서 의회 민주주의와 삼권분립, 언론의 자유, 소수자 보호와 같은 민주주의의 핵심 요소들을

위협한다. 우려스러운 점은 이러한 반민주적 시도가 종종 '합법성'의 외피를 두르고 부지불식간에 일어난다는 사실이다.

세계적으로 나타나는 민주주의 위기의 구체적 사례들은 이러한 현상이 단지 예외적이고 일시적인 현상이 아님을 보여준다. 미국의 경우 특히 트럼프 1기 행정부 시기에 민주주의의 기본 가치가 크게 훼손되었으며, 2021년 1월 6일 트럼프 지지자들의 의사당 난입은 그 위험성을 극적으로 드러낸 사건이었다. 레비츠키와 지블렛은 "2016년 이전에는 전 세계적 민주주의 쇠퇴라는 생각이 대체로 하나의 신화에 불과했다"라고 보았지만, 트럼프 대통령의 등장 이후에는 그것이 현실이 될 수도 있다고 예측했다Levitsky and Ziblatt 2018, 253.

불행하게도 이러한 우려는 실제로 현실이 되었다. '이코노미스트 인텔리전스 유닛EIU'의 '민주주의 지수Democracy Index' 평가에서 미국은 '완전한 민주주의full democracy' 국가에서 2016년 '결함 있는 민주주의flawed democracy' 국가로 강등되었다. 이는 2023년 평가에서도 유지되어 미국은 8년 연속 '결함 있는 민주주의' 국가로 분류되었다. 한편, 전체 조사 대상 167개국의 민주주의 지수 평균은 2023년 5.23점을 기록했는데, 이는 2006년 지수 작성을 시작한 이래 역대 최저치였다. 〈그림 4-1〉이 보여주듯이, 전 세계의 평균적 민주주의 수준은 2014년과 2015년에 정점을 찍었고, 2016년부터는 계속 하락세를 보였다. 레비츠키와 지블

렛의 예측이 정확히 맞았다. OECD 국가로 그 범위를 좁혀서 보더라도 민주주의 수준의 하락이 분명히 관찰된다. '민주주의 다양성 연구소'가 발표하는 '선거 민주주의 지수'에 따르면, 앞의 그림과 같은 기간에 OECD 국가의 평균적 민주주의 수준은 2012년 0.85로 처음 하락을 시작해 2023년 0.80을 기록했다〈그림 4-2〉 참조. 이는 1990년의 0.81보다 낮은 수치로 현실 사회주의 국가들의 몰락 이후 역대 최저치에 해당한다.

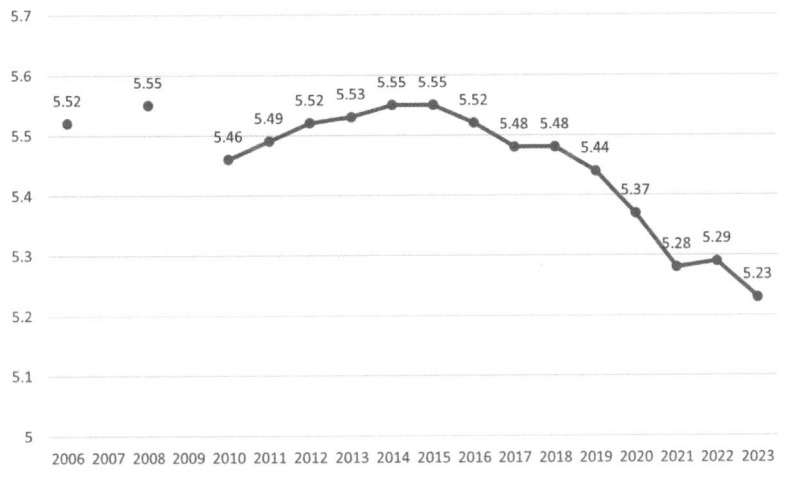

출처: 이코노미스트 인텔리전스 유닛

〈그림 4-1〉 167개국 평균 EIU 민주주의 지수 변화

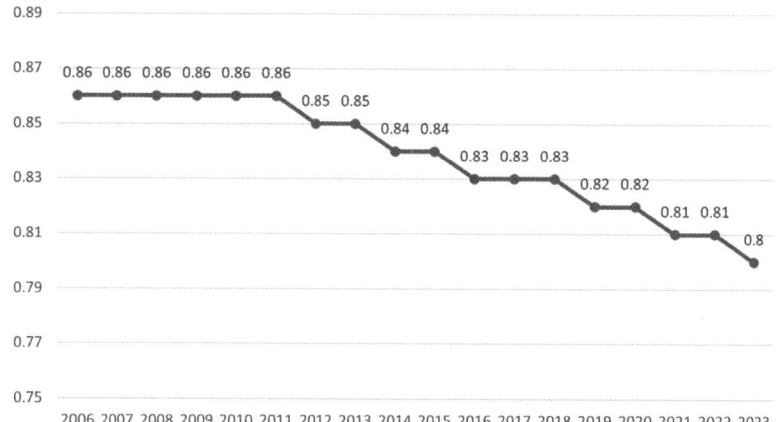

〈그림 4-2〉 OECD 평균 V-Dem 선거 민주주의 지수 변화

트럼프 2기 행정부가 출범한 2025년 1월 20일 이후 미국과 전 세계의 민주주의는 또 어떤 변화를 맞이할지 우려의 시선이 쏠리고 있다. 미국에서와 같은 이러한 민주주의 후퇴 현상은 다른 국가들에서도 유사한 패턴으로 나타난 바 있다. 2019년 1월 대통령으로 취임한 브라질의 자이르 보우소나루Jair Bolsonaro는 과거의 군사독재 시기1964~1985년가 '질서와 발전의 시기'였다며 이를 공개적으로 찬양했고, 극우 포퓰리즘을 추구했다. 그는 사법부와 언론을 '좌파 엘리트'로 규정하여 적대시했다. 특히 2021년에는 선거제도를 불신하게 만드는 허위 정보를 퍼뜨렸고, 이를 제재하는 대법원 판사들을 위협했다. 2022년 대통령 선거에

서 현 룰라 대통령에게 패배한 그는 선거 결과를 인정하지 않았다. 그의 임기 종료 직후인 2023년 1월 8일, 그의 지지자들은 결국 의회, 대법원, 대통령궁을 점거하는 폭동까지 일으켰다. 2025년 2월 보우소나루는 군사쿠데타 모의 등의 혐의로 기소되었고, 3월 26일 브라질 대법원은 이에 대한 재판 회부를 결정했다.

헝가리에서는 오르반 정권이 '비자유주의적 민주주의$_{\text{illiberal democracy}}$'를 표방하며 언론과 사법부의 독립성을 체계적으로 약화시켰다. 특히 2018년 친정부 성향의 언론을 통합한 '중유럽 언론 미디어재단' 설립은 언론의 자유를 심각하게 훼손했으며, 이는 유럽연합과 미국으로부터 거센 비판을 받았다. 폴란드에서는 2015~2023년 집권했던 '법과정의당' 정권이 사법부 장악을 시도하고 언론의 자유를 제한하는 등 오르반 정권과 유사한 권위주의적 퇴행을 보였다. 튀르키예의 에르도안 정권은 2016년 7월 15일 쿠데타 시도를 진압한 후, 이를 계기로 수많은 공무원, 군인, 판사, 교수 등을 대규모로 해임하거나 체포했다. 2017년 4월 16일 국민투표에서는 의회제를 대통령제로 바꾸는 헌법개정안이 51.3%의 찬성으로 통과되었고, 대통령에게 막강한 권력이 집중되었다. 에르도안은 2023년 대통령 선거에서 승리함으로써 2033년까지 장기 집권할 수 있는 발판도 마련했다.

최근 유럽 주요 민주주의 국가에서 나타나고 있는 극우정당의 약진도 민주주의의 위기 신호 가운데 하나로 볼 수 있다. 독일에서는 '독일을 위한 대안Alternative für Deutschland'이 2025년 2월 총선에서 역대 최고 득표율인 20.8%를 기록하며, 10.4%를 얻었던 2021년 총선 결과의 정확한 두 배를 달성해 제2당으로 부상했다. 오스트리아에서는 '자유당Freiheitliche Partei Österreichs'이 2024년 9월 총선에서 역시 역대 최고 득표율인 28.8%를 기록하며, 16.2%에 그쳤던 2019년 총선 결과를 훌쩍 뛰어넘어 제1당으로 등극했다. 네덜란드에서는 '자유당Partij voor de Vrijheid'이 2023년 11월 총선에서 23.5%의 득표율을 기록해, 10.8%를 얻었던 2021년 총선 성적을 두 배 이상으로 늘리며 제1당이 되었다. 이러한 극우정당들은 공통적으로 이민 제한, 국가 주권 강화, EU 통합 반대, 전통적 가치 수호 등을 핵심 공약으로 내세우며 급격히 성장했다. 이러한 현상은 다양성과 초국가적 협력을 중시해 온 전후 유럽 민주주의의 기존 패러다임이 커다란 도전에 직면하고 있음을 보여준다.

한국의 12·3 내란 사태와 이를 계기로 가시화된 극우 세력의 증대된 영향력은 앞서 살펴본 민주주의 후퇴 현상과 주목할 만한 유사성을 보인다. 윤석열 대통령의 친위쿠데타 감행은 민주적 헌정질서를 파괴하려는 시도였으며, 윤석열 지지자들의 결집 과정에서 나타난 선동적 언어와 행위는 민주주의의 근간인 법치주의에 대한 공격이었다. 법원과 선관위뿐만 아니라 헌법재판소까지 주된 공격 대상이 되었고, 급기야 이 흐름은 2025년 1월 19일 서울서부지방법원 점거 폭동 사태로까지 이어졌다. 이러한 행동 양상들은 세계적으로 관찰되고 있는 극우 포퓰리즘의 특징들과 유사한 측면이 많다. 민주주의를 공격하는 극우 세력의 대중 동원 전략이 지속된다면 이러한 흐름은 파시즘으로 발달할 위험성이 크다.

민주주의 위기의 구조적 원인과 대응 전략

전 지구적 민주주의 위기의 근본 원인을 살펴보면, 여러 구조적 요인이 복합적으로 작용했음을 알 수 있다. 가장 주목할 만한 요인은 신자유주의 세계화의 심화와 그로 인한 경제적·사회적 불평등의 확대였다. 1980년대 이후 가속화된 신자유주의 정책들은 이러한 불평등을 급격히 확대시켰다. 경제적 성장의 혜택이 소수에게 집중된 반면, 다수는 임금 정체, 고용 불안정, 사회안전망 약화를 경험했다. 세계 불평등 연구소World Inequality Lab의 자료에 따르면, 국가 내 상위 10%와 하위 50%의 평균 소득 비율로 측정된 국내 불평등은 1980년 이후 대부분의 국가에서 지속적으로 상승했다Chancel et al. 2022, 57. 1973년부터 2019년까지 47년간 전 세계 194개국을 대상으로 한 최근의 실증연구에 따르면, 이러한 경제적 불평등이 민주주의의 후퇴에 유의미한 영향을 끼친 것으로 나타났다남윤민 2021. 이는 민주주의의 유지 및 발전을 위해서는 경제적 불평등 완화가 필수적임을 시사한다.

이러한 경제적 불평등은 정치적 불평등으로도 이어졌다. 경제력을 가진 소수집단이 정치적 의사결정 과정에 불균형적인 영향력을 행사하는 경향이 나타났다. 미국의 정치학자 마틴 길렌스Martin Gilens와 벤자민 페이지Benjamin I. Page는 소득 상위 10% 계층을 가리키는 경제 엘리트의 정책 선호가 일반 시민의 선호보다 정책 변화에 훨씬 더 큰 독립적 영향력을 미친다는 사실을 발견했다Gilens and Page 2014. 미국의 정치학자 래리 바텔스Larry M. Bartels는 미국 상원의원의 표결 행위 역시 소득 상위층의 정책 선호와 밀접한 관련이 있고, 하위층의 선호와는 별다른 관련이 없다는 것을 확인했다Bartels 2016. 이처럼 소수 부유층의 목소리가 정치에 과도하게 반영되는 현상은 민주주의의 대표성이라는 기본 가치를 훼손하는데, 이는 민주주의에 대한 불신과 환멸을 키울 수 있다.

더불어 디지털 기술의 발전이 가져온 정보 환경의 변화 역시 민주주의의 위기를 가속화했다. 소셜미디어의 확산은 한편으로는 시민들의 정치참여 기회를 확대했지만, 다른 한편으로는 확증편향을 강화하고 가짜뉴스를 확산시키는 부작용을 낳았다. 알고리즘에 의해 강화되는 '필터 버블filter bubble'[42] 현상은 사회 구성원들 간의 대화와 타협의 가

---

[42] 온라인 플랫폼과 검색 엔진의 알고리즘이 사용자의 과거 검색 기록, 클릭 패턴, 위치 등을 기반으로 개인화된 정보만 선별적으로 제공함으로써 사용자가 자신의 기존 관점과 일치하는 내용만 접하게 되는 현상을 가리킨다.

능성을 줄였고 정치적 양극화를 심화시켰다. '옥스퍼드 인터넷 연구소 Oxford Internet Institute'가 발간한 보고서에 따르면, 2020년 기준 전 세계 81개국에서 '사이버 부대 cyber troop'가 소셜미디어를 이용해 정치 여론조작에 나섰다 Bradshaw et al. 2021. 이는 2016년 기준 28개국과 비교할 때 약 3배 가까이 증가한 수치다. 이러한 현상들은 민주적 담론 형성을 왜곡했고 시민들의 정치적 판단을 흐리게 만들었다.

이러한 신자유주의적 불평등 심화와 디지털 정보 환경의 변화는 사회적 불만과 분열을 고조시키며 포퓰리즘의 부상을 촉진했다. 오늘날 포퓰리즘은 '순수한 인민'과 '부패한 엘리트'의 대립 구도를 통해 정치적 지지를 확보하고 있다. 포퓰리즘의 지지기반은 특정 계층으로 한정되지 않으며, 다양한 사회경제적 배경을 가진 유권자들로 구성되어 있다. 그러나 그 중심에는 경제의 지구화와 양극화로 인한 불안정성에 노출된 이들의 불만이 자리하고 있다. 물론 경제적 요인 외에도 기존 정당정치와 대의 민주주의에 대한 불신, 문화적 가치관의 변화에 대한 반응, 개인에 내재한 포퓰리즘적 성향 등이 복합적으로 작용한다.

포퓰리스트 지도자들은 이러한 불만을 정치적으로 동원하고, 민주주의의 기초를 무너뜨리는 정책을 추진하기도 한다. 그러나 포퓰리즘에 대한 지지는 단순한 편견이나 무지가 아닌, 기존 정치체제가 다양한 사회 구성원들의 요구와 우려를 효과적으로 대변하지 못한다는 정당한 비판에서 비롯된 측면도 존재한다. 포퓰리즘은 좌우 이념과 다양하게 연계되어 나타나며, 그 대응의 문제에 있어서 단순한 배척보다는 그 기저에 깔린 구조적 문제들을 인식하는 것이 중요하다. 이러한 맥락을 이해하는 것은 민주주의 위기에 대한 효과적인 대응 방안을 모색하는 데 중요한 출발점이 될 수 있다.

이러한 민주주의 위기에 대응하기 위해서는 다층적이고 포괄적인 전략이 필요하다. 중요한 몇 가지를 언급하면, 첫째, 경제적 불평등을 완화하고 사회적 포용을 확대하는 정책적 노력이 시급하다. 이는 단순한 복지 확대를 넘어, 경제 구조 자체를 더욱 공정하고 포용적으로 재편하는 것을 의미한다. 글로벌 경제 체제 속에서 무분별한 자본 이동과 조세회피를 제한하고, 노동기본권을 강화하며, 공공서비스의 질적 향상을 도모하는 정책들이 이러한 재편의 핵심 요소가 될 수 있다. 일부 국가에서 다양한 형태로 시도하거나 실험하고 있는 보편적 기본소득 정책을 비롯한 적극적인 부의 재분배 정책들도 불평등 해소를 위한 중요한 수단이다.

둘째, 디지털 공론장을 민주적으로 재구성하는 노력이 필요하다. 이 과정은 허위정보와 혐오표현에 대한 효과적인 대응을 포함하되, 표현의 자유를 과도하게 제약하지 않는 균형 잡힌 접근이 요구된다. 또한 시민들의 '미디어 리터러시$_{\text{media literacy}}$'[43]와 비판적 사고력을 향상시키는 교육을 확대하고, 알고리즘의 투명성과 책임성을 높이며, 다양한 관점이 교차하는 디지털 공간을 조성하는 기술적·제도적 혁신도 필요하다.

셋째, 시민사회의 역량 강화와 참여 민주주의 확대가 중요하다. 대의 민주주의의 한계를 보완하기 위해 시민들이 정책 결정 과정에 의미 있게 참여할 수 있는 기회와 제도를 확대해야 한다. 형식적 참여를 넘어 실질적인 숙의가 가능한 구조가 마련되어야 할 것이며, 논의 결과가 단순한 참고 사항에 머무는 것이 아니라 일정한 구속력을 발휘할 수 있어야 할 것이다. 다양한 사회적 배경을 가진 시민들이 상호 이해와 존중 속에서 공적 문제를 토론하고 합의를 형성해 가는 과정은 민주주의의 본질적 가치를 회복하는 데 기여할 수 있다.

넷째, 초국적 연대와 협력을 통한 대응이 필수적이다. 초국적 자본의 이동, 디지털 플랫폼의 영향력, 기후위기 등과 같은 민주주의 위기의 구조적 원인 또는 배경은 단일 국가 차원에서 해결하기 어려운 문제들이다. 따라서 국경을 넘어선 시민사회의 연대와 민주주의 국가들 간의 제도적 협력이 중요하다. 특히 초국적 기업에 대한 규제와 과세, 디지털 공론장의 민주적 거버넌스 구축, 국제 금융 시스템 개혁 등의 영

---

[43] 다양한 미디어 콘텐츠에 접근하고, 이를 분석·평가하며, 미디어 콘텐츠를 창조할 수 있는 능력을 의미한다. 이는 현대 민주주의에서 시민들이 허위정보와 거짓선동에 넘어가지 않고 정치 토론에 비판적으로 참여할 수 있는 중요한 역량이다.

역에서 초국적 협력 체계를 강화해야 한다.

　이러한 대응 전략들은 한국의 민주주의가 12·3 내란 이후 직면한 과제와도 밀접하게 연결된다. 한국 역시 경제적 불평등 심화, 디지털 정보 환경에서의 여론 양극화, 참여 민주주의의 제도적 미비 등 유사한 구조적 문제를 안고 있다. 12·3 내란의 교훈을 바탕으로 한국 민주주의를 혁신하는 과정에서 이러한 전 지구적 민주주의 위기에 대한 대응 전략을 함께 고려해야 할 것이다. '영속민주화론'의 관점에서 민주주의를 지속적인 과정으로 이해하고, 시민참여와 제도적 개혁을 통해 더욱 포용적이고 지속 가능한 민주주의를 향해 끊임없이 나아가야 한다.

4장 민주주의 공고화론의 한계

- 5장 -
기존 통치형태 개혁 논의에 대한
비판적 검토

중임제 개헌이 이루어질 경우, 재집권을 향한 권력의 욕망은 막을 수 없을 것이고, 이러한 권력욕이 가져올 위험은 아무리 강조해도 지나치지 않다고 생각한다. 제왕적 대통령의 초월적 권력을 기반으로 한 재집권 프로젝트는 공정한 국정 운영을 왜곡하고 정략화시킬 가능성이 높다. 최영진 2009, 356

12·3 내란은 1987년 이후 지속된 한국의 대통령제가 지닌 구조적 한계를 극적으로 보여준 사건이었다. 이는 단순한 정치적 위기 해소를 넘어 현행 통치형태에 대한 근본적 재검토의 필요성을 제기한다. 87년 체제 수립 이후 여러 차례 개헌 시도가 있었으나 이는 대부분 대통령제라는 틀 내에서의 부분적 개선 논의 머물렀고 실질적 성과를 거두지도 못했다. 더구나 이러한 개헌 논의들은 대부분 정파적 이해관계에 따라 휘둘리면서 좌절을 겪었다. 이 장에서는 먼저 1987년 이후 제기된 주요 개헌 논의의 흐름을 비판적으로 살펴본다. 특히 '4년 중임 대통령제'와 '준대통령제'의 한계를 검토하고, '대통령제가 아닌 대통령이 문제'라는 관점도 고찰한다. 이어서 대통령제에 대한 대중적 애착과 의회제에 대한 거부감의 근원을 살펴본다. 마지막으로, 민주·진보 진영 일각에서 나왔던 기존 제7공화국 구상의 의의와 한계를 짚어본다.

1987년 이후 개헌 논의의 굴절

1987년 이후 한국의 개헌 논의는 주로 대통령제의 구조적 문제점을 어느 정도 개선하려는 시도이긴 했으나 복잡한 정치적 이해관계에 가로막혀 실질적 성과를 거두지 못했다. 이러한 굴절 과정은 크게 세 시기로 구분하여 분석할 수 있는데, 각 시기는 한국 정치의 특징적인 한계들을 보여준다.

첫 번째 시기는 1990년대부터 2000년대 후반까지로, 여러 정부에서 개헌이 시도되었으나 모두 좌절된 시기이다. 1990년 '3당 합당' 당시 노태우 대통령과 김영삼, 김종필은 '내각제의회제' 개헌을 추진하기로 은밀히 합의했다. 그러나 민주자유당 창당 직후 이 사실이 언론에 공개되자 김영삼은 "내각제 약속이 국민 위에 있을 수 없다"라며 반대 의견을 밝혔고, 결국 노태우 대통령이 내각제 추진 포기를 선언하면서 무산되었다.[44]

김대중 정부 출범 과정에서도 유사한 상황이 반복되었다. 1997년 대통령 선거를 앞두고 김대중과 김종필은 이른바 'DJP연합'을 형성하며 1999년 12월까지 내각제 개헌을 완료하기로 합의했다. 그러나 집권 후 김대중 대통령은 이 약속을 이행하지 않았다. 당시 김종필 총리는 "대통령 중심제에서는 무슨 공약을 하고 무슨 약속을 하더라도 현직 대통령이 안 한다고 하면 할 수가 없다"라며 현실을 인정했다.[45]

노무현 정부 시기에는 2007년 1월 9일 노 대통령이 직접 대국민 특별담화를 통해 '4년 연임제'[46] 개헌을 제안했다. 이는 다음 대통령 선거

---

44) YS와 DJ가 차례로 '내각제 개헌' 약속을 깬 이유, 한겨레, 2023.08.22.
45) YS와 DJ가 차례로 '내각제 개헌' 약속을 깬 이유, 한겨레, 2023.08.22.
46) 노무현 대통령은 당시 담화에서 4년 '연임' 대통령제라는 표현을 사용했다. 엄밀히 따지면 '연임'과 '중임'의 의미에 차이가 있으나, 여기서 말하는 4년 '중임' 대통령제는 노 대통령이 제안했던 4년 '연임' 대통령제와 사실상 같은 것이다.

를 1년도 채 남겨놓지 않은 시점에서 제기된 '개헌 승부수'였다. 그러나 당시 한나라당 등 야 4당은 개헌이 정략에 불과하다며 즉각 반대했다. 결국 여야는 4월 11일 회담을 통해 개헌 문제를 18대 국회 초반에 처리하고, 노 대통령에게 임기 중 개헌 발의를 유보해 달라고 요청하기로 합의했고, 4월 13일 열린우리당과 한나라당은 각각 차기 정부에서 개헌을 추진한다는 당론을 결정했다.

이명박 정부 시기에는 2008년 제18대 국회가 출범하면서 김형오 국회의장이 개헌 공론화를 적극적으로 추진했다. 2008년 9월 헌법연구자문위원회가 설치되었고, 여야 의원 186명이 참여하는 미래한국헌법연구회도 발족했다. 자문위는 2009년 8월 말 4년 중임 정·부통령제와 이원정부제 등 복수의 개헌안을 제시했다. 이명박 대통령도 2009년 9월 "통치권력이나 권력구조에 제한된 개헌을 검토할 필요가 있다"라는 견해를 밝혔다.[47] 그러나 2010년에 들어서면서 세종시 수정안 논란, 지방선거 패배 등으로 정부의 정치적 추진력이 떨어졌고, 여야 모두 개헌보다는 다른 정치적 현안에 집중하면서 개헌 논의는 실질적 진전을 이루지 못했다.

두 번째 시기는 2016년 박근혜 대통령 탄핵 국면에서 시작된 개헌 논의 시기이다. 2016년 12월 9일 박 대통령 탄핵소추안 가결 직후, 여

---

47) 이 대통령 "제한적 개헌 필요", 경향신문, 2010.02.26.

야는 국회 헌법개정특별위원회 설치에 합의했다. 이는 1987년 직선제 개헌 이후 처음으로 구성된 국회의 공식적인 개헌 기구라는 점에서 큰 의미를 지녔다. 36명의 여야 위원으로 구성된 특별위원회는 2017년 말까지 1년간 활동하며 개헌 관련 자문위원회 구성, 전국 순회 국민대토론회 개최, 개헌안 기초를 위한 분과위원회 운영 등 다각적인 노력을 펼쳤다. 그러나 이러한 시도 역시 통치형태를 둘러싼 여야 간 이견, 2017년 대통령 선거라는 정치 일정, 개헌 시기를 둘러싼 갈등 등으로 인해 구체적 성과를 내지 못했다.

세 번째 시기는 문재인 정부의 개헌 시도로, 이때 가장 구체적이고 포괄적인 개헌안이 제시되었다. 문 대통령은 '임기 내 개헌 추진'을 대통령 선거 공약으로 제시했고, 2018년 3월 대통령 직속 정책기획위원회 산하에 국민헌법자문특별위원회를 구성하여 개헌안을 발의했다. 이 개헌안은 4년 중임 대통령제 도입뿐만 아니라 기본권 강화, 지방분권 확대 등 광범위한 내용을 포함하고 있었다. 그러나 5월 24일 국회 표결에 부쳐진 개헌안은 야당의 전면 불참으로 인한 의결 정족수 미달로 자동 폐기되었다. 실패의 배경에는 여야 간 합의 실패라는 직접적 원인 외에도 개헌안의 내용에 대한 구체적 합의 부족, 추진 시기와 방식을 둘러싼 이견 등 복합적 요인들이 작용했다.

1987년 이후 개헌 논의의 실패 과정은 시기별로 뚜렷한 특징을 보여준다. 첫째, 1990년대의 노태우 정부와 김대중 정부에서는 정치 지도자들 간의 개헌 합의가 현실의 권력 유지를 이유로 파기되는 양상이 반복되었다. 둘째, 노무현 정부의 개헌 시도는 야당의 반대로 다음 국회로 미뤄졌고, 이명박 정부에서는 개헌 논의가 시작되었으나 다른 정치적 현안에 밀려 실질적 진전을 이루지 못했다. 셋째, 박근혜 정부 말기와 문재인 정부에서는 헌법개정특별위원회 구성과 국민헌법자문특별위원회 설치 등을 통해 이전보다 더욱 공식화된 방식으로 개헌이 추진되었으나, 개헌안의 내용과 시기를 둘러싼 여야 간 이견을 좁히지 못했다. 이러한 과정은 한국의 개헌 논의가 정치 지도자들과 국회 내부의 협상 테이블에서 한 치도 벗어나지 못했음을 보여준다. 개헌이라는 헌정질서의 근본적 변화를 논의하는 과정에서 시민사회의 실질적 참여는 배제되었고, 그 결과 개헌은 정치권의 이해관계 조정 문제로 축소되었다.

한편, 개헌 논의 자체에 회의적인 시각도 존재한다. 이는 이전의 개헌 시도들이 복잡한 정치적 이해관계 탓에 실패했다는 평가와는 별개의 관점이다. 예컨대, 최장집은 "헌법에 의존해 민주주의 발전을 이루고자 하는 것은 현실의 정치를 우회하거나 뛰어넘어 정치 외부의 어떤 과정, 절차, 힘으로 하여금 정치가 해야 할 문제들을 해결하게 하는 것을 의미한다"라고 지적했다 최장집 2010, 273. 그는 또한 보수파와 개혁파를 아우르는 개헌 논의의 표출을 "민주주의 위에 헌정주의를" 두려는 움직임이라며 비판적으로 바라보았다 최장집 2010, 274.

그러나 개헌 과정 자체가 고도의 정치적 행위이며, 이는 정치권뿐만 아니라 시민사회의 적극적 참여와 관심을 요구한다는 점에서 정치를 재활성화하는 핵심 계기가 될 수 있다. 또한 '헌정주의$_{constitutionalism}$'[48]는 민주주의와 별개로 존재하는 것이 아니라, 민주주의와 함께 발전하며 민주주의를 가능케 하는 기본 토대 역할을 한다. 민주주의의 작동 방식을 혁신하고, 이러한 혁신을 제도화하고자 할 때 헌정주의를 우회하는 방법은 없다. 민주주의의 지속가능성을 확보하는 기본적인 틀이 바로 헌정주의다.

'4년 중임 대통령제'가 대안인가?

한국의 권력구조 개편 논의에서 가장 빈번하게 제기되어온 방안은 '4년 중임 대통령제'다. 이는 현행 대통령제의 기본 틀을 유지하면서 임기만 조정하는 최소한의 변화를 추구하는 것으로, '준대통령제'나 '의회제'와 같은 다른 대안들에 비해 상대적으로 높은 지지를 얻어왔다. 이러한 지지는 국민 대다수가 대통령제라는 익숙한 체제를 선호하므로 부분적인 개선 정도가 적합하고, 이것이 실현 가능성도 높다는 인식에

---

[48] 정부 권력을 제한하고 시민의 권리를 보호하는 정치 이론이자 원칙이다. 정부의 권한이 헌법이나 법체계에서 비롯된다는 개념에 기초한다. 종종 제한된 정부와 연관되는 이 개념은 자의적인 통치의 방지에 초점을 맞춘다.

기반하고 있다. 정치권에서도 미국식 '4년 중임 대통령제'에 대한 지지가 여야를 가리지 않고 상당하다.

2007년 노무현 대통령이 직접 나서 4년 중임 대통령제 개헌, 이른바 '원포인트' 개헌을 전격 제안한 바 있다. 2012년 대통령 선거 과정에서도 이는 박근혜와 문재인 두 후보의 공통 공약이었다. 제19대 국회의원을 상대로 한 설문조사에서는 응답자 233명 중 68%인 159명이 4년 중임 대통령제에 찬성했다.[49] 제20대 대통령 선거에 출마한 이재명 후보의 핵심 10대 공약에도 이것이 포함되었다. 12·3 내란 사태 국면에서 국민의힘 헌법개정특별위원회 위원장을 맡은 주호영 의원도 "노무현 대통령이 2007년 1월에 제안했던 '원포인트' 개헌에서 출발하자"라며 4년 중임 대통령제를 다시 꺼내 들었다.[50]

4년 중임 대통령제 지지의 주된 근거는 현행 5년 단임 대통령제의 고질적인 문제점 해결이다. 5년 단임 대통령제는 정책의 연속성 부족, 책임정치의 부재, 분점정부의 일상화 등 심각한 문제들을 노정해 왔다는 것이다. 특히 분점정부 상황에서 여야의 대립이 심화하면, 정치가 정상적으로 작동하지 않는다는 인식이 크다. 12·3 내란의 배경에도 분점정부 상황에서 자신의 통치력을 제대로 발휘할 수 없다는 대통령의 인식이 자리하고 있었다는 점은 특히 주목할 만하다. 4년 중임 대통령

---

49) [대선상황실] 5년 단임제냐, 4년 중임제냐, 연합뉴스, 2012.11.09.
50) 주호영, 페이스북, 2025.02.06.

제를 지지하는 측에서는 정권의 중간 평가가 가능하다는 점 또한 강조한다. 무능한 대통령은 재선에서 탈락시키고, 유능한 대통령에게는 연속성을 부여할 수 있다는 논리다.

그러나 학계에서는 4년 중임 대통령제가 이러한 문제들을 근본적으로 해결할 수 있는가에 대해 강한 의문을 제기한다. 단순히 중임을 허용하는 것은 문제가 있는 대통령에게 8년이라는 긴 시간을 부여할 위험성이 있고, 중임제 도입만으로는 승자독식과 정치 양극화 같은 근본적인 문제들을 해결할 수 없다는 것이다. 또한 중임제가 책임성을 강화하는 효과가 있다고 하더라도, 이는 권력에 대한 적절한 견제와 균형이 전제될 때만 가능하다는 점에서 다른 권력 분산 조치들이 뒤따르지 않으면 안 된다는 지적이 제기된다.

대통령과 국회의원 선거 주기를 일치시키면 분점정부의 등장이 줄어들 것이라는 기대도 그리 현실적이지는 않다. 분점정부의 출현은 비동시적 선거 주기의 영향뿐만 아니라 한국 정치의 구조적 특징인 지역주의 균열 구조와 양당제에 깊이 뿌리박고 있기 때문이다. 물론 잦은 여소야대 상황의 출현과 이를 타개하기 위한 인위적 정계 개편 시도가 정당정치의 건강한 발전을 저해하는 요인이 되어온 것은 사실이다.

4년 중임 대통령제의 모델이 되는 미국 대통령제에 관한 연구에서도 재선 가능성이 대통령의 책임정치를 강화하고 8년 임기를 고려한 장기적 정책 수립으로 이어진다는 주장은 그 근거가 희박한 것으로 나타났다.박기덕 2007, 131. 2025년 현재 역대 45명의 미국 대통령 가운데 재선에 성공한 대통령은 절반도 되지 않는 20명에 불과하다는 사실도 이를 뒷받침한다.

더욱 우려되는 것은 4년 중임 대통령제가 오히려 대통령의 권력을 강화할 위험성이다. 대통령과 국회의원 선거 시기 일치로 단점정부 구성 가능성이 높아지고 임기가 최대 8년으로 연장될 수 있다면, 대통령의 실질적 권력은 더욱 막강해질 수 있다. 초임 대통령과 집권 세력이 재집권 프로젝트에 몰입하면서 국가권력을 편향적으로 행사할 가능성 또한 존재한다. 특히 결선투표제가 없는 대통령제에서는 최소승리연합을 추구하는 전략이 채택될 가능성이 높은데, 4년 중임 대통령제는 더욱 막강한 권력 때문에 양보와 합의에 기초한 통합전략보다는 '두 개의 국민' 전략을 더욱 강화할 우려가 있다.

결국 근본적인 제도개혁 없이 단순히 대통령 임기만 조정하는 것은 오히려 현행 제도의 문제점을 심화시킬 위험이 있다. 권력구조 개편은 단순한 임기 조정이 아니라 한국 정치의 구조적 문제를 해결할 수 있는 포괄적 접근을 필요로 한다.

그렇다면 '준대통령제'는 괜찮은가?

'준대통령제$_{semi-presidential\ system}$'[51]는 대통령과 총리가 행정부에 공존하는 이원적 권력구조를 특징으로 하는 통치형태다. 준대통령제에 대한 고전적 정의는 세 가지 요소로 구성된다. 첫째, 대통령이 직선으로 선출되어야 하고, 둘째, 대통령이 상당한 권한을 보유해야 하며, 셋째, 대통령은 의회의 신임으로 직을 유지하는 총리 및 내각과 대립적 관계에 있어야 한다$_{Duverger\ 1980,\ 166}$. 이는 기본적으로 대통령제에 의회제 요소를 접목한 것으로, 오스트리아, 포르투갈, 폴란드, 프랑스, 대만 등에서 채택하고 있다.[52] 각국은 자신들의 고유한 정치적 맥락과 역사적 경험에 따라 매우 다른 방식으로 이 제도를 시행하고 있는데, 이러한 다양성은 준대통령제가 지닌 유연성과 함께 잠재적 불안정성을 동시에 보

---

51) 'semi-presidential system'의 번역어로 '준대통령제'를 사용한다. 이는 국제적으로 널리 통용되는 용어의 직역에 가까우며, 이 제도의 혼합적 성격을 잘 나타낸다. 이 용어는 '이원정부제'(강원택 2022; 장영수 2012), '이원집정부제', '분권형 대통령제'(황태연 2005), '혼합정부제' 등으로 번역되기도 하는데, 이들 각각은 이 제도의 서로 다른 측면을 강조한다. 예컨대, '이원정부제' 또는 '이원집정부제'는 대통령과 총리가 함께 존재하는 행정부의 이원적 권력구조를, '분권형 대통령제'는 대통령과 총리 사이의 권한 배분을 강조한다. 참고로, 장영수(2012)는 '분권형 대통령제'를 준대통령제는 물론 대통령제의 부분적 변형을 포함하는 포괄적 의미로 사용한다. 이 개념 자체에 대한 더욱 상세한 논의는 강신구(2014)를 참조할 수 있다. 인용문이나 여론조사 문항 등에서는 준대통령제를 지칭하는 다른 표현을 그대로 둔다.
52) 프랑스의 경우 대통령의 정당과 의회 다수파를 차지한 정당이 같다면 강력한 대통령제 형태로 작동하고 동거정부 상황에서는 의회제에 가까운 모습을 띠게 된다. 따라서 프랑스의 통치형태를 대통령과 총리 사이의 권력 분할을 강조하는 '분권형 대통령제'라고 부르는 것은 문제라는 견해가 있다(강원택 2022, 196). 한편, 유럽에서 가장 오랜 기간 준대통령제를 운영해왔던 핀란드는 2000년 헌법개정으로 의회제에 가깝게 변화되었다(김인영 2020).

여주는 증거가 된다.

준대통령제를 채택한 국가들은 크게 대통령의 권한이 강한 유형과 의회의 권한이 강한 유형으로 분류될 수 있다. 준대통령제에 관한 비교정치학 연구의 대표적 학자인 로버트 엘지Robert Elgie의 연구에 따르면, 준대통령제 국가 중에서도 대통령의 권한이 강할수록 민주주의 체제의 안정성이 떨어지고 민주주의 지수도 낮은 것으로 나타났다Elgie 2011. 이러한 연구 결과는 정치적 상황을 비롯한 여러 이유로 준대통령제 도입을 적극 고려한다고 하더라도, 의회제의 요소를 더욱 강화하는 방향으로 제도를 설계하는 것이 바람직함을 시사한다.

최근 한국에서도 준대통령제의 대안적 가능성에 대한 논의가 활발히 이루어지고 있다. 민간이 주도한 헌법 논의의 결과물인 '대화문화아카데미 2016 새헌법안'에서도 준대통령제를 제안하고 있는데 김문현 외 2016,[53] 이는 총리와 내각이 실질적인 행정권을 갖되 대통령에게도 국정 개입의 상당한 권한을 부여하는 안이다. 준대통령제를 옹호하는 일부 학자나 정치인은 대통령제와 의회제 사이의 이분법적 선택을 지양하고, 경로의존적 또는 절충적 관점에서 현행 대통령제의 문제를 의회제적 요소의 확장을 통해 해결하자고 주장한다.

---

53) 한편, '대화문화아카데미 2025 새헌법안'은 준대통령제가 아니라 5년 단임 대통령제를 주장한다. 다만, 대통령의 인사권 등 권한을 축소하는 방안을 제시한다(법·정치학자들, 새헌법안 발표…"권력구조 개편 없이는 해결책 안 보여", 중앙일보, 2025.01.20.).

대표적인 개헌론자인 강원택2005의 입장이 이에 가깝다. 그는 한때 의회제를 선명하게 주장하기도 했지만강원택 2016, 지금은 대통령과 총리가 권력을 분담하되, 대통령은 국가 전체의 방향을 설정하고 견제하는 역할을, 총리는 실질적인 행정을 담당하는 구조인 준대통령제를 주장한다.54) 준대통령제 지지자들은 또한 이 제도가 대통령의 과도한 권한을 제한하면서도 직선제를 통한 민주적 정당성은 유지할 수 있다는 점을 강조한다. 예를 들어, 최태욱2014, 288은 "국민의 힘으로 이루어낸 대통령 직선제는 유지하되 단지 제왕적 대통령제의 폐해를 없애고 민의 반영에 뛰어난 합의제적 민주체제를 발전시키기 위해" 준대통령제를 찬성한다.

준대통령제가 지닌 근본적인 한계는 이 제도가 권력구조를 더욱 복잡하게 만들고 책임소재를 불분명하게 할 위험성이 크다는 점이다. 즉, 국가수반인 대통령의 권한이 의회제처럼 상징적 수준에 머무는 것이 아니라 이를 넘어서게 되면, 대통령과 행정수반인 총리와의 역할 분담이 실제로는 매우 어렵고, 이는 심각한 정치적 혼란과 국정 마비를 초래할 수도 있다장영수 2012, 26. 준대통령제의 한계는 또한 두 가지 상반된 상황에서 모두 나타난다. 우선 대통령과 총리의 소속 정당이 다른 '동

---

54) "대통령 한 명이 국가 흔들고 분열…양극화 해소 위해 권한 나눠야" [인터뷰], 한국일보, 2025.01.01.

거정부cohabitation government'[55] 상황에서는 정책 결정과 집행 과정의 혼선이 발생하면서 이원적 권력구조의 불안정성이 드러날 수 있다.

의회제의 단점 중 하나로 내각의 불안정성이 종종 지적되기도 하는데, 이때 주로 프랑스 제4공화국과 한국의 제2공화국 사례 등이 그 근거로 제시된다. 그러나 실증연구들은 이러한 사례들이 예외적이며, 오히려 준대통령제에서 내각 불안정성이 더 심각함을 보여준다. 민주주의 체제와 통치형태에 관한 계량적 연구로 유명한 호세 체이붑José A. Cheibub은 1946년부터 2002년까지 주요 민주주의 국가들의 내각 유지 기간을 분석했는데, 대통령제에서는 평균 4.7년, 의회제에서는 4년이었던 반면, 준대통령제에서는 2.9년에 그친 것으로 나타났다Cheibub 2006, 80.

한편, 대통령과 의회 다수당이 일치하는 상황에서는 오히려 준대통령제가 지나치게 강력한 대통령제의 성격을 띨 수 있다. 대통령이 총리에 대한 임면권을 갖고 있는 프랑스의 경우 동거정부가 아닌 상황에서는 대통령이 실질적인 최고 결정권자로 기능하고, 총리는 사실상 대통령의 정책을 집행하는 역할에 머무르게 된다. 이는 준대통령제라는 제

---

[55] 대통령의 소속 정당과 의회 다수당이 다른 상황에서 대통령과 다른 정파의 총리가 행정부를 함께 이끄는 상황을 말한다. 프랑스에서는 1986~1988년 미테랑-시라크, 1993~1995년 미테랑-발라뒤르, 1997~2002년 시라크-조스팽의 동거정부 시기가 있었으며, 2024년 9월부터는 마크롱-바르니에로 시작해 이후 마크롱-바이루로 이어지는 네 번째 동거정부가 형성되었다. 2000년 개헌(2002년 적용)으로 대통령 임기가 7년에서 5년으로 단축되고 하원(국민의회) 임기와 일치되면서 동거정부의 발생 가능성이 다소 줄어들었으나, 2024년 조기 총선 결과로 약 22년 만에 다시 동거정부가 출범하게 되었다.

도가 정치적 상황, 특히 의회 내 정당 구도에 따라 매우 다른 양상으로 작동할 수 있으며, 권력분립과 견제의 측면에서 근본적인 한계를 가질 수 있음을 보여준다.

또한 준대통령제에서도 대통령제의 핵심적 문제점들이 상당 부분 그대로 남는다는 점에 주목해야 한다Lijphart 2023, 3. 준대통령제 아래에서 대통령이 제한적 권한에 만족하지 않고 더 많은 권한 행사를 추구할 경우, 이는 필연적으로 총리와의 심각한 권한 충돌을 초래할 것이다. 더구나 한국의 정치 현실에서는 대통령과 총리 사이의 권한 분배가 명문화되어 있더라도 실제 운영 과정에서 이를 준수하기가 쉽지 않은 상황이 빈번하게 발생할 수 있다강원택 2022, 208-211. 실제로 대통령에게 의례적 권한만을 부여했던 제2공화국의 의회제에서도 윤보선 대통령과 장면 총리 사이의 권한 다툼이 정치적 혼란을 초래한 바 있다. 만약 준대통령제와 같은 이원적 권력구조가 당시의 질서였다면, 정치적 불안정은 더욱 심각해질 수도 있었을 것이다.

결론적으로, 대통령제에서 나타나는 전형적인 문제들은 준대통령제에서도 여전히 나타날 수 있으며, 준대통령제의 이원적 통치구조는 오히려 이러한 문제들을 더욱 복잡하게 만들 가능성마저 있다. 상당한 권력을 갖는 대통령을 계속 두는 한 정치 양극화와 포퓰리즘의 위험은 이어질 것이며, 여기에 총리직을 둘러싼 정치적 갈등이 더해져 정국 불안이 가중될 수도 있다. 레이파르트는 "의회제라는 검증된 체제에 굳이 왜 대통령제의 문제점들을 덧붙이려고 하는가"라며 준대통령제에 근본적인 의문을 제기한 바 있다.Lijphart 2023, 3. 통치형태 개혁 논의를 준대통령제라는 절충적 대안에 가두기보다는, 한국 민주주의의 질적 발전을 위한 정치체제 전환의 관점에서 이 문제에 대한 근본적인 접근법이 필요하다.

대통령제에는 죄가 없다?

대통령제 개혁 논의가 나올 때마다 항상 뒤따르는 반론이 있다. 제도의 문제가 아니라 행위자가 문제라는 말이다. 이는 '나쁜 대통령이 문제이고, 좋은 대통령만 뽑으면 문제가 없다'라는 주장으로 이어진다. 1980년대 민주화운동 과정에서 국민은 대통령 직선제 개헌을 요구했고, 대통령 직선제만 쟁취하면 민의를 반영하는 좋은 대통령을 선출할 수 있으리라 기대했다. 그러나 노태우의 당선으로 처음부터 그러한 기대는 무너졌다. 그리고 그 이후 대통령들의 불행한 역사는 우리가 익히 아는 바 그대로다.

훌륭한 대통령을 가지려면 그렇지 못한 대통령도 거칠 수밖에 없다고 주장하는 사람이 있을지 모르지만, 그러기에는 국민이 치러야 할 대가가 너무 크다. 어떤 제도를 평가할 때 그 제도가 산출하는 결과를 어느 정도 예측할 수 있는가의 문제는 매우 중요하다. 그러나 대통령이라는 인물에 절대적으로 의존하고 있는 대통령제는 이 점에서 큰 결함이 있다. 이에 대해 린츠는 "정치 지도자의 개인적 자질, 즉 정치가로서의 덕목에 크게 의존하는 것은 위험한 선택"이라면서, 그 이유는 "그러한 자질을 갖춘 인물이 대통령직을 수행할 수 있을지 아무도 알 수 없기 때문"이라고 말했다 Linz 1990a, 69.

'대통령제에는 아무런 문제가 없다'라는 주장이 지닌 가장 심각한 논리적 결함은 제도가 개인과 조직의 행태에 미치는 영향을 간과하고 있다는 점이다. 대통령제는 권력의 집중을 그 특징으로 하는데, 이러한 제도적 특성이 권력자의 독선과 부패를 조장할 수 있다. 게다가 권력의 집중은 그 권력을 견제할 수 있는 다른 기관들의 역할을 약화시키는 결과를 가져올 수 있으며, 이는 결국 권력 남용의 가능성을 높이는 요인이 된다.

특정 인물과 정당의 문제라는 주장은 그러한 선택이 반복되는 현실을 설명하지 못한다. 만약 정말 특정 인물과 정당이 문제라면, 왜 유권자들은 그러한 선택을 반복하는가? 이는 단순히 인물이나 정당의 문제가 아니라 우리 사회의 양극화된 정치구조, 지역주의, 이해집단 사이의 갈등 등 더 깊은 구조적 문제들과 연결되어 있음을 보여준다. 더 나아가 문제 정치인의 반복적 선출은 이들을 걸러내지 못하는 정당 민주주의의 결함, 선거 민주주의의 한계, 선거제도의 결함, 민주시민교육의 부족 등 한국 민주주의의 전반적인 발전 수준과도 맞닿아 있다.

제도는 그 자체로 중립적이지 않다. 제도는 특정한 행위를 촉진하거나 제약하는 방식으로 작동하며, 이는 결국 그 제도 안에서 활동하는 개인과 조직의 행태에 영향을 미친다. 대통령제가 가진 권력 집중의 특성, 임기의 경직성, 승자독식의 구조 등은 정치적 갈등을 심화시키고 대화와 타협을 어렵게 만드는 요인이 된다. 이러한 제도적 특성이 특정 인물이나 정당의 문제점을 더욱 증폭시킬 수 있다는 점을 인식해야 한다.

결론적으로, 대통령제의 문제점을 단순히 특정 인물과 정당의 문제로 환원하는 것은 현실을 지나치게 단순화하는 오류를 범하는 것이다. 제도적 특성이 어떻게 정치 행위자들의 행태에 영향을 미치는지, 그리고 이 특성이 우리 사회의 구조적 문제들과는 어떻게 상호작용 하는지를 종합적으로 분석할 필요가 있다. 이를 통해 우리는 더 나은 정치제도의 설계와 운영을 위한 통찰을 얻을 수 있을 것이다.

대통령제에 대한 뿌리 깊은 애착

대통령제에 대한 뿌리 깊은 애착도 간과할 수 없는 중요한 요소다. 이러한 애착은 직선제가 제공하는 정치적 효능감과 긴밀히 연결되어 있다. 직선제 대통령 선출 방식은 국민의 의사가 투표 결과로 직접 반영된다는 직관적 인식을 가져다준다. 따라서 유권자의 관점에서는 국회의원 선거보다 직선제 대통령 선거에서 더 강한 정치적 효능감을 느낄 수 있고, 그에 비례하여 대통령에 대한 정치적 기대 수준 역시 상승한다. 특히 결선투표제가 도입된다면 최종 당선자는 필연적으로 과반수의 지지를 얻으므로, 이러한 효능감과 기대는 한층 강화될 것이다. 유권자가 국회의원 선거와 대통령 선거라는 두 번의 투표 기회를 가짐으로써, 정치에 참여하는 통로가 두 배로 늘어난다고 느끼는 점도 '내 목소리가 정치에 반영된다'라는 정치적 효능감을 높이는 요소일 수 있다.

포퓰리즘의 영향력 또한 대통령제의 존속을 지지하는 견해에 상당한 힘을 실어준다. 정당정치가 여전히 엘리트 중심의 카르텔 정당 구조에 머물러 있는 상황이라면, 직선제 대통령은 '민중의 대변자'라는 상징적 지위를 손쉽게 획득함으로써 정치적 영향력을 강화할 수 있다. 더욱이 대통령이 엘리트 중심의 대의 민주주의에 대한 대중의 반감을 성공적으로 활용하는 기지를 보인다면, 대통령의 정치적 입지가 더욱 공고화되거나 확장될 가능성도 있다. 이러한 정치적 역학을 통해 대통령을 배출하는 정치세력의 입지가 강화되면, 대통령제를 유지하자는 주장에도 더욱 힘이 실릴 것이다. 또한 대통령에게 부여된 강력한 권한을 통해 사회의 고질적 문제들을 신속하고 효과적으로 해결할 수 있을 것이라는 대중의 기대감 역시 대통령제를 지지하는 강력한 근거가 되고 있다.

현행 대통령제의 구조적 문제점을 인정하는 시민들이 상당수 존재하고, 대통령제를 어떻게든 개선해야 한다는 공감대가 형성되어 있음에도 불구하고, 대통령제 자체를 폐기하는 데 주저하는 국민이 많은 것이 한국 정치의 현실이다. 의회제보다 4년 중임 대통령제나 준대통령제에 대한 선호도가 높게 나타나는 현상은 대통령제에 대한 이러한 복합적 감정을 반영한다. 1987년 민주화운동의 핵심 구호였던 '대통령 직선제 쟁취'에 대한 역사적 기억과 자긍심, 그리고 과거 권위주의 체제 아래 간선으로 선출된 대통령에 대한 부정적 인식이 국민 의식 속에 깊이 자리 잡고 있기에, 대통령을 직접 선출하고자 하는 열망이 여전히 강력하다고 볼 수 있다.장영수 2012, 13.

이와 같은 대통령제에 대한 강한 애착은 한국의 특수한 정치·사회적 맥락에서 형성된 민주주의 이해 방식과 밀접하게 관련되어 있다. 민주화 과정에서 쟁취한 '대통령 직선제'는 단순한 선출 방식을 넘어

'시민권력의 표상'으로 자리매김되었다. 이러한 역사적 경험은 정치제도 개혁 논의에서 중요한 심리적·문화적 변수로 작용한다. 한국에서 대통령 직선제는 대의 민주주의와 참여 민주주의라는 두 가치를 연결하는 독특한 제도적 접점으로 기능해 왔다. 따라서 대통령제의 문제를 해결하는 앞으로의 통치형태 개혁 논의에서 고려해야 할 부분은 '국민이 직접 선출한 최고 지도자'라는 상징적 의미와 정치적 효능감을 무엇으로 어떻게 대체할 것인가이다. 이는 한국 민주주의의 역사적 경험과 시민들의 정치·문화적 기대를 새로운 권력구조 설계에 반영하는 중요한 과제다.

의회제 도입에 대한 거부감과 우려

한국에서는 대통령제에 대한 애착도 아직 상당하지만, 의회제에 대한 회의적인 시각의 뿌리 또한 매우 깊고 단단하다. 일단 의회가 중심이 되는 체제라는 설명을 듣자마자 거부 반응이 나타난다. 국회 기관에 대한 신뢰도 자체가 매우 낮기 때문이다. 한국행정연구원이 2013년부터 매년 수행하는 '기관 신뢰도 조사'를 보면, 2023년 국회의 신뢰도는 24.7%로 전체 기관 평균인 51.1%의 절반에도 미치지 못했다. 국회는 2013년 조사 이후 줄곧 꼴찌를 벗어나지 못했고, 2021년 조사를 제외하면 모두 전체 평균 절반 미만의 신뢰도를 보였다.

그런데 국회에 대한 불신이 크기 때문에 지금처럼 대통령이 막강한 권한을 계속 누리고, 급기야 내란까지 일으킬 수 있는 사태를 방치해야 한다고 주장할 수는 없다. 비상계엄을 신속히 해제함으로써 내란의 진행을 일차적으로 막은 것은 바로 국회였다. 대통령에 대한 불신 또한 최소한 양극화된 정치 진영의 한 편에서는 항상 극에 달해 있다. 국회에 대한 불신의 표출은 대통령과 대통령제에 대한 믿음을 보여주는 것이 아니라 거대 양당이 장악한 한국 정치 일반에 대한 비판의 의미가 크다. 이는 현재의 권력구조, 선거제도 및 정당체제 모두를 개혁해야 한다는 요구로 볼 수 있다. 국회의 역할을 줄이거나 없애라는 의미가 아니라 현재의 정치체제를 뜯어고치라는 것이다.

1980년대 민주화운동을 경험한 세대에게 '내각제의회제'는 신군부 세력의 '집권 연장 음모'라는 부정적 인식으로 깊이 각인되어 있다. 1986년 민주정의당이 국회 헌법개정특별위원회에 내각제를 핵심으로 하는 개헌안을 제출했는데, 이는 당시의 정치적 상황과 밀접하게 관련되어 있었다. 대통령 직선제에 대한 국민적 열망이 고조되는 가운데, 노태우 민주정의당 대표의 낮은 인지도와 지지도는 직선제 도입 시 정권 획득을 어렵게 만드는 요인이었다. 특히 김영삼과 김대중의 후보단일화 가능성은 직선제 아래에서 민주정의당의 집권 연장을 더욱 불확실하게 만들었다.

이러한 상황에서 민주정의당은 의회 다수당의 지위를 활용한 내각제 도입을 대안으로 선택했다. 당시 국회의석 과반을 차지하고 있던 민주정의당은 지역구 제1당에 전국구 의석의 상당수를 배분하는 선거제도를 통해 의회 다수당의 지위를 계속 유지할 수 있으리라 계산했다.[56] 그러나 1987년 6월 항쟁 이후 여당이 대통령 직선제 개헌을 수용하면서 내각제 개헌안은 폐기되었다. 이러한 역사적 경험은 내각제 자체에 대한 민주화 세력의 뿌리 깊은 불신으로 이어졌다.

그러나 현재 시점에서 이는 단지 과거의 기억일 뿐이다. 더불어민주당은 2020년 제21대 총선과 2024년 제22대 총선에서 압도적 다수당이 되었다. 거대 양당의 한 축인 국민의힘은 윤석열 탄핵을 반대하며 사실상 내란을 옹호했고, 부정선거 음모론과 중국 혐오 등으로 뭉친 극우 세력의 손아귀에서도 벗어나지 못했다.[57] 탄핵 정국에서 이들은 중도층의 눈치조차 볼 것 없다는 듯이 소수파의 길을 택한 것처럼 보였다. 탄핵당한 대통령을 배출한 정당이 불과 5년 뒤 다시 집권할 수 있었던 것은 오로지 대통령제가 지속되었기 때문에 가능했던 일이다. 민

---

56) 1981년과 1985년 총선에서는 전국구 의석의 3분의 2가, 1988년 총선에서는 2분의 1이 제1당에 배분되었다.
57) 한겨레21이 내란 사태 이후 SNS에서 퍼진 중국 혐오와 음모론을 조사한 결과, 가장 많이 나타난 가짜뉴스 유형은 중국 간첩이 부정선거에 개입했다는 주장이었다. 이 밖에도 선관위 중국인 근무설, 중국인 탄핵 집회 참여설, 중국인 특혜설 등이 널리 확산되었다('중국 혐오'의 진짜 얼굴 … 허위·날조, 한겨레21 1554호, 2025.03.12.).

주주의 체제를 위협하는 세력을 국민이 의회 다수당으로 만들어주지만 않는다면, 대통령제를 폐지하고 의회제를 채택하는 것이 이들 세력의 집권을 사실상 막을 수 있는 길이기도 하다.

의회제에 대한 부정적 견해는 정치적 불안정성에 대한 우려에서도 비롯된다. 한국의 제2공화국 시기$_{1960~1961년}$에는 장면 총리와 윤보선 대통령의 대립 등으로 인한 정치적 혼란이 있었고, 프랑스 제4공화국 시기$_{1946~1958년}$에는 잦은 정권교체와 알제리 전쟁 등 식민지 문제 해결의 실패가 있었다. 전후 이탈리아의 경우 기독교민주당 중심의 연립정부 구성을 둘러싼 정치적 혼란이 이어졌고 빈번한 내각 교체가 있었다. 그러나 이는 의회제 자체의 본질적 문제라기보다는 해당 국가들의 특수한 역사적 맥락과 정치적 조건의 결과였다는 점을 간과해서는 안 된다. 실제로 오랜 역사를 가진 민주주의 국가들 가운데 상당수는 의회제를 통해 안정적인 민주주의를 운영하고 있다.

독일의 경험은 의회제 운영에 관한 또 다른 차원의 교훈을 제공한다. 바이마르 공화국의 실패를 교훈 삼아 설계된 '독일기본법'은 민주주의의 제도적 보장과 그 실질적 작동을 위한 다양한 안전장치를 마련했다. 특히 이전의 정치적 불안정을 극복하기 위해 의회제를 채택하면서 '건설적 불신임 투표$_{konstruktives\ Misstrauensvotum}$'라는 혁신적 제도를 도입했다. 독일기본법 제67조 제1항은 "연방의회는 재적의원 과반수의 찬성으로 연방총리 후임자를 선출하여 연방대통령에게 연방총리의 해임을 요청하는 방법으로 연방총리를 불신임할 수 있다"라고 규정한다.

즉, 연방의회가 현 총리를 불신임하려면 동시에 후임 총리를 미리 선출해야만 한다. 단순히 현 내각을 무너뜨릴 수 있게만 한 것이 아니라 새로운 내각을 동시에 제시해야만 불신임이 가능하도록 한 것이다. 1949년에 처음 도입된 이 제도는 무분별한 불신임을 방지하고 정치적 공백을 막아 내각의 안정성을 크게 높였으며, 이후 스페인, 헝가리, 슬로베니아 등도 이 제도를 채택했다. 독일은 또한 연방제 강화와 헌법재판소의 역할 확대를 통해 권력의 견제와 균형을 효과적으로 구현했다. 이러한 제도적 혁신은 의회제가 안정적으로 운영될 수 있는 조건을 만들어낸 대표적 사례로 평가받고 있다.

의회제에서 특정 정당의 장기 집권이 가능하다는 우려도 있다. 독일 아데나워 총리 시기의 기독교민주연합, 스웨덴 사회민주당, 영국 대처 총리 시기의 보수당, 일본의 자유민주당[58] 등의 사례가 언급된다. 그러나 이러한 장기 집권은 해당 정당이 국민의 지지를 계속 얻었기 때문에 가능했다. 의회제에서는 유권자의 선택에 따라 정권교체가 언제든 가능하다는 점에서, 내각의 장기 지속은 대통령제의 권위주의적 장기 집

---

[58] 1955년에 창당한 일본 자유민주당은 2009년 총선을 제외하면 1958년 총선 이후 단 한 번도 제1당을 놓치지 않았다. 그리고 1993년 8월~1996년 1월(2년 5개월), 2009년 9월~2012년 12월(3년 3개월)의 기간을 제외하고는 줄곧 집권 여당이었다.

권과는 본질적으로 다르다. 더욱이 의회제 아래에서는 연립정부 구성을 통해 권력의 분점과 견제가 가능한데, 이는 민주주의의 안정성을 높이는 요인이기도 하다.

마지막으로, 입헌군주제가 없는 한국과 같은 국가에서는 의회제가 적합하지 않다는 주장도 있다_{최태욱 2014, 284; 황태연 2005, 52-54}. 군주가 없는 나라가 의회제를 도입하면 '권위 중심체'의 결여로 사회통합의 구심점을 확보할 수 없다는 비판이다. 황태연_{2005, 53}은 심지어 "원래 유럽의 중소군주국에서 발생한 내각제란 애당초 공화국과는 '번지수'가 맞지 않는 제도"라는 주장까지 한다. 최태욱_{2014, 284}도 이것이 "입헌군주국이 아닌 유럽 공화국들의 대다수가 의원내각제 대신 분권형 대통령제를 택한 이유"일 것이라면서 황태연의 주장을 그대로 따른다.[59] 그러나 의회제의 기원은 중소군주국이라 할 수 없는 17세기 말 영국의 명예혁명으로 거슬러 올라가며, OECD 국가 중 입헌군주가 있는 의회제 국가는 12개국인데 반해, 입헌군주가 없는 의회제 국가는 그보다 많은 14개국에 이른다〈표 7-2〉참조.

---

[59] 황태연(2005, 54)은 22개 주요 유럽 국가를 "내각제"인 7개의 입헌군주국과 "분권형 대통령제"인 13개의 공화국, 그리고 특수 형태인 독일과 스위스로 분류한다. 그는 자신의 주장을 뒷받침하기 위해 사실상 의회제로 분류할 수 있는 국가들(핀란드, 그리스, 헝가리, 이탈리아, 체코, 슬로바키아, 불가리아, 아일랜드)을 준대통령제로 분류한다. 최태욱(2014, 292)도 OECD 34개 회원국 중 4개의 대통령제 국가를 제외한 나머지 국가들을 15개의 "의원내각제" 국가와 15개의 "분권형 대통령제" 국가로 분류하며, 황태연과 유사한 접근법을 보여준다.

기존 제7공화국 구상의 의의와 한계

민주·진보 진영의 제7공화국 구상은 기존의 권력구조 개편 논의와는 본질적으로 다른 차원의 접근법을 보여주었다. 이는 단순한 제도개선이나 권력 재배분을 넘어서는, 그리고 형식적 민주주의를 넘어서는 민주주의의 실질적 심화를 목표로 하는 포괄적 개혁안으로서의 성격을 지녔다. 또한 정치적 민주주의와 경제적 민주주의의 결합을 강조했다는 점에서 주목할 만한 지점이 있다.

2007년 7월 민주노동당의 대통령 후보 경선에 나선 노회찬은 '제7공화국 11테제'를 발표했다. 이 테제는 반신자유주의, 4대 기본권, 통일, 평화, 차별철폐, 사회화, 노동, 농업, 성평등, 녹색국가, 국민주권을 아울렀다. 그러나 통치형태에 관한 언급은 없었다. 후보 경선에서 탈락한 노회찬은 제7공화국 비전을 국민에게 제시할 기회를 얻지 못했다. 하지만 훗날 정의당 헌법개정특별위원회 위원장을 맡은 노회찬은 2018년 1월 정의당 개헌안을 발표하면서 과거 자신의 제7공화국 구상에 담았던 주요 과제를 다시 꺼내 들었다. 개헌안의 골자는 기본권 확대와 지방분권이었는데, 대통령 후보 자격의 나이 조항 폐지도 포함되었다.[60] 통치형태 관련 조항은 이번에도 개헌안에 담기지 않았

---

[60] 정의당이 내놓은 첫 '개헌안' 뜯어봤더니…40세 안돼도 대선출마 허용, 뉴스핌, 2018.01.29.

다. 노회찬은 "국민의 기본권 및 지방분권의 확대 등 사회의 실제 변화가 우선"이기 때문에 통치형태와 관련된 제안을 담지 않았다는 설명을 덧붙였다.[61]

2007년 대통령 선거에서 금민 후보를 출마시킨 한국사회당은 "사회적 공화주의에 입각한 제7공화국의 건설"을 정치적 목표로 밝혔다.[62] 금민의 사회적 공화주의론은 제7공화국 구상을 이론적으로 뒷받침하려는 시도에서 나왔다. 그의 저서 『사회적 공화주의』는 IMF 위기 이후 신자유주의로 인해 해체된 국민 공통성을 새롭게 수립할 필요성을 제기했다금민 2007. 사회적 공화주의는 국민의 공통성이 사회경제적 측면에서도 보장되어야 하며, 국가가 이에 대해 적극적인 형성 의무를 져야 한다고 주장했다. 특히 금민은 보편적 기본소득과 같은 구체적 정책을 통해 시민의 실질적 자유를 보장할 필요성을 강조했다. 그는 사회적 공화주의가 단순한 복지국가를 넘어, 참정권과 사회권의 통일적 보장, 포괄적이고 보편적인 복지를 통한 실질적 국민주권의 실현을 지향해야 한다고 주장했다.

한편, 2023년 12월 28일 조국 전 법무부 장관도 자신의 북콘서트에서 제7공화국을 처음 언급했다. 당시 조 전 장관은 개헌의 핵심을 세

---

61) [보도자료] 노회찬 원내대표, 〈국민을 위한 헌법개정안〉 정의당 개헌 시안 발표 기자회견, 정의당, 2018.01.28.
62) 사회당 새 대표에 금민 씨, 미디어오늘, 2006.10.30.

가지로 제안했다. '5·18 광주 민주화운동'을 근간으로 한 헌법 정신의 재정비, 지방분권 공화국, 그리고 대통령 4년 중임 대통령제였다. 그는 2024년 총선에서 민주·진보 진영이 200석 이상을 얻어 개헌 저지선을 돌파한다면, 이를 통해 윤석열 대통령의 임기 단축을 끌어낼 수 있다고 주장했다.[63] 이후 조국혁신당 대표가 된 그는 '검찰독재 조기종식'과 더불어 주거권·보육권·교육권·건강권이 보장되는 '사회권 선진국'을 위한 제7공화국 건설에 힘을 쏟겠다고 밝혔다.[64]

기존 제7공화국 구상의 가장 큰 한계는 권력구조에 관한 분명한 입장을 제시하지 못했다는 점에 있다. 노회찬은 국회가 국민의 의사를 반영하여 통치형태를 결정해야 한다는 다소 원론적인 견해만을 밝혔고, 금민의 사회적 공화주의론도 구체적인 통치형태에 대해서는 뚜렷한 방향을 제시하지 않았다. 조국혁신당 역시 권력기관 개혁을 강조하면서도 4년 중임 대통령제에 관한 일반적 언급 외에 차별성 있는 개혁안을 내놓지 못했다.

제7공화국에 관한 기존 논의에서 다양한 개혁 과제들이 등장하긴 했으나 이것이 현행 대통령제와 조화를 이룰 수 있는 것인지, 아니면 다른 통치형태로의 전환이 요구되는 것인지에 대한 논의도 거의 없었다. 새로운 공화국으로의 구체적 이행 전략을 어떻게 마련할 것인지,

---

63) 조국, 5·18을 헌법정신에 담는 7공화국을 말하다, 피렌체의 식탁, 2024.01.16.
64) '사회권' 들고나온 조국 "제7공화국 건설…개헌 필요시 나설 것", 한겨레, 2024.04.04.

이때 광범위한 사회적 합의를 형성하기 위해 어떤 방안을 모색할 것인지 등에 관한 논의도 제대로 이루어지지 않았다. 사실 통치형태 개혁에 관한 명확한 입장의 부재가 이 모든 논의의 진전을 가로막은 것이니 다름없다.

이러한 한계에도 불구하고 제7공화국 논의의 발화 자체는 한국 민주주의의 현실을 좀 더 냉철하게 진단하고 질적 도약을 모색하는 시도였다는 점에서 일정한 의의를 지닌다. 앞으로의 제7공화국 수립 논의에서는 새로운 민주주의 정치체제에서 요구되는 여러 개혁 과제의 단순한 나열을 넘어, 이러한 과제의 구현을 뒷받침할 수 있는 최적의 통치형태에 관한 심도 있는 검토가 필수적이다.

- 6장 -
한국 '선거-정당체제'의 문제점과 개혁의 필요성

비례대표제의 첫 번째 효과는 양당제로 이끄는 어떠한 경향도 끝내버리는 것이다. 이런 측면에서 비례대표제는 강력한 제동장치라고 할 수 있다. 비슷한 성향의 정당들이 나뉘어 있더라도 별다른 손해를 보지 않으므로 이들이 하나로 통합할 동기가 없다. Duverger 1954, 248

한국의 정치체제는 대통령 선거와 국회의원 선거 모두 다수대표제에 기초하고 있으며, 이는 필연적으로 양당제를 촉진해 왔다. 이러한 양당제는 단순히 두 개의 거대정당이 정치 무대를 장악하고 있다는 사실을 넘어, 정치적 다양성을 축소하고 민주주의의 질적 수준을 떨어뜨리는 심각한 문제를 초래했다. 특히 양당제는 승자독식의 정치를 고착시키고 정책 경쟁을 실종시켰으며, 지역주의를 재생산하면서 정치발전을 저해해 왔다. 더욱이 2020년과 2024년 총선에서는 양당이 자신들의 기득권을 유지하기 위해 위성정당이라는 극단적 편법을 동원했고, 그 결과 정당 민주주의와 선거 민주주의가 심각하게 훼손되었다.

한국 정치에서 나타난 다수대표제와 양당제 사이의 밀접한 관련은 선거제도와 정당체제를 하나로 묶어 '선거-정당체제'로 호명하는 것의 적실성을 더해준다. 이는 선거제도와 정당체제 사이의 제도적 친화성, 즉 다수대표제와 양당제 또는 비례대표제와 다당제 사이의 밀접한 연관성을 함축한다. 이러한 선거-정당체제는 통치형태 개편 논의와도 밀접한 관련을 갖는다. 의회제로의 전환을 추진한다고 할 때 현행 다수대표제-양당제 체제를 개혁하지 못한다면 그 의의가 크게 훼손될 수 있기 때문이다. 본 장에서는 먼저 다수대표제에 기초한 한국 양당제의 형성과 고착화 과정을 살펴보고, 위성정당 사태로 표출된 그 폐해를 살펴본다. 이어서 비례대표제 중심의 선거제도와 정당 민주주의 실현을 통해 다원적 합의 민주주의로 나아가는 개혁의 방향을 모색한다.

'다수대표제'가 붙들어 맨 '양당제'

한국은 전형적인 '다수결 민주주의$_{majoritarian\ democracy}$' 체제를 갖고 있다. 단순다수대표제인 대통령 선거에서 승리한 단일정당이 내각을 구성하고, 행정부가 상대적인 우위에 있으며, 양당제를 기반으로 하고 있고, 소선거구에 기초한 단순다수대표제의 국회의원 선거제도를 갖고 있으며, 각자도생의 다원적 이익집단에 기초한 사회이기 때문이다$_{박명호\ ·\ 양병하\ 2016,\ 183-184;\ 최태욱\ 2014,\ 67-72}$. 한국의 양당제는 단순히 정치적 선택의 결과가 아닌, 이러한 다수결 민주주의 체제와 불가분의 관계에 있다. 특히 선거제도가 미치는 영향이 결정적이다.

뒤베르제의 법칙$_{Duverger's\ law}$은 선거제도와 정당체제 사이의 밀접한 관계를 정식화한 것이다. 20세기 정치학 발전에 큰 영향을 미친 프랑스의 정치학자이자 법학자, 사회학자인 모리스 뒤베르제$_{Maurice\ Duverger}$가 제안한 이 법칙은 "단순다수 단일투표제는 양당제를 촉진한다"라는 간명한 문장으로 요약된다$_{Duverger\ 1954,\ 217}$. 단순다수대표제와 양당제 사이에 거의 완벽한 상관관계가 있다는 것을 관찰하고 그가 내린 결론이다. 이보다 앞서 미국 정당정치 연구의 선구자인 정치학자 샤츠슈나이더$_{E.\ E.\ Schattschneider}$는 "미국의 양당제는 미국의 선거제도, 다시 말해 미국식 대표제의 직접적 산물"이라고 밝힌 바 있다$_{Schattschneider\ 1942/2017,\ 69}$.

〈표 6-1〉 한국 국회의원 선출 방식의 변천

대수	선거 연도	의원정수		선출 방식
		전체	세부	
1	1948	200	지역구 200	소선거구세
2	1950	210	지역구 210	소선거구제
3	1954	203	지역구 203	소선거구제
4	1958	233	지역구 233	소선거구제
5	1960	233(민의원)	지역구 233	소선거구제
		58(참의원)	지역구 58	대선거구제(10개 선거구)
6	1963	175	지역구 131	소선거구제
			전국구 44	1당우선 비례대표제
7	1967	175	지역구 131	소선거구제
			전국구 44	비례대표제
8	1971	204	지역구 153	소선거구제
			전국구 51	비례대표제
9	1973	219	지역구 146	중선거구제(77개 선거구)
			유신정우회 73	통일주체국민회의
10	1978	231	지역구 154	중선거구제(77개 선거구)
			유신정우회 77	통일주체국민회의
11	1981	276	지역구 184	중선거구제(92개 선거구)
			전국구 92	1당우선 의석비례제
12	1985	276	지역구 184	중선거구제(92개 선거구)
			전국구 92	1당우선 의석비례제
13	1988	299	지역구 224	소선거구제
			전국구 75	1당우선 의석비례제
14	1992	299	지역구 237	소선거구제
			전국구 62	의석비례제

대수	선거 연도	의원정수		선출 방식
		전체	세부	
15	1996	299	지역구 253	소선거구제
			전국구 46	비례대표제
16	2000	273	지역구 227	소선거구제
			비례대표 46	비례대표제
17	2004	299	지역구 243	소선거구제
			비례대표 56	병립형 비례대표제
18	2008	299	지역구 245	소선거구제
			비례대표 54	병립형 비례대표제
19	2012	300	지역구 246	소선거구제
			비례대표 54	병립형 비례대표제
20	2016	300	지역구 253	소선거구제
			비례대표 47	병립형 비례대표제
21	2020	300	지역구 253	소선거구제
			비례대표 47	위성정당 허용 준연동형 비례대표제
22	2024	300	지역구 254	소선거구제
			비례대표 46	위성정당 허용 준연동형 비례대표제

출처: 최광은2024, 105-106

이 법칙은 양당제가 틀어 앉은 한국의 상황과도 딱 들어맞는다. 〈표 6-1〉이 보여주듯이 한국은 제1대부터 제8대, 제13대부터 제22대 국회의원 선거에 이르기까지 소선거구 단순다수대표제를 시행해 왔다. 제9대부터 제12대까지의 국회의원 선거에서는 중선거구 단순다수대표제로 국회의원을 선출했다. 한 선거구에서 단 2명의 당선자를 뽑았던 이 중선거구제 또한 양당제와 매우 친화적이었다. 두 주요 정당 후보가 대부분 나란히 당선되는 제도였기 때문이다.

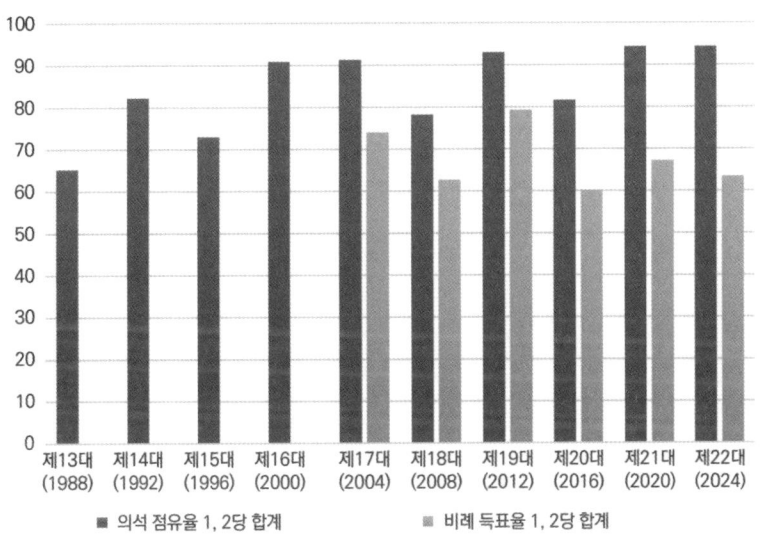

출처: 신진욱2024, 165, 단위 %

〈그림 6-1〉 총선 제1당과 제2당의 의석 점유율과 비례 득표율 합계

1987년의 민주화도 양당제에 변화를 일으키지 못했다. 두 거대정당은 여전히 전체 국회의원 의석수의 절대다수를 차지하며 국회를 지배했다. 제3정당의 성장은 구조적으로 가로막혔다. 〈그림 6-1〉은 제6공화국 시기에 치러진 총선에서 제1당과 제2당의 의석 점유율 합계를 보

여준다. 양당의 의석 독점 현상이 얼마나 견고한지 잘 드러난다. 1988년 제13대 총선에서 65.2%였던 제1당과 제2당의 의석 점유율 합계는 그 이후 계속 늘어나 제16대, 제17대, 제19대 총선에서는 90%를 넘었다. 위성정당이 등장한 제21대, 제22대 총선에서는 모두 94.3%로 최고점을 찍었다.

한편, 소선거구 단순다수대표제는 기본적으로 소수정당을 적나라하게 차별하는 제도이지만, 제2당도 일정하게 차별한다. 반대로 말하면, 이 제도는 제1당에 과도한 대표성을 부여하고, 지역구 득표율이 높을수록 그만큼 더 대표성을 과도하게 부여하는 특징이 있다.~Schattschneider 1942/2017, 74-75.~ 한국의 거대 양당을 살펴보면, 지역구 평균 득표율에서는 큰 차이가 없지만, 의석수 차이는 상당히 크다는 것을 알 수 있다. 〈표 6-2〉를 보면, 제21대 총선에서 더불어민주당과 미래통합당은 지역구 선거에서 각각 평균 49.91%, 41.46%를 득표했으나, 의석수는 각각 163석, 84석으로 큰 차이가 났다. 제22대 총선에서는 5% 남짓한 지역구 평균 득표율 차이가 무려 71석의 차이를 불러왔다.

〈표 6-2〉 최근 총선 결과에 나타난 의석비율/득표율

정당명	지역구		비례대표		합계		의석비율/득표율	
	득표율(%)	의석	득표율(%)	의석	의석계	의석비율(%)	지역구 대비	비례 대비
(a) 2020년 제21대 총선								
더불어민주당/더불어시민당	49.91	163	33.36	17	180	60.00	1.20	1.80
미래통합당/미래한국당	41.46	84	33.84	19	103	34.33	0.83	1.01
(b) 2024년 제22대 총선								
더불어민주당/더불어민주연합	50.36	161	26.70	14	175	58.33	1.16	2.18
국민의힘/국민의미래	45.17	90	36.67	18	108	36.00	0.80	0.98

 1987년의 민주화가 한국 정치의 커다란 전환점이었으나 정당체제 차원에서는 변화보다는 연속성이 훨씬 두드러지게 나타났다. 제5공화국 시절의 집권당 민주정의당과 대표 야당 신한민주당 계열의 정치세력은 제6공화국에서 크고 작은 변화를 겪기는 했지만, 본질적으로는 이들 핵심 세력이 한국의 정당정치를 계속 지배했다고 볼 수 있다.[장훈 2003, 32.] 제3정당이 간헐적으로 등장하기도 했으나 일시적으로 두각을 나타내었을 뿐 이내 사라졌고, 정당체제 변화의 주요 동력이 되지 못했다.

양당제의 고착화와 그 폐해

한국의 정당체제가 양당제라는 사실은 두 거대정당의 압도적 의석 점유율뿐만 아니라 의회 운영 과정에서도 두드러지게 나타난다. 특히 의회 운영의 기본 원리가 된 교섭단체 제도는 양당이 의제설정과 의사결정을 좌우하는 제도적 바탕이 되고, 교섭단체 요건을 갖추지 못한 정당을 철저하게 배제하는 구조를 형성한다.박경미 2007; 2010.[65] 국회 상임위원회 배정이나 각종 의사진행 과정에서 비교섭단체는 실질적인 참여가 제한되는데, 이는 양당의 독점적 지위를 더욱 공고히 하는 요인이 된다.

정당 운영의 재정 기반인 국고보조금의 배분 방식 또한 국회 교섭단체에 일방적으로 유리하게 되어 있다. 전체 국고보조금의 50%를 교섭단체 정당이 우선 균등하게 나눠 갖고, 나머지 보조금은 국회 의석수와 정당 득표율 등에 따라 나누기 때문이다. 이러한 국고보조금 배분 방식은 비교섭단체인 신생정당이나 소수정당을 구조적으로 차별하는 수단이다.조소영 2015.

〈그림 6-2〉는 지난 2001년부터 2020년까지 거대 양당이 국고보조금을 얼마나 독점적으로 사용해 왔는가를 잘 보여준다. 이 기간에 지급된 매년 국고보조금 총액에서 양당이 가져간 비율은 평균적으로 80.5%

---

[65] 국회 교섭단체 구성의 하한선은 제6대부터 제8대까지의 국회에서만 10명이었고, 나머지 국회에서는 모두 20명이었다.

였다. 2015년 94.6%가 가장 높은 수치였고, 2017년 58.8%가 가장 낮았다.최광은 2024, 108. 2017년부터 2019년까지 양당이 차지한 국고보조금 비율이 상대적으로 낮았던 이유는 국민의당, 바른미래당과 같은 제3정당의 존재 때문이었다. 이러한 재정적 독점은 선거운동과 정당 활동의 불평등으로 이어져, 새로운 정치세력의 성장을 원천적으로 봉쇄하는 결과를 낳고 있다.

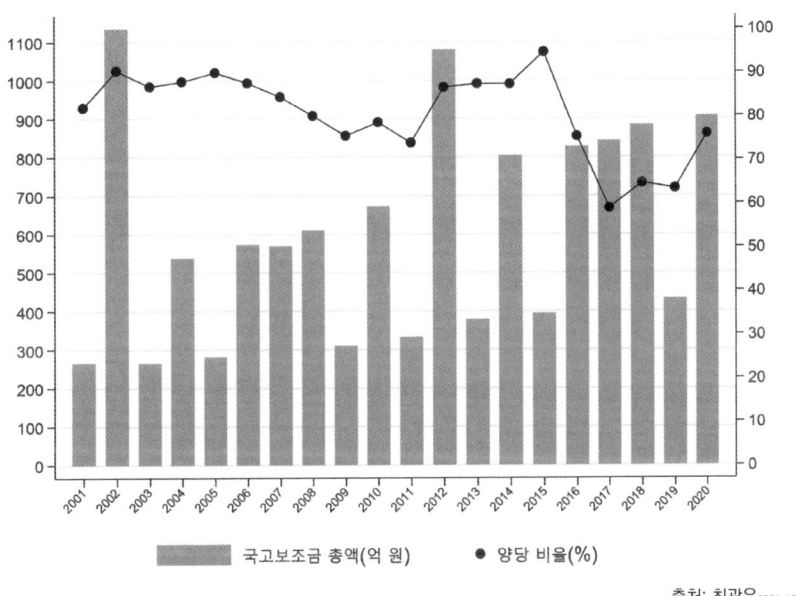

〈그림 6-2〉 국고보조금 총액 규모와 양당 차지 비율

결국 두 거대정당에 유리하게 형성된 선거제도와 기타 정치관계법

이 민주화 이후에도 크게 바뀌지 않았기 때문에 양당제가 지속될 수 있었다. 기득권을 지닌 양대 정당은 또한 자신에게 유리한 법과 제도를 유지하고 강화하는 것에 이해관계가 일치했다. 한국에서 양당제가 형성되고 강화되어 온 과정과 양당이 기득권을 유지해 온 핵심 기제는 다음과 같이 요약할 수 있다.

> 박정희 정부가 헌법개정 과정에서 도입한 정당국가화의 토대 위에 강력한 규제 중심의 정당법과 국회의원선거법으로 양당체계의 기틀이 마련되었으며, 전두환 정부의 국고보조금 제도가 더해지면서 기성 정당 중심의 안정적 정당 운영이 가능해진 것이다. 제1공화국 시기 군소정당의 난립 속에 효율적 국회 운영을 위해 도입된 교섭단체제도도 양대 정당의 권한을 강화하는 방향으로 변화해 왔다. 87년 민주화는 과거 집권여당이 독점해 왔던 특혜를 야당과 공유하는 계기가 되었는데, 특히 3당 합당으로 양당제로의 정계개편이 이뤄진 이후 영호남에 지역적 기반을 둔 두 거대정당은 국회 교섭단체의 지위를 이용해 의회 운영의 실권을 장악함으로써 각종 정치개혁 과정에서도 신생정당 및 군소정당의 도전을 막아내며 기득권을 유지할 수 있었다. 허유정·윤광일 2021, 65

이러한 양당제는 승자독식의 정치, 즉 '독점의 정치'가 뿌리내리도록 했다. 독점의 정치는 '다수결 민주주의'의 최악의 형태라고 할 수 있다.박명호·양병하 2016, 182. 다수결 원리는 민주주의의 한 의사결정 방식이지만, 이것이 극단화되면 승자가 모든 것을 독점하고 패자를 완전히 배제하는 형태로 변질될 수 있다. 선거에서 승리한 정당이 모든 정치적 자원을 장악하고 의사결정 과정을 지배하는 구조가 일상화되면, 정치적 경쟁은 단순한 경쟁에 머물지 않고 상대에 대한 냉혹한 정치보복으로 쉽게 발전하기도 한다.

이러한 독점의 정치는 정책 경쟁의 실종으로 이어진다. 정당들은 정책과 비전을 중심으로 한 경쟁보다는 상대방에 대한 비난과 공격에 치중하게 된다. 승자독식 구조에서는 정책의 타당성이나 실현가능성보다 상대방의 실수나 약점을 부각시키는 것이 더 효과적인 정치전략이 되기 때문이다. 이는 결과적으로 정치 불신을 심화시키고 민주주의의 질적 저하를 초래한다.

지역주의의 재생산도 양당제의 심각한 폐해 중 하나다. 영호남을 중심으로 한 지역적 기반은 양당의 안정적인 권력 기반이 되고, 이는 다시 지역주의를 강화하는 순환구조를 만든다. 특정 지역에서는 소선거구 단순다수대표제 탓에 사실상 일당 지배체제가 형성되어, 정치적 경쟁이 실종되고 정치적 책임성도 크게 약화된다. 이 과정에서 다양한 사회계층과 집단의 이해관계는 제대로 대변되지 못한다. 계급, 세대, 젠더 등 다양한 사회적 균열이 정치적으로 표출될 수 있는 통로가 차단되는 것이다.

이처럼 한국의 양당제는 단순한 정당체제의 문제를 넘어 민주주의의 질적 저하를 초래하는 구조적 문제다. 이는 다수결 민주주의의 극단적 형태로서 승자독식과 독점의 정치를 제도화함으로써, 민주주의의 핵심 가치인 다원성과 포용성을 심각하게 훼손하고 있다. 따라서 양당제 개혁은 단순한 정당체제의 변화가 아닌, 한국 민주주의의 질적 도약을 위한 핵심 과제로 인식되어야 한다. 다수결 민주주의의 한계를 극복하고 합의 민주주의로 나아가기 위해서는 양당제 타파가 필수적이다.

'위성정당'의 등장과 민주주의의 형해화

한국의 양당제가 초래한 민주주의의 질적 저하는 2020년 제21대 총선과 2024년 제22대 총선에서 등장한 '위성정당' 현상을 통해 극단적으로 표출되었다.[66] 위성정당의 등장은 단순한 일탈이 아닌, 한국 정치체제의 근본적 결함을 적나라하게 드러낸 사건이었다. 특히 위성정당은 헌법과 정당법이 규정하는 정당의 기본 요건인 목적의 자발성, 조직의 민주성, 활동의 지속성을 전혀 갖추지 못했다. 이는 정당이라는 허울을 쓴 선거용 도구에 불과했으며, 양당제의 폐해가 얼마나 심각한 수준에 이르렀는지를 상징적으로 보여주었다.

위성정당의 등장은 정치개혁의 핵심으로 도입된 준연동형 비례대표제를 완전히 무력화시켰다. 양당은 각각 위성정당을 만들어 비례대표 의

---
66) '위성정당'에 대한 자세한 논의는 최광은(2024)을 참조할 수 있다.

석을 추가로 확보하려 했고, 이 과정에서 법치주의와 정당 민주주의의 기본 원칙들이 심각하게 훼손되었다. 특히 준연동형 비례대표제 도입 당시 입법화되었던 비례대표 후보자의 민주적 심사 및 투표 절차, 관련 절차의 투명성 확보 방안 등은 위성정당의 등장과 함께 무력화되었고, 결국에는 이러한 형식적인 절차 규정마저 폐기되고 말았다_{최광은 2024, 78-80}.

위성정당의 폐해는 정당 운영과 선거 과정 전반에 걸쳐 나타났다. 본체本體정당과 위성정당 사이의 의원 꿔주기, 위장 제명, 선거 후 합당 등 각종 편법과 탈법이 반복되었다. 비례대표 후보 공천 과정은 민주적 절차를 완전히 무시한 채 본체정당의 의도대로 이루어졌으며, 선거운동 과정에서도 본체정당과 위성정당이 공공연하게 공동 선거운동을 벌이고 유사 정당명을 사용하는 등 선거의 공정성을 심각하게 훼손했다. 이는 유권자의 정당한 선택권을 침해하는 동시에 정당 민주주의의 기본 원칙을 정면으로 위배하는 것이었다.

국고보조금 배분 문제도 심각했다. 두 차례의 총선에서 위성정당에 지급된 공적 정치자금은 총 359억 원에 달했다. 불과 몇 달간 존속한 위성정당에 이처럼 막대한 국민 세금이 투입되었고, 이는 결국 본체정당으로 귀속되었다. 더욱 문제가 되는 것은 현행 국고보조금 배분 규정상 위성정당을 만들어도 전체 국고보조금 수령액에는 큰 차이가 없다는 점이다. 이는 위성정당 창당에 따른 불이익이 전혀 없음을 의미하며, 앞으로도 위성정당이 반복해서 등장할 수 있는 제도적 허점 가운데 하나가 된다.

위성정당의 등장은 정당 민주주의와 선거 민주주의 모두의 심각한 후퇴를 초래했다. 정당 민주주의 측면에서 보면, 위성정당은 정당의 본질적 요건인 자발적 결사체로서의 성격과 민주적 운영 원칙을 완전히 무시했다. 정당이 갖추어야 할 독자적 목적과 지향은 찾아볼 수 없었고, 민주적 활동을 통한 정치발전이라는 정당의 기본 책무도 방기되었다. 위성정당은 선거 민주주의 또한 치명적으로 훼손했다. 새로운 비례대표제의 도입 취지가 완전히 무력화되었을 뿐만 아니라, 유권자의 정당한 선택권이 심각하게 침해되었다. 특히 위성정당의 비례대표 후보 선출 과정에서 민주적 절차가 형해화되고, 본체정당의 직접적 개입이 이루어지면서 선거 민주주의의 토대가 흔들렸다.

마지막으로, 위성정당의 존재는 한국 정치의 근본적인 개혁 필요성을 다시 한번 확인해 주었다. 위성정당은 단순히 선거제도의 맹점을 악용한 것을 넘어, 민주주의의 기본 원칙들을 정면으로 침해했다. 이는 양당제라는 한국 정치의 구조적 문제가 얼마나 심각한 수준에 이르렀는지를 보여주는 동시에 정당체제의 전면적 개혁 없이는 한국 민주주의의 질적 도약이 불가능함을 명확히 보여주었다.

선거제도 개혁의 과제

선거제도 개혁의 핵심은 정치적 대표성 강화와 비례성 제고에 있다. 비례성 강화를 위해서는 비례대표 의석의 대폭 확대가 필수적이다. OECD 국가들의 경우 압도적 다수가 비례대표제를 채택하고 있다〈표 7-2〉참조. 현행 소선거구 단순다수대표제 중심의 한국 선거제도는 득표율과 의석률 간의 심각한 불일치를 초래하며, 이는 민주주의의 기본 원칙인 '1인 1표의 가치'를 심각하게 훼손하고 있다. 특히 거대 양당은 자신들에게 유리한 현행 제도를 고수하면서, 비례성 강화를 위한 개혁에 저항해 왔다. 이러한 태도는 한국 정치의 발전을 가로막는 주요한 장애물로 작용하고 있으며, 정치 불신을 심화시키는 원인이 되고 있다.

2020년 도입된 준연동형 비례대표제는 이러한 문제를 해결하기 위한 의미 있는 시도였으나, 위성정당의 출현으로 그 취지가 완전히 무력화되었다. 더욱 심각한 것은 위성정당 창당이 단순한 편법을 넘어 정당민주주의와 선거 민주주의를 심각하게 후퇴시켰다는 점이다. 양당은 자신들의 기득권을 유지하기 위해 새로운 선거제도의 안착을 조직적으로 방해했다. 그렇지 않아도 이미 부족한 비례대표 의석을 야금야금 줄였다.

비례대표 의석의 지속적인 감소는 한국 정치의 후퇴를 상징적으로 보여준다. 1인 2표의 병립형 비례대표제가 처음 도입된 2004년 제17대 국회의원 선거에서 비례대표 의석수는 56석이었다. 제18대 국회의원 선거에서는 이것이 54석으로 줄었고, 제20대 국회의원 선거에서는 다시 47석으로 감소했다. 제22대 국회의원 선거를 앞두고 1석이 또 줄어 46석이 된 것이다. 지난 20여 년 동안 비례대표 의석수가 무려 10석이나 감소했다는 사실은 정치개혁의 후퇴를 단적으로 보여준다.

현재 한국의 비례대표 의석 비율은 연동형 비례대표제 또는 병립형 비례대표제를 시행하는 OECD 국가들의 비례대표 의석 비율 가운데 가장 낮다. 뉴질랜드 40%$_{48/120}$, 독일 52.5%$_{331/630}$, 리투아니아 49.6%$_{70/141}$, 멕시코 40%$_{200/500}$, 이탈리아 61.3%$_{245/400}$, 일본 37.8%$_{176/465}$, 헝가리 46.7%$_{93/199}$인데 반해 한국의 비례대표 의석 비율은 15.3%$_{46/300}$에 불과하다〈표 7-2〉 참조. 이는 비교 대상국 중 가장 낮은 일본의 절반에도 못 미치는 수준이다. 이러한 현실은 한국 정치의 대표성 문제를 잘 보여주고 있다.

물론 비례대표 의석의 확대를 위해서는 국민의 신뢰 회복이 선행되어야 한다. 2022년 12월 21일-2023년 1월 15일 한국행정연구원이 한국리서치에 의뢰해 실시한 여론조사에 따르면, 비례대표 후보 공천 과정이 '민주적으로 이루어지지 않는다'라고 생각하는 응답자가 62.8%, '민주적으로 이루어진다'라고 생각하는 응답자는 37.2%에 불과했다박준 2023. 6.. 비례대표 후보 공천 과정의 민주성과 투명성 확보는 의석 확대를 위한 필수 전제조건이다. 이를 위해서는 공천 과정에 대한 제도적 개선과 함께 시민사회의 감시와 참여가 보장되어야 한다. 한 걸음 더 나아가 유권자의 선택권을 폭넓게 보장하기 위해 '폐쇄형 정당명부제closed-list system'가 아닌 '개방형 정당명부제open-list system'[67]도 적극 검토할 필요가 있다.

선거제도 개혁은 단순히 비례대표 의석 확대를 넘어, 정당정치의 근본적 변화를 위한 토대가 된다. 다당제 질서의 구축을 통해 다양한 정치세력이 공정하게 경쟁할 수 있는 환경을 조성하고, 이를 통해 정책 중심의 정치를 실현해야 한다. 정책 경쟁이 활성화되어야 국민의 다양한 요구가 정치과정에 더 잘 반영될 수 있다. 이러한 선거-정당체제의 혁신은 한국 정치의 질적 발전을 위한 필수 과제이며, 민주주의의 심화를 위한 중요한 계기가 될 것이다.

더불어 선거제도 개혁의 논의 과정 자체도 개혁되어야 한다. 현재와 같이 직접적 이해당사자인 국회의원들이 선거제도 개혁을 주도하는 구조에서는 근본적 변화를 기대하기 어렵다. 독립적인 선거제도 개혁 기

---

67) 폐쇄형 정당명부제와 개방형 정당명부제는 '정당명부 비례대표제(party-list PR)'의 두 가지 대표적인 형태다. 폐쇄형 정당명부제에서는 유권자가 정당에만 투표하고, 후보 순위는 정당이 결정한다. 이 방식은 정당의 영향력을 강화하고 유권자의 개별 후보 선택권을 제한한다. 반면, 개방형 정당명부제에서는 유권자가 선호하는 정당뿐만 아니라 해당 정당 내에서 선호하는 후보도 선택하여 투표할 수 있다. 이 방식은 유권자의 선택권을 확대하고 후보자 간 경쟁을 촉진하며, 정당의 영향력을 일정하게 제한한다.

구의 설치를 통해 보다 객관적이고 중립적인 논의가 이루어져야 한다. 이 기구에는 학계 전문가, 시민사회 대표, 일반 시민들의 참여가 보장되어야 하며, 충분한 시간을 두고 공론화 과정을 거쳐야 한다. 이를 통해 도출된 개혁안을 국회가 쉽게 거부할 수 없도록 해야 할 것이다.

정당 민주주의 개혁의 방향

양당제 구조를 혁파할 수 있는 비례대표제 도입을 중심으로 한 선거제도 개혁은 권력구조 개편의 의의를 적극적으로 살리기 위해서도 필수적이다. 예컨대, 현행 소선거구 단순다수대표제가 유지되는 상황에서 의회제로 전환하는 경우, 양당 중 다수당이 입법부와 행정부를 모두 장악하면 책임성과 효율성 면에서는 장점이 있을 수 있으나 권력의 독점 현상이 나타날 우려가 크다. 이는 대통령제의 폐해를 극복하고자 하는 통치형태 개혁의 근본 취지를 살리기 어렵게 만든다. 의회제의 핵심적 장점인 다양한 정치세력 간의 연정을 통한 권력 공유와 합의 민주주의의 실현이 불가능해질 수도 있다.

그러나 이는 "'선先 선거제도 개혁, 후後 권력구조 전환'의 원칙"을 강조하는 것과는 다르다.최태욱 2014, 298. 이 책에서 일관되게 강조하는 양자의 결합은 선거제도 개혁이 먼저이고 권력구조 개혁은 나중에 해야 한다는 말이 아니다. 사실 선거-정당체제 개혁과 통치형태 개편은 각각 독립적인 목표로 추진될 수도 있으며, 어느 것이 선행되어야 하는지를 단정하기는 어렵다. 12.3 내란 사태를 종식하는 과정에서 대통령제의 폐해를 고치는 것이 선거제도 개혁에 앞선 최우선 과제로 떠오르는 것은 자연스러울 수 있다. 그렇다고 권력구조 개편이 선거-정당체제 개혁의 전제라는 말은 아니다. 중장기적 관점에서 정치체제의 발전적 변화를 꾀하기 위해서는 선거-정당체제 개혁과 통치형태 개혁이 톱니바퀴처럼 맞물려야 한다는 점이 핵심이다.

물론 통치형태의 문제를 제외한다고 해도 선거-정당체제 개혁만으로는 충분하지 않다. 정당 민주주의 개혁은 현행 다수대표제는 물론 비례대표제에서도 중요한 과제다. 지역구 후보의 공천 과정에서 나타나는 비민주성을 극복해야 보스 중심의 정당정치를 혁신할 수 있고, 비례대표 후보 선정 과정의 민주성과 투명성을 확보해야 비례대표제에 대한 신뢰가 상승할 수 있다. 특히 의회제로의 전환을 고려할 때 정당 민주주의의 개혁은 더욱 중요한 의미를 지닌다. 의회제에서는 정당이 행정부 구성의 직접적 주체가 되므로, 정당의 민주적 운영과 정책 역량이 국정 운영의 성패를 좌우하는 핵심 요소가 되기 때문이다.

이러한 맥락에서 현재 한국 정당들의 하향식 의사결정 구조와 폐쇄적 운영 방식은 근본적 변화가 필요하다. 기존 양당 체제 아래에서 당

내 민주주의는 형식적 수준에 그치는 경우가 많았으며, 이는 정당 민주주의의 실질적 구현을 저해해 왔다. 공직후보 선출 과정의 투명성 확보, 당원들의 실질적인 의사결정 참여 보장, '상향식 공천제도'[68]의 확립 등이 시급하다. 이는 의회제 도입을 위한 전제조건이자, 동시에 의회제 아래에서 더욱 강화될 수 있는 요소들이기도 하다. 의회제에서는 정당이 내각 구성의 직접적 책임을 지므로 당내 의사결정의 민주성과 투명성이 더욱 중요해지고 이를 위한 제도적 장치들이 자연스럽게 발전할 수 있기 때문이다.

정당의 정책 정당화는 그 자체로 중요한 과제일 뿐 아니라 의회제로의 전환을 고려한다면 더욱 중요한 의미가 있다. 지금까지 한국의 정당들은 선거 승리만을 목표로 한 동원 기구의 성격이 강했고, 정책개발과 연구는 부차적인 것으로 취급되었다. 그러나 의회제에서는 정당이 직접 행정부를 구성하고 정책을 집행해야 하므로 정책 역량의 강화가 필수적이다. 동시에 의회제는 정당의 정책 정당화를 촉진하는 제도적 환경을 제공한다. 연정 구성 과정에서의 정책 협상, 내각의 안정적 운영을 위한 정책 조정 등이 일상화되면서 정당의 정책 역량이 자연스럽게 강화될 수 있기 때문이다.

---

[68] 당원 중심의 공천제도를 말하는 것으로 '국민경선제'와는 다르다. 현재 한국에서 널리 쓰이고 있는 국민경선제는 정당의 대표성과 책임성을 약화시키는 측면이 있고, 특히 직접 참여 보다는 여론조사에 과도하게 의존함으로써 많은 부작용을 낳고 있다.

정치자금의 투명성 제고와 분배 정의도 시급한 과제다. 현행 정치자금법은 거대 양당에 유리한 구조로 되어 있으며, 이는 신생정당이나 소수정당의 성장을 가로막는 장벽이 되고 있다. 정치자금 배분의 형평성을 높이고, 그 사용의 투명성을 강화하는 제도적 개선이 필요하다. 이는 의회제 도입을 위한 중요한 기반이 될 수 있다. 의회제가 성공적으로 작동하기 위해서는 다양한 정당들의 건전한 성장이 전제되어야 하며, 이를 위해서는 정치자금의 공정한 배분과 투명한 운영이 필수적이다.

결국 정당 민주주의의 개혁은 선거-정당체제 개혁 및 의회제로의 전환과 긴밀하게 연계된 한국 민주주의의 질적 발전을 위한 핵심 과제다. 비례대표제 도입을 통해 다원적 정당체제를 구축하고, 정당의 민주적 운영을 통해 정책 경쟁을 활성화하는 것이 종합적으로 추진되어야 한다. 이러한 개혁들은 서로를 강화하는 선순환 구조를 만들어낼 수 있다. 비례대표제는 다당제를 촉진하고, 다당제는 의회제의 효과적 운영을 가능케 하며, 의회제는 다시 정당의 민주화와 정책 역량 강화를 촉진할 수 있다.

3부

제7공화국의 청사진:

합의 민주주의로의 전환

- 7장 -
합의 민주주의 체제의 토대: 의회제와 비례대표제

합의 민주주의 제도 가운데 행정부-정당 차원의 제도는 권력분립 제도만큼 헌법 조항에 직접적으로 의존하지 않는다. 그러나 두 가지 제도적 요소가 결정적인 간접적 중요성을 지니는데, 바로 비례대표제와 의회제 정부 시스템이다. 특히 이 둘이 결합하여 사용되고 비례대표제가 명목상으로만이 아니라 실제로도 합리적인 비례성을 갖출 때, 이들은 합의 민주주의를 향한 강력한 원동력이 된다. Lijphart 2012, 297

제7공화국의 제도적 설계는 다수결 민주주의에서 합의 민주주의로의 전환을 통해 한국 민주주의의 질적 도약을 이룰 수 있는 새로운 체제의 청사진을 제시하는 작업이다. 이는 단순한 헌법개정을 넘어 정치체제 전반의 혁신을 의미한다. 그 첫걸음으로 이 장에서는 제7공화국의 핵심 토대가 될 의회제와 비례대표제의 제도적 특성과 이들의 결합 필요성을 검토한다. 현행 대통령제와 다수대표제의 결합은 승자독식의 정치를 제도화하고 정치적 양극화를 심화시켜 왔다. 이러한 문제의 근본적 해결을 위해서는 의회제와 비례대표제에 기초한 합의 민주주의 체제의 구축이 필요하다. 이 장에서는 먼저 대통령제의 구조적 결함을 분석하고, 이에 대한 대안으로서 의회제의 제도적 특성과 장점을 살펴본다. 이어서 다수대표제의 한계를 검토하고 비례대표제로의 전환 필요성을 논의한다. 또한 OECD 주요 국가들의 사례 분석을 통해 의회제와 비례대표제의 성공적 결합 방안을 모색하고, 이러한 제도적 전환이 어떻게 합의 민주주의의 토대가 될 수 있는지를 제시한다.

대통령제의 구조적 결함

먼저 대통령제가 지니는 근본적인 제도적 문제점들을 살펴보자. 린츠는 대통령제가 의회제보다 안정적인 민주주의에 더 큰 위협이 될 수 있다고 지적하며~Linz 1994, 70~, 그 핵심적인 문제를 '이원적 정통성~dual democratic legitimacy~', '경직성~rigidity~', '승자독식 선거~winner-take-all elections~', '인물 중심 정치~politics of personality~' 네 가지로 보았다~Lijphart 2023; Linz 1990a~.

'이원적 정통성'의 문제는 대통령과 의회가 각각 국민으로부터 직접 선출되어 독자적인 민주적 정당성을 가지는데, 이로 인해 양 기관이 충돌할 경우 누가 진정한 국민의 의사를 대표하는지에 대한 해결하기 어려운 갈등이 발생할 수 있다는 것이다. 이러한 이원적 정통성의 문제는 특히 대통령의 소속 정당이 의회의 소수당인 분점정부 상황에서 더욱 심각한 정치적 교착으로 이어질 수 있다. 행정부와 입법부 사이의 교착상태가 심화하면 대통령은 위험한 선택으로 내몰리기 쉽다. 대통령제에서는 행정부와 입법부의 갈등과 충돌을 제도적으로 해결할 방법이 없기 때문이다.

한국의 12·3 내란 사태는 대통령제의 이러한 위험성을 극명하게 보여준 사례다. 대통령은 자신이 행정수반이자 국가수반이며, 국군통수권자라는 특별한 지위를 가지고 있다는 점을 내세우게 되는데, 이는 결국 대통령 자신의 정통성이 의회보다 우위에 있다고 여기게 만든다. 대통령의 이러한 인식은 정치적 교착상태의 돌파를 위해 최악의 경우 군대까지 동원하는 극단적 시도로 이어질 수 있다. 이는 대통령이 가진 비상대권이 민주주의에 치명적인 위협이 될 수 있음을 보여준다. 대통령제 자체가 이러한 교착상태를 체계적으로 양산할 뿐만 아니라 민주주의의 붕괴를 일으키기도 한다는 사실을 간과해서는 안 된다Stepan and Skach 1994, 129.

'경직성'의 문제는 대통령제의 또 다른 심각한 결함이다. 대통령의 임기가 고정되어 있어 위기 상황이나 국정 수행 능력이 부족한 경우에도 탄핵과 같은 극단적인 상황이 아니면 교체가 불가능하다. 이는 정치적 위기를 해결하는 데 있어 큰 제약이 된다. 더욱이 대통령이 국민적 지지를 상실했거나 정책이 명백히 실패했더라도, 임기가 보장되어 있는 한 정책 기조나 인적 구성의 쇄신을 기대하기는 어렵다. 린츠는 "의회제가 정치과정에 유연성을 부여하는 반면, 대통령제는 그것을 다소 경직되게 만든다고 말하는 것이 아마도 대통령제와 의회제의 기본적인 차이를 요약하는 최고의 방법"이라고 말했다Linz 1990a, 55. 이러한 경직성은 위기 상황에서 정치적 대안을 모색하는 것을 어렵게 만들며, 결과적으로 정치적 갈등을 더욱 심화시킬 수 있다.

'승자독식 선거'의 문제는 대통령제의 세 번째 결함이다. 대통령 선거는 1위 후보자가 모든 것을 차지하는 구조라는 점에서 정치적 양극화를 심화시킨다. 이는 패자에 대한 배제로 이어질 수 있으며, 사회통합을 저해하는 요인이 된다. 더구나 근소한 득표 차이로 승리하더라도 승자가 모든 행정 권력을 독점하게 되는데, 이는 선거 과정에서 극단적 대립과 상호 비방을 부추기는 원인이 된다. 승자독식의 권력구조와 대통령에게 집중된 강력한 권한은 위기 상황에서 오히려 문제 해결을 어렵게 만들 수 있는데, 이는 패자 또는 야당 측의 협조 없이는 위기 극복을 위한 사회적 합의와 정책적 지지를 확보하기 어렵기 때문이다. 패자 측의 정치적 소외감은 승자의 정권 유지 기간 내내 지속되며, 이는 정치적 갈등을 증폭시키고 민주주의의 안정성을 해치는 결과를 초래할 수 있다.

'인물 중심 정치'의 문제는 대통령제의 마지막 핵심적 결함이다. 대통령제는 정책이나 정당보다는 개인의 카리스마나 이미지에 과도하게 의존하는 경향이 있다. 이는 포퓰리즘 전략을 구사하는 지도자의 등장 가능성을 높이고 정책에 기반한 합리적인 정치를 어렵게 만든다. 현대 사회는 이미 매우 복잡하고 전문화되어 있어 한 개인의 역량만으로는 방대한 정책과제를 처리하거나 국정을 효과적으로 운영하기 어렵다. 더구나 오늘날에는 과거처럼 나름 탁월한 정치 지도자로 평가받는 인물이 출현하기를 기대하기 어려울 뿐만 아니라, 설령 그러한 인물이 있다고 해도 개인의 능력과 판단에 지나치게 의존하는 것은 민주주의의 본질에 반한다.

의회제의 특징과 장점

의회제는 앞서 살펴본 대통령제의 문제를 해결할 수 있는 제도적 기제를 갖추고 있다. 의회제의 기본 원리는 '의회 최고의 원칙', '권력 융합의 원칙', '다수 지배의 원칙', '국가수반과 행정수반 분리의 원칙'[69]이라는 네 가지로 요약할 수 있다나필열 2009. 의회 최고의 원칙은 의회가 국민의 유일한 대표기관임을 분명히 하는 것이다. 권력 융합의 원칙은 입법부와 행정부의 제도적 융합을 말한다. 다수 지배의 원칙은 좁은 의미에서 의회 다수파의 뜻이 관철된다는 것이고, 넓은 의미에서는 국민 다수의 뜻을 따른다는 것이다. 국가수반과 행정수반 분리의 원칙은 대통령제와 명백히 구분되는 것으로,[70] 의회제에서는 총리가 행정수반이고, 보통 간선으로 선출되는 대통령 또는 입헌군주가 국가수반의 역할을 한다〈표 7-2〉 참조.

의회제는 행정부와 입법부가 대립하여 교착상태에 빠지거나 비생산적인 상황에 직면하는 일을 막을 수 있는 헌법적 수단을 제공한다. 행

---

69) 나필열(2009)은 이를 '쌍두집행부체제원칙(雙頭執行部體制原則, The Dual Executive Government Principle)'이라고 명명했으나, 이 표현은 준대통령제를 가리키는 '이원(집)정부제'와 혼동될 수 있는 여지가 있고, 국가수반과 행정수반의 구분이라는 핵심 내용을 분명하게 드러내지 못하는 한계가 있다.

70) 대통령제에서는 대통령이 형식적으로 국가수반의 역할도 맡지만, 정파성을 벗어나기 힘든 행정수반의 역할도 겸하기 때문에 국민적 통합의 상징으로 제 역할을 할 수 있는 대통령을 기대하기란 어렵다.

정부는 의회를 해산시킬 수 있는 권한을 갖고 있고, 의회는 총리와 내각에 대한 불신임 투표권을 갖고 있다Stepan and Skach 1994, 129. 의회제에서는 행정수반인 총리가 의회의 다수당 또는 정당 연합의 지지를 받아 선출되며, 의회 다수의 신임을 유지해야만 행정부를 이끌 수 있다. 총리의 의회해산권과 의회의 불신임 투표권은 양측이 서로를 견제할 수 있는 균형추로 작용한다. 이러한 제도적 장치들은 정치적 갈등이 발생했을 때 이를 헌법적 테두리 내에서 해결할 수 있게 해준다.

의회제의 또 다른 중요한 특징은 행정부에 대한 일상적인 견제 장치다. 대표적인 예가 영국의 '총리질문시간Prime Minister's Questions'이다. 이는 매주 수요일 정오에 열리는 하원 의회 세션으로, 야당 대표가 총리에게 6개의 질문을 할 수 있고 다른 의원들도 추가 질문을 할 수 있다. 현재의 정치적 이슈나 정부 정책에 대해 총리가 직접 답변하는 이 제도는 영국 의회 민주주의의 상징적인 전통이며, 1990년부터는 TV로 생중계된다. 캐나다의 '정부질문시간Question Period'도 이와 유사하다. 유럽의 의회제 국가들도 이와 같은 제도를 통해 행정부를 견제하고 의회 심의의 투명성을 확보하고 있다.

물론 의회제에서도 총리의 권한 집중 문제가 발생할 수 있다. 인물 중심의 정치문화가 강력한 경우 총리가 마치 대통령처럼 막강한 정치적 영향력을 발휘할 수 있다. 국정 운영 중심이 대통령에서 의회로 넘어가더라도 이것이 다시 총리로 바뀔 수 있다는 우려가 있다김연식 2022, 53-54. 그럼에도 대통령제에서의 대통령과 의회제에서의 총리는 권력에 대한 견제 및 통제의 측면에서 큰 차이가 있다. 연립정부가 구성되었다면 총리는 연합 정당과의 협력을 고려해야 하며, 단독정부라 하더라도 내각 각료와 소속 정당 및 의원들의 충분한 지지를 확보해야 한다.

또한 의회제에서 총리직에 오르는 과정은 대통령이 되는 과정과 근본적으로 다르다. 의회제와 관련한 많은 연구는 한 정치인이 내각 고위직과 궁극적으로 총리직에 오를 수 있는 정치 경력은 당에 대한 충성심과 능력, 그리고 의정활동 기간이 복합적으로 작용하여 쌓인 결과라고 본다Linz 1994, 41. 총리직에 오르는 길 자체가 오랜 시간 동안 정당의 기율을 내면화하면서 리더십을 증명하는 과정이다. 대통령이 되는 과정과 큰 차이가 있는 이러한 과정은 정당정치의 제도화와 민주주의의 안정성 측면에서 중요한 의미를 지닌다.

이러한 차이점들을 고려할 때, 의회제가 완벽한 제도는 아닐지라도 대통령제보다는 민주주의를 더 안정적으로 운영할 수 있다는 장점이 분명하다.[71] 사회경제적 위기 상황이 대통령제 국가와 의회제 국가 두 나라에 똑같이 닥친다고 가정하면, 대통령제 국가는 의회제 국가보다

---

71) 의회제의 우월성을 주장하는 린츠는 그럼에도 "어떤 의회제든 어떤 대통령제보다 민주적 안정성을 보장할 가능성이 더 높다고 주장한 것이 아니라는 점"을 강조하고, "어떤 의회제든 어떤 대통령제보다 더 나은 정책 결정을 내릴 것이라고 제안한 것도 아니다"라고 덧붙인다(Linz 1990b, 84).

통치 위기를 겪을 가능성이 더욱 높고, 체제 위기로 발전하기 전에 그 위기를 해결하는 것이 더욱 힘들 수 있다_{Stepan and Skach 1994, 130}. 물론 국가 형성과 발전의 초기에는 대통령의 강력한 리더십이 필요하다는 논리가 어느 정도 설득력이 있을 수 있다. 그러나 사회와 경제가 어느 정도 성숙한 단계에 이르면 이러한 통치구조가 오히려 민주주의의 진전을 가로막을 수 있다.

결론적으로, 우리에게 필요한 것은 제도화된 합의와 조정의 리더십, 즉 다양한 의견을 수렴하고 조율할 수 있는 집단 지성의 체계다. 이제는 영웅적 지도자가 아니라 사회 구성원들의 참여와 소통을 이끌어내는 민주적 리더십이 더욱 중요한 시대가 되었다는 점을 인정해야 한다. 현대 사회의 복잡성과 전문성을 고려할 때, 한 개인의 판단과 결정에 의존하는 대통령제보다는 제도화된 협력과 견제의 균형을 갖춘 의회제가 더 적합한 통치형태라고 할 수 있다. 이는 단순히 제도의 선택 문제가 아니라 한국 민주주의의 질적 발전을 위한 사활적인 과제다.

다수대표제에서 비례대표제로의 전환

다수대표제를 채택하고 있는 현대 민주주의 국가들이 당면한 가장 중요한 제도적 과제 중 하나는 선거제도의 개혁이다. 다수대표제는 승자독식의 정치를 제도화하는 핵심 요인으로서, 민주주의의 근본 가치인 대표성을 심각하게 훼손하는 문제를 일으킨다. 이 제도에서는 득표율과 의석 비율 간의 심각한 불일치가 발생하며, 승자독식 구조로 인한 대량의 '사표死票, wasted votes' 발생은 투표 가치의 왜곡을 초래한다. 즉, 사표는 유권자의 선택이 의석으로 전환되는 과정에서 대표성을 왜곡시키는 원인이 된다.

소선거구 다수대표제에서는 당선자를 제외한 모든 후보의 득표가 사표가 되어 가장 많은 사표가 발생하고, 중대선거구 다수대표제에서는 당선자 수만큼의 상위 득표자들이 당선되어 소선거구 다수대표제보다는 사표 비율이 낮다. 다만, 이 제도에서는 낙선자의 표가 사표가 되는 것 외에도 최소 득표 당선자의 득표수를 초과하는 당선자들의 초과 득표분도 사표가 된다. 반면, 정당명부 비례대표제는 의석할당 기준을 넘지 못한 정당에 대한 투표와 단수처리 과정에서 발생하는 사표만 존재하므로 사표 발생이 최소화되는 제도다.

사표 발생 문제는 국회의원 선거뿐 아니라 대통령 선거에서도 뚜렷하게 나타난다. 특히 한국의 대통령 선거에서는 결선투표제가 없어 사표가 최대화되고 대표성의 문제가 심각해진다. 제13대 대통령 선거에서 노태우 후보가 36.64%라는 낮은 득표율로 당선된 것이 대표적인 사례다. 무려 63.36%의 표가 사표였던 셈이다. 지난 제20대 대통령 선거에서 윤석열 후보는 과반 득표를 하지 못했고, 이재명 후보와 불과 0.73% 포인트라는 근소한 차이로 당선되었다. 이처럼 다량의 사표가 발생하는 현행 다수대표제는 당선자의 민주적 정당성을 취약하게 만드는 특징이 있다.

한국의 경우 다수대표제는 지역주의와 결합하여 더욱 심각한 문제를 드러낸다. 다수대표제에 기초한 양당제는 지역주의를 심화시키고, 특정 지역에서 특정 정당이 독점적 지위를 획득하는 현상을 강화한다. 이러한 맥락에서 비례대표제 도입은 선거제도 개혁의 필수 과제다. 비례대표제는 정당이 획득한 득표율에 비례하여 의석을 배분함으로써 유권자의 선호를 정확하게 반영하고 다양한 이해관계의 제도적 대표를 가능케 한다.

비례대표제는 또한 정당의 정치적 책임성을 제고하고 정책 중심의 정당정치를 강화함으로써 정당정치의 혁신을 가능케 한다. 이러한 인식은 보수 진영에서도 어느 정도 공유되고 있다. 예컨대, 2012년 새누리당 몫으로 선출된 보수 성향의 헌법재판소 재판관 안창호는 2017년 대통령 박근혜 탄핵심판 결정문에서 "우리 사회의 다양한 이해관계의 조화로운 해결을 위해서는 정당의 정체성을 확립하고 비례대표 국회의원 후보자의 선정 과정에서 투명성과 공정성을 확보하는 가운데 비례대표제를 확대해야 한다"라는 의견을 밝힌 바 있다.[72]

---

72) 재판관 안창호의 보충의견, 대통령(박근혜)탄핵 헌재결정례, 2016헌나1, 2017.03.10.

현재 OECD 국가들의 제도 현황을 보면, 38개 회원국 중 비례대표제를 시행하는 국가가 27개국으로 가장 많다. 다수대표제는 5개국에 불과하고, 비례대표제와 다수대표제를 병행하는 병립제가 6개국이다. 특히 독일, 스웨덴, 네덜란드 등 안정적 민주주의 국가들은 높은 비례성을 가진 선거제도를 통해 다당제 민주주의를 실현하고 있다.

비례대표제를 통한 다당제의 실현은 여러 정당이 연립정부를 구성하여 권력을 분점하고 협력하는 것을 용이하게 한다. 비례대표제에서는 단일정당이 의석 과반수를 확보하기 어려우므로 연립정부 구성이 일반화된다. 이 과정에서 정당 간 협력과 타협이 필수적이며, 각 정당은 연립정부 참여를 위한 다양한 정책 협약을 체결할 수 있다. 이는 단순한 권력 배분을 넘어 정책에 기초한 실질적인 국정 운영의 토대가 되며, 이러한 과정에서 정당들은 극단적 대립을 지양하고 합의 가능한 대안을 모색하게 된다.

때로는 어떤 정당도 과반수 의석을 차지하지 못하고 연립정부 구성도 실패했을 때 '소수파 내각minority cabinet'이 등장하기도 한다. 이러한 내각은 다수당의 지지 없이 운영되기 때문에 법안 통과나 정책 추진을 위해서는 사안별로 다른 정당들과의 협상과 타협이 필수적이다. 스웨덴, 덴마크, 노르웨이 등 북유럽 국가들에서는 소수파 내각이 비교적 안정적으로 운영되어 온 경험이 있는데, 이는 이들 국가의 발달한 협의 문화와 제도화된 협상 메커니즘 덕분이다.

독일의 연립정부 구성은 특히 주목할 만한 사례를 제공한다. 기독교민주연합/기독교사회연합과 사회민주당의 대연정grand coalition, 자유민주당이나 녹색당과의 연립정부 구성 등 다양한 형태의 연립정부가 성공적으로 운영된 경험이 있다. 특히 건설적 불신임 투표 제도를 통해 정치적 안정성을 유지하는 가운데 정권교체가 가능한 구조가 마련되었다. 스웨덴에서는 소수파 내각과 의회 다수파의 협력이라는 독특한 합의 정치 모델이 발전되었다.

결론적으로, 비례대표제로의 전환은 단순히 선거제도의 변경을 넘어 정치체제 전반의 질적 변화를 가져올 수 있는 핵심 개혁이다. 이는 대표성의 제고, 정당정치의 활성화, 승자독식 정치의 지양 등 다양한 측면에서 긍정적 효과를 발휘할 수 있다. 특히 한국의 맥락에서 비례대표제 도입은 위와 같은 기대 효과 외에도 지역주의 완화와 정책 중심의 정당정치 구현을 위해 더 이상 미룰 수 없는 과제다.

다수결 민주주의에서 합의 민주주의로

민주주의 체제의 유형과 변동을 이해하기 위해서는 우선 세 가지 차원의 구분이 필요하다. 첫째, 거시적 차원에서 권위주의 체제와 민주주의 체제를 구분하는 것이다. 둘째, 민주주의 체제 내에서 다수결 민주주의 모델과 합의 민주주의 모델을 구분하는 것이다. 셋째, 이러한 민주주의 모델을 규정하는 제도적 차원으로 선거제도다수대표제/비례대표제, 정당체제양당제/다당제, 정부구성단독정부/연립정부, 통치형태대통령제/의회제 각각을 구분하는 것이다.

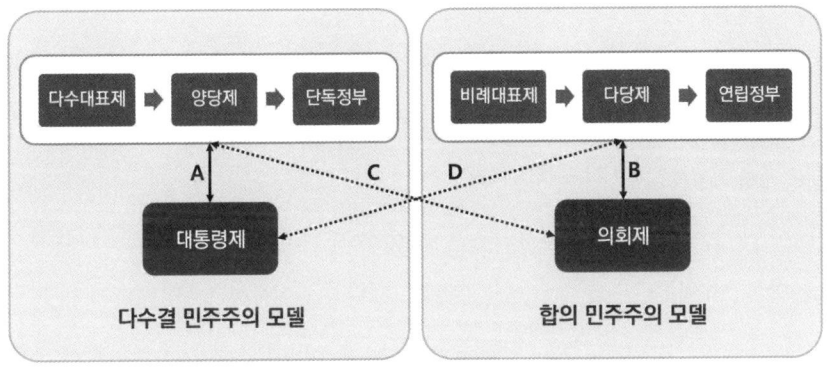

〈그림 7-1〉 다수결 민주주의 모델과 합의 민주주의 모델

〈그림 7-1〉은 다수대표제를 통해 양당제가 형성되고,[73] 이것이 단독정부로 이어지는 흐름이 대통령제와 강한 친화성을 가지는 관계 A를 다수결 민주주의 모델로 도식화한 것이다. 이를 미국식 모델이라고 부를

---

[73] 양당제 또는 다당제와 같은 특정 정당체제 형성에 다수대표제 또는 비례대표제와 같은 특정 선거제도만 인과적 영향을 미친다고 단정하기는 어렵다. 정당체제 형성에는 사회집단의 구성과 분화, 이들 사이의 정치적 균열 수준, 갈등의 조직화 정도 등 복합적인 요인이 작용한다.

수 있다. 다른 하나는 비례대표제를 통해 다당제가 형성되고, 이것이 연립정부로 이어지는 흐름이 의회제와 강한 친화성을 가지는 관계 B를 합의 민주주의 모델로 도식화한 것이다. 이를 유럽식 모델이라고 부를 수 있다. 덧붙여, 관계 C는 다수대표제-양당제-단독정부의 흐름이 의회제와 결합한 영국식 모델을 나타내고, 관계 D는 비례대표제-다당제-연립정부의 흐름이 대통령제와 결합한 남미식 모델을 나타낸다. 물론 이러한 도식 바깥에 존재하는 다양한 혼합형 모델도 존재한다.

〈그림 7-1〉에서 관계 A로 표현되는 다수결 민주주의 모델과 관계 B로 표현되는 합의 민주주의 모델이 두 가지 대표적인 형태라 할 수 있다. 이는 경험적인 사실에 근거한 것이기도 하지만, 각 모델의 구성 요소 사이에는 상당한 논리적 연관 관계가 존재한다. 뒤베르제의 법칙으로 잘 알려져 있듯이, 다수대표제는 양당제와 친화적이고 비례대표제는 다당제와 친화적이다. 양당제에서는 극히 예외적으로 두 거대정당이 대연정을 꾸릴 수도 있지만, 단독정부 구성이 매우 일반적이다. 비례대표제에 기초한 다당제에서는 하나의 거대정당이 의석 과반수를 차지하기가 어려우므로 연립정부 구성이 일반적이다.

민주주의 국가의 '유효 정당 수$_{\text{effective number of parties}}$'[74]를 따져보면, 다

---

74) 실제로 크기가 다른 정당들이 정치체제의 분절화에 미치는 총체적 영향과 동일한 영향을 미칠 수 있는 가상의 동일한 크기를 가진 정당들의 수를 의미한다(Laakso and Taagepera 1979, 4). 이 지표는 단순히 정당의 수를 세는 것이 아니라, 각 정당의 상대적 영향력을 고려하여 정치체제의 분절화 정도를 측정하는 것이다.

수의 안정적인 의회제는 다당제에 기초하고 있으나 대부분의 대통령제는 양당제에 가깝다.Linz 1994, 34. 또한 대통령제는 다당제를 저해할 뿐만 아니라Lijphart 1994, 98, 대통령제와 다당제 사이에는 구조적 긴장이 존재한다. 예를 들어, 1933년부터 1973년까지의 칠레를 제외하면 대통령제와 다당제의 조합이 25년 이상 장기간의 안정적인 민주주의를 가져온 사례를 찾기 어렵다. 이러한 조합에서는 행정부와 입법부 사이의 교착상태를 풀기가 어렵고, 이데올로기적 양극화가 더 쉽게 진행되며, 정당 사이의 연합 형성이 쉽지 않기 때문이다Mainwaring 1993.

합의 민주주의 개념을 발전시킨 것으로 유명한 레이파르트는 "합의 민주주의가 대부분의 측면에서 다수결 민주주의보다 더 민주적"이라고 파악한다Lijphart 2012, 7. 그의 대표작 가운데 하나인 『민주주의의 유형 Patterns of Democracy』은 36개국 비교연구를 바탕으로 다수결 민주주의보다 합의 민주주의가 더 나은 민주주의 성과를 보인다는 것을 실증적으로 보여주었다Lijphart 2012. 그는 의회제와 비례대표제를 지닌 거의 모든 민주주의 국가는 합의 민주주의 편에 자리하고 있고, 다수대표제 또는 대통령제, 혹은 이 둘 모두를 가진 민주주의 국가는 대부분 다수결 민주주의 편에 자리하고 있다면서, 의회제와 비례대표제의 결합이 합의 민주주의로 나아가는 강력한 지렛대임을 강조했다Lijphart 2012, 297.

독일, 스웨덴 등 여러 민주주의 국가들의 사례는 합의 민주주의를 구성하는 제도들의 결합이 권력의 분산과 견제, 정치적 대표성 강화, 협치의 제도화를 가능케 함을 보여준다. 합의 민주주의 모델은 다수결 민주주의 모델보다 거버넌스와 관련된 여러 분야에서도 뚜렷한 성과를 보여준다. 예를 들어, 전 세계 100여 개 국가의 비교연구에 따르면, 합의 민주주의 모델의 핵심인 의회제와 비례대표제는 대통령제와 다수대표제보다 참여와 책임성, 정치적 안정과 비폭력, 정부 효율성, 법의 지배, 부패 통제 등의 거버넌스 분야에서 전반적으로 상당한 우월성을 보여준다. 특히 의회제가 거버넌스에 미치는 긍정적 영향력은 다변수 통계분석에서도 뚜렷하게 나타난다홍재우 2010. 한편, '이코노미스트 인텔리전스 유닛'은 자신들이 매년 발표하는 '민주주의 지수'에서 8점 이상을 받은 국가를 '완전한 민주주의'로 분류하는데, 2024년 기준 25개국이 이에 해당한다EIU 2025. 이 중 20개 국가는 모두 의회제를 채택하고 있고, 우루과이와 코스타리카는 대통령제, 대만, 오스트리아, 포르투갈은 준대통령제를 갖고 있다.

합의 민주주의 모델은 거버넌스 또는 민주주의의 질적 차원을 넘어 사회경제적 차원의 발전과도 밀접한 관계를 맺는다. 덴마크, 네덜란드와 같은 합의 민주주의 국가들은 미국, 영국, 한국과 같은 다수결 민주주의 국가들보다 보편적 복지 정책을 더욱 잘 구현함으로써 효과적인 사회 통합을 달성하고 있다선학태 2012. 또한 의회제를 채택한 민주주의 국가들이 '경제 개발economic development'과 '인간 개발human development' 정책 영역에서 대통령제 국가들보다 현저하게 더 나은 성과를 보여준다 Gerring et al. 2009.

아울러 선거제도, 정부구성, 통치형태와 소득 불평등 사이의 관계를 살펴보면, 합의 민주주의 모델이 다수결 민주주의 모델보다 더욱 적극적인 재분배 정책을 시행하고 있을 뿐만 아니라 소득 불평등의 수준이 실질적으로 더 낮다는 것을 알 수 있다. 〈표 7-1〉은 시장소득 지니계수와 가처분소득 지니계수의 차이를 재분배 크기라고 정의할 때 다수대표제$_{2.6}$보다는 비례대표제$_{9.4}$, 단독정부$_{3.7}$보다는 연립정부$_{8.7}$, 대통령제$_{6.7}$보다는 의회제$_{7.4}$의 재분배 크기가 크다는 것을 보여준다. 세금과 보조금을 통한 재분배 정책 실행 이후의 결과적인 소득 불평등 수준을 나타내는 가처분소득 지니계수도 비례대표제$_{32.0}$가 다수대표제$_{35.9}$보다, 연립정부$_{32.6}$가 단독정부$_{35.0}$보다 낮았고, 의회제$_{31.4}$는 대통령제$_{41.4}$보다 현저하게 낮았다. 특히 합의 민주주의 모델의 토대인 비례대표제는 재분배를 선호하는 집단을 대표하는 정당이 집권에 쉽게 참여할 수 있도록 해 재분배 정책의 실현을 돕는다. 이는 스웨덴과 같은 평등한 사회에서 재분배가 더욱 잘 실현된다는 '로빈 후드 역설 Robin Hood Paradox'[75]을 설명한다 강명세 2013.

---

75) 불평등 수준이 낮은 민주주의 국가들이 더 많은 재분배를 실행하고, 불평등 수준이 높은 민주주의 국가들이 오히려 더 적은 재분배를 실행한다는 사실을 가리키는 표현이다.

<표 7-1> 선거제도, 정부구성, 통치형태와 소득 불평등 수준 1970-2010 [76]

		시장소득 지니계수(a)	가처분소득 지니계수(b)	재분배 크기(a-b)
선거제도	다수대표제	38.5	35.9	2.6
	비례대표제	41.4	32.0	9.4
정부구성	단독정부	38.7	35.0	3.7
	연립정부	41.3	32.6	8.7
통치형태	대통령제	48.1	41.4	6.7
	의회제	38.8	31.4	7.4

출처: 강명세 2013, 78

　대통령제와 다수대표제가 결합한 다수결 민주주의의 제도적 위험성은 12·3 내란 사태를 통해 극명하게 드러났다. 이는 대통령과 의회의 이원적 정통성 문제, 다수대표제로 인한 대표성 왜곡, 양당제 고착화로 인한 극단적 대립 등이 중첩된 체제적 결함의 표출이었다. 이러한 맥락에서 의회제와 비례대표제의 결합은 단순한 제도적 변화를 넘어서는 근본적 대안이 될 수 있다. 두 제도의 결합은 권력의 분산과 견제, 정치적 대표성 강화, 협치의 제도화라는 다층적 효과를 만들어내며, 이는 다수결 민주주의에서 합의 민주주의로의 전환을 위한 핵심 토대가 된다.

　의회제-비례대표제 조합의 시너지 효과는 세 가지 차원에서 구체화

---

76) 시장소득 지니계수와 가처분소득 지니계수는 '룩셈부르크 소득연구 데이터베이스(LIS)'가 제공하는 1970년부터 2010년까지의 40개국 자료에 기초한 것이다(강명세 2013).

될 수 있다. 첫째, 통치형태와 선거제도의 동시 개혁을 통한 민주주의의 질적 도약이다. 의회제는 총리 선출과 내각 불신임권을 통해 권력의 분산과 견제를 제도화하고, 비례대표제는 다양한 정당의 의회 진출을 가능케 하여 권력 독점을 방지하고 투표가치의 평등을 보장한다. 둘째, 협치의 제도화로서, 의회제 아래에서의 연립정부 구성과 비례대표제를 통한 다당제가 결합하여 대화와 타협의 정치문화를 형성한다. 이는 승자독식의 정치문화를 극복하고 합의와 협력의 정치를 정착시키는 핵심 동력이 된다. 셋째, 정당정치의 활성화 효과다. 의회제는 정당 중심의 정치를 강화하고, 비례대표제는 정당의 정책 경쟁을 촉진함으로써 인물 중심에서 정책과 이념 중심 정치로의 전환을 가능케 한다. 특히 비례대표제를 통해 소수정당의 의회 진출 기회가 확대되고 여성, 청년, 소수자 등 기존 정치과정에서 과소 대표되었던 집단의 정치참여가 확대될 수 있다. 이러한 맥락에서 현재의 '대통령제-다수대표제'를 '의회제-비례대표제'로 전환하는 것은 민주주의의 질적 심화를 위한 필수 과제다.

OECD 국가 사례가 보여주는 시사점

현대 민주주의의 발전은 통치형태와 선거제도의 유기적 결합을 통해 이루어진다. 단순히 통치형태만을 바꾸거나 선거제도만을 개혁하는 것으로는 민주주의의 질적 도약을 이루기 어렵다. 특히 한국의 정치 현실에서 의회제와 비례대표제를 결합하는 것은 단순한 제도적 조합의 의미를 넘어 민주주의의 근본적 전환을 가능케 하는 전략적 선택이다. 의회제-비례대표제의 성공적 운영 가능성을 보여주는 해외 사례 또한 풍부하다.

〈표 7-2〉는 OECD 38개국의 통치형태와 선거제도를 보여준다. 우선 통치형태를 살펴보면, 의회제가 26개국으로 가장 많고, 대통령제 7개국, 준대통령제 5개국이 있다. 선거제도는 비례대표제가 27개국으로 압도적이며, 다수대표제가 5개국이고 병립제가 6개국이다. 주목할 만한 점은 의회제 국가 26개국 중 20개국이 비례대표제를 채택하고 있을 뿐만 아니라, 준대통령제 국가들 가운데 실질적인 '의회제형'[77]으로 분류할 수 있는 4개국 중 오스트리아, 포르투갈, 폴란드가 비례대표제를 채택하고 있다는 사실이다. 의회제와 비례대표제 사이의 제도적 친화성은 이처럼 매우 뚜렷하다. 이는 통치형태와 선거제도를 별개의 문제로 보기 어렵다는 점을 시사한다.

---

77) 준대통령제는 대통령제의 성격이 상대적으로 강한 '대통령제형(president-parliamentary system)'과 의회제의 성격이 상대적으로 강한 '의회제형(premier-presidential system)'으로 구분할 수 있다(Shugart and Carey 1992; Shugart 2005). 대통령제형 준대통령제에서는 총리와 내각이 대통령과 의회 다수파 양쪽 모두에 대해 책임을 진다. 즉, 대통령과 의회 모두가 총리와 내각에 대한 해임 권한이 있다. 의회제형 준대통령제에서는 총리와 내각이 전적으로 의회 다수파에 대해서만 책임을 진다. 즉, 총리와 내각에 대한 해임 권한이 의회에만 있다.

〈표 7-2〉 OECD 국가의 통치형태와 선거제도 비교

국가	통치형태	선거제도	비고
그리스	의회세	비례대표제	국가수반 간선
네덜란드	의회제	비례대표제	입헌군주
노르웨이	의회제	비례대표제	입헌군주
뉴질랜드	의회제	비례대표제	입헌군주, 연동형 (다수대표 72/비례대표 48)
덴마크	의회제	비례대표제	입헌군주
독일	의회제	비례대표제	국가수반 간선, 연동형 (다수대표 299/비례대표 331)
라트비아	의회제	비례대표제	국가수반 간선
룩셈부르크	의회제	비례대표제	입헌군주
리투아니아	준대통령제	병립제	의회제형, 다수대표 71/비례대표 70
멕시코	대통령제	병립제	다수대표 300/비례대표 200
미국	대통령제	다수대표제	
벨기에	의회제	비례대표제	입헌군주
스웨덴	의회제	비례대표제	입헌군주
스위스	의회제	비례대표제	연방평의회 집단지도
스페인	의회제	비례대표제	입헌군주
슬로바키아	의회제	비례대표제	국가수반 직선
슬로베니아	의회제	비례대표제	국가수반 직선
아이슬란드	의회제	비례대표제	국가수반 직선
아일랜드	의회제	비례대표제	국가수반 직선, 단기이양식 비례
에스토니아	의회제	비례대표제	국가수반 간선
영국	의회제	다수대표제	입헌군주
오스트리아	준대통령제	비례대표제	형식은 대통령제형, 실질은 의회제형
오스트레일리아	의회제	다수대표제	입헌군주, 선호투표

국가	통치형태	선거제도	비고
이스라엘	의회제	비례대표제	국가수반 간선
이탈리아	의회제	병립제	국가수반 간선, 비례대표 245/다수대표 147
일본	의회제	병립제	입헌군주, 다수대표 289/비례대표 176
체코	의회제	비례대표제	국가수반 직선
칠레	대통령제	비례대표제	
캐나다	의회제	다수대표제	입헌군주
코스타리카	대통령제	비례대표제	
콜롬비아	대통령제	비례대표제	
튀르키예	대통령제	비례대표제	
포르투갈	준대통령제	비례대표제	의회제형
폴란드	준대통령제	비례대표제	의회제형
프랑스	준대통령제	다수대표제	형식은 의회제형, 실질은 대통령제형
핀란드	의회제	비례대표제	국가수반 직선
한국	대통령제	병립제	다수대표 254/비례대표 46
헝가리	의회제	병립제	국가수반 간선, 다수대표 106/비례대표 93

한편, 의회제는 선거제도와의 결합 양상에 따라 권력의 집중과 분산 양태가 달리 나타날 수 있다. 린츠는 "단일한 규율 있는 정당이 모든 의석의 절대다수를 차지하는 의회제 민주주의의 경우, '승자독식'에 가까운 상황을 마주하게 된다"라고 본다.Linz 1990b, 85. 실제로 영국의 소선거구 다수대표제나 일본의 소선거구 다수대표-비례대표 병립제가 의회제와 결합한 경우, 다수당이 행정부와 입법부를 동시에 장악하며 권력을 독

점하는 현상이 나타난다. 그러나 린츠는 이러한 승자독식 현상이 "특히 비례대표제가 있는 경우, 의회제에서 가장 흔한 양상은 아니다"라고 강조한다.Linz 1990b, 85-86. 실제로 유럽 대다수 국가에서 나타나는 의회제-비례대표제의 결합은 어떤 정당도 단독으로 과반 의석을 확보하기 어려운 구조를 만들어 필연적으로 연합정치를 촉진한다. 이러한 맥락에서 때로는 소수정당이 정부 구성을 위한 캐스팅보트 역할을 하며 협치를 주도하는 것도 가능해진다.

독일의 사례는 연동형 비례대표제와 의회제의 성공적 결합을 보여준다. 독일의 연동형 비례대표제는 지역구 대표와 비례대표를 연동시켜 최종적인 의석배분이 정당 득표율을 정확히 반영하도록 한다. 이 제도는 1949년 도입된 이후 독일 정치의 안정성과 대표성을 성공적으로 조화시켜왔다. 특히 5% 진입장벽을 통해 극단적 정당의 난립을 방지하면서도, 녹색당과 같은 새로운 정치세력의 성장을 가능케 했다는 점에서 주목할 만하다. 독일은 또한 건설적 불신임 투표 제도를 통해 정치적 안정성을 확보하고 있다. 이 제도는 현직 총리에 대한 불신임 투표 시 새로운 총리 후보에 대한 신임까지 동시에 이루어지도록 함으로써, 정치적 공백이나 혼란을 방지한다. 이는 바이마르 공화국의 교훈을 반영한 것으로, 총리의 안정적 국정 운영을 보장하면서도 의회의 견제 기능을 살리는 균형점을 찾은 것이다.

완전 비례대표제와 의회제의 결합을 보여주는 사례들은 특히 선거제도의 측면에서 나라마다 약간의 차이를 보여주기도 한다. 스웨덴의 경우 개방형 정당명부제[78]로 유권자의 선택권을 보장하면서, 4% 진입장벽과 '수정 생라그 방식 Modified Sainte-Laguë method'[79]의 의석배분으로 정당 간 균형을 유지한다. 스웨덴 의회는 349석으로, 310석은 29개 권역별 선거구에서 선출되고 39석은 전국 단위 '조정의석 adjustment seats'[80]으로 배분되어 지역 대표성과 비례성을 동시에 확보한다. 덴마크는 스웨덴과 유사하게 권역별 선거구와 조정의석을 결합한 비례대표제를 사용하나, 2%의 낮은 진입장벽으로 소수정당의 의회 진출이 더욱 쉽다. 한편, 네덜란드는 권역별이 아닌 전국 단위의 비례대표제를 시행하는데, 별도의 진입장벽이 없으므로 매우 높은 비례성이 실현되고 다양한 사회적 목소리가 정치에 반영될 수 있다. 다만, 150석 중 1석을 얻기 위한 최소 득표율인 0.67%가 실질적인 진입장벽의 역할을 한다.

뉴질랜드의 선거제도 개혁은 시민사회의 강력한 요구에 의해 이루

---

[78] 스웨덴의 개방형 정당명부제는 엄밀히 말하면 '반개방형(semi-open)' 제도로 볼 수 있다. 유권자는 정당에 투표하면서 개별 후보에 대한 선호투표(preferential vote)도 하는데, 이때 후보자가 해당 정당 전체 득표수의 5% 이상을 얻은 경우가 아니면 정당이 정한 순서대로 의석이 배분되기 때문이다.
[79] 정당의 득표수를 1.4, 3, 5, 7 … 등의 연속된 수로 나누어 몫이 큰 순서대로 의석을 배분하는 방식이다. 일반 생라그 방식에서는 첫 나눗수가 1이지만, 수정 방식에서는 1.4를 사용하여 소규모 정당의 의회 진입을 다소 제한하면서도 전체적인 비례성은 유지한다.
[80] 권역별 선거구에서 발생할 수 있는 비례성의 왜곡을 국가 전체 차원에서 보정하기 위한 장치이다. 정당의 전국 득표율에 비해 권역별 선거구에서 획득한 의석수가 적을 경우, 이 조정의석을 통해 추가로 의석을 배분받아 전체적인 비례성을 확보한다.

어진 제도적 전환의 중요한 사례다. 기존 거대 양당인 국민당과 노동당은 자신의 이해관계와 충돌하는 선거제도 변화에 소극적이었으나 시민사회의 거센 압력을 피할 수 없었고, 결국 국민투표 실시를 수용했다. 1992년 1차 국민투표에서 84.7%의 압도적 지지로 선거제도 개혁 추진이 결정되었고, 1993년 2차 국민투표에서는 연동형 비례대표제가 기존의 단순다수대표제보다 많은 53.9%의 찬성을 얻었다 송진미 2023. 이에 따라 1996년부터 연동형 비례대표제가 시행되고 있다. 총 120석 지역구 72석, 비례대표 48석을 정당 득표율을 기준으로 할당하되, 보정의석은 인정하지 않고 지역구 초과의석만 인정한다.[81] 영연방 국가로서 영국의 제도적 전통을 가진 뉴질랜드는 의회제를 유지하는 가운데 영국과 달리 양당제에서 온건한 다당제로의 전환에 성공했고, 마오리당 같은 소수집단 정당의 의회 진출, 여성 의원 수 증가, 의회 다양성 증진이라는 성과를 거두었다. 한편, 2011년 국민투표에서는 57.8%의 찬성으로 연동형 비례대표제의 유지가 결정되었다 송진미 2023.

이러한 해외 사례들은 한국의 제도개혁에 중요한 시사점을 제공한다. 첫째, OECD 국가들의 다수 사례가 보여주듯이 민주주의의 성공적 운영은 의회제와 비례대표제의 결합을 통해 이루어질 수 있다. 특히 의회제 국가 26개국 중 20개국이 비례대표제를 채택하고 있다는

---

[81] 뉴질랜드는 정당이 비례대표 득표율로 얻을 수 있는 의석보다 더 많은 지역구에서 승리할 때 초과의석을 인정하는 반면, 독일은 2023년 3월 선거법 개정으로 초과의석과 보정의석을 모두 폐지하고 의원정수를 630석으로 고정했다(허석재 2023).

사실은 두 제도 간의 밀접한 연관성을 잘 보여준다. 둘째, 각국의 정치적 맥락과 전통에 따라 다양한 형태의 결합을 사고할 수 있다. 독일의 연동형 비례대표제와 의회제의 결합, 스웨덴의 완전 비례대표제와 의회제의 결합은 각각의 독특한 특성을 보여준다. 한국의 맥락에서는 어떤 결합 형태를 어떤 경로로 추진할 수 있을지 면밀한 검토가 필요하다. 셋째, 뉴질랜드의 사례는 시민사회의 강력한 요구가 오랫동안 유지해 온 선거제도를 전환하는 결정적 동력이라는 점을 보여준다. 기성 정치권의 소극적 태도에도 불구하고, 국민투표를 통해 선거제도 개혁을 이룬 뉴질랜드는 양당제를 다당제로 변화시키는 데 결국 성공했다. 제도개혁은 충분히 이룰 수 있는 목표이고, 그 효과 또한 분명히 예상할 수 있다.

제도개혁과 정치문화의 관계

제7공화국은 단순히 헌법개정을 통한 권력구조의 변화만을 의미하지 않는다. 이는 정치체제 전반의 근본적 쇄신을 포함하며, 헌법개정은 이러한 포괄적 정치체제 변화의 핵심 요소다. 선거제도의 개혁, 정당정치의 혁신, 시민의 정치참여 확대, 기본권 보장의 강화, 그리고 이를 뒷받침하는 사회경제적 제도 변화가 유기적으로 결합되어야 한다. 이러한 총체적 제도개혁을 위해서는 먼저 헌법개정의 구체적 내용과 절차에 대한 사회적 합의가 필요하다. 통치형태의 변경은 헌법개정이 필수적이며, 이는 광범위한 정치적 합의와 국민적 지지를 전제로 한다. 특히 의회제 도입 시 국가수반의 권한과 역할, 총리와 내각의 구성 방식, 의회 해산과 내각 불신임의 요건 등에 대한 명확한 제도적 설계가 선행되어야 한다.

선거제도 개혁을 위한 구체적 로드맵도 마련되어야 한다. 병립형 등의 제도에서 비례대표 의원의 비율을 대폭 확대하는 방안이 첫 번째 방안이 될 수 있다. 이 경우 비례대표 의석을 전체 의석의 50% 수준으로 확대하되, 권역별 비례대표제를 통한 지역 대표성 확보도 고려할 수 있다. 두 번째 방안은 전체 의석 50% 수준의 비례대표 의석을 전제로 한 병립형 등의 제도를 연동형 비례대표제로 전환하는 것이다. 독일식 연동형의 경우 정당 득표율에 따라 전체 의석을 배분한 후 지역구 당선자를 우선 확정하고 잔여 의석을 비례대표로 채우는 방식을 채택하고 있다.

지역구를 폐지하고 완전 비례대표제를 도입하는 세 번째 방안도 있다. 이 경우에도 전국을 여러 권역으로 나누고 권역별로 인구 비례에 따라 비례대표 의석 정수를 배분하는 방식을 채택할 수 있다. 한편, 정당명부 작성과 관련해서는 폐쇄형 정당명부제와 달리 개방형 정당명부제를 도입하여 유권자가 정당과 함께 개별 후보자도 선택할 수 있게 하는 것이 바람직하다. 다만 이 경우 유권자의 혼란을 최소화하기 위한 투표용지 디자인과 선거운동 방식에 대한 세밀한 설계가 필요하다.

정당개혁과 정치문화의 혁신도 병행되어야 한다. 의회제와 비례대표제의 성공적 정착을 위해서는 정책정당으로서의 역량 강화, 당내 민주주의의 실현, 지역주의 극복이 필수적이다. 특히 정당 재정의 투명성 강화, 공천 과정의 민주화, 정책연구 역량의 제고가 시급하다. 아울러 합의 민주주의의 성공적 작동을 위해서는 대화와 타협의 정치문화가 정착되어야 하며, 이는 시민들의 적극적 정치참여와 성숙한 정치의식에 의해 뒷받침되어야 한다.

합의 민주주의의 수립을 위한 의회제-비례대표제로의 전환에 대해 제기되는 반론 중 가장 흔한 것은 한국의 정치문화가 아직 이를 받아들일 만큼 성숙하지 않았다는 주장이다. 그러나 이러한 비판은 정치문화의 형성 경로에 대한 구체적 대안을 제시하지 못한다는 한계가 있다. 이와 관련하여 현대 정치문화 연구의 선구자 역할을 한 정치학자 가브리엘 아몬드Gabriel A. Almond와 시드니 버바Sidney Verba의 연구는 중요한 통찰을 제공한다. 『시민 문화The Civic Culture』에서 이들은 정치구조와 과정을 다른 문화적 요인들과 함께 "복잡하고 여러 방향으로 작용하는 인과관계의 틀" 속에서 다룰 것을 제안한다Almond and Verba 1963, 35. 즉, 이들은 정치문화와 구조가 단선적 인과관계가 아닌 복잡한 상호작용 관계에 있음을 강조했다. 합의 문화가 합의 제도를 만들 수 있지만, 반대로 합의 제도가 대결 문화를 합의 문화로 변화시킬 수도 있다는 것이다.[82]

이러한 이론적 통찰은 실제 사례를 통해서도 입증된다. 오늘날 스위스와 오스트리아 같은 합의 민주주의 국가들은 합의 문화를 가지고 있지만, 역사적으로 항상 그렇지는 않았다. 실제로 이 두 나라는 내전으로까지 이어진 심각한 정치적 갈등과 분열의 시기를 겪었다Lijphart 2012, 301-302. 이는 제도적 변화가 정치문화의 변화를 이끌어낼 수 있다는 것을 보여주는 대표적인 사례다. 따라서 한국의 정치문화가 성숙하지 않았다는 이유로 제도개혁을 미루는 것은 바람직하지 않다. 오히려 의회제와 비례대표제의 도입을 통해 합의와 타협의 정치문화를 적극적으로 배양해 나가자는 관점이 필요하다. 정치문화의 미성숙을 제도개혁의 유예를 위한 구실로 삼는 것은 현재 한국 정치가 직면한 구조적 문제들을 방치하자는 주장과 다를 바 없다.

제7공화국 수립은 단순한 헌법 조항 수정이 아닌 한국 민주주의의 질적 도약을 위한 근본적 패러다임 전환을 의미한다. 의회제-비례대표제로의 제도적 이행은 대결과 배제의 정치를 협력과 포용의 정치로 변화시

---

[82] 합의 제도가 항상 합의 문화를 보장하는 것은 물론 아니다. 예를 들어, 21세기 초 벨기에, 인도, 이스라엘은 이들 국가에 분명히 필수적인 합의 제도를 갖추고 있으나, 이들이 합의 문화를 갖고 있다고 보기는 어렵다(Lijphart 2012, 302).

키고, 승자독식의 권력구조를 합의에 기반한 권력 공유 체제로 전환하는 촉매제가 될 것이다. 앞으로의 과제는 이러한 제도개혁과 정치문화의 혁신을 함께 추진하는 구체적인 계획을 수립하는 것이다. 이러한 종합적 과제가 성공적으로 실현된다면, 한국 민주주의는 다수결 민주주의를 넘어 진정한 의미의 합의 민주주의로 발전할 수 있을 것이다.[83]

---

[83] 선학태(2021)와 최태욱(2014)도 합의 민주주의의 중요성을 강조한다. 그러나 이들은 모두 준대통령제와 독일식 연동형 비례대표제의 조합을 선호한다. 반면, 여기서는 의회제와 비례대표제의 결합을 강조하며, 이때 비례대표제는 연동형이나 완전형 방식 모두에 열려 있다.

7장 합의 민주주의 체제의 토대

- 8장 -

합의 민주주의 체제의 발전:
기본권, 분권, 참여

사회적 기본권이란 사회정의의 실현을 목적으로 하는 사회국가_{복지국가}에서 국민의 인간다운 생활을 보장하기 위해 국민에게 부여된 국가적 급부·배려에 관한 권리라고 할 수 있다. 사회적 기본권은 인간다운 생활의 보장을 이념으로 하고, 국가적 급부와 배려를 내용으로 하며, 헌법상의 보장과 법률에 의한 구체화·형성을 통해 실현된다. 김수갑 2017, 175

12·3 내란 사태 이후 한국 민주주의의 재건은 단순한 절차적 복원을 넘어 실질적 민주주의로의 질적 도약을 요구하고 있다. 지난 40여 년간의 민주화 이후 과정은 형식적 민주주의의 불완전한 제도화와 실질적 민주주의의 심각한 결핍이라는 이중적 한계를 보여주었다. 정치적 민주화와 경제적 민주화의 괴리, 형식적 권리와 실질적 권리의 간극, 중앙집권과 지역자치의 불균형, 대의민주주의의 한계와 시민참여의 부족, 그리고 환경권과 미래세대 권리의 보장 문제는 이러한 한계를 단적으로 보여주는 현상들이다. 제7공화국 수립은 바로 이러한 다층적 과제들을 해결하고 민주주의의 실질적 심화를 이루어내는 역사적 과업이다.

7장에서 논의한 의회제-비례대표제로의 전환이 정치적 차원의 제도개혁이라면, 이 장에서는 실질적 민주주의의 심화를 위한 포괄적인 제도개혁 과제들을 다룬다. 기본권의 확장과 새로운 기본권의 확립은 시민의 실질적 자유와 평등을 보장하는 토대가 된다. 경제민주화와 노동기본권의 보장은 민주주의를 경제 영역으로 확장하는 데 필수적이다. 지역자치의 강화와 균형발전의 실현은 중앙집권적 권력구조를 혁신하고 지역 민주주의를 구현하는 방안이다. 시민참여의 제도화는 대의 민주주의의 한계를 보완하고 참여 민주주의를 강화하는 길이며, 환경권과 미래세대 권리의 보장은 지속가능한 민주주의의 토대를 구축하는 것이다. 이러한 제도개혁의 실현은 제7공화국이 이전의 공화국과 차별화되는 핵심 지점이 될 것이다.

기본권의 실질적 보장

2024년 12월 22~23일 한국일보가 한국리서치에 의뢰해 실시한 여론조사에서 헌법개정 시 최우선 과제로 국민의 기본권 강화가 90%의 지지를 받아 가장 높은 순위를 차지했다. 정치개혁과 선거제도 개혁이 81%, 권력구조 개편 75%로 그 뒤를 이었다. 이러한 결과는 제7공화국 수립 과정에서 기본권의 실질적 보장이 핵심 과제임을 분명히 보여준다. 형식적 권리 선언을 넘어 실질적 보장 방안에 대한 국민적 요구가 매우 높은 것이다. 이는 현행 헌법의 기본권 보장 체계가 현대 사회의 새로운 도전과 요구에 충분히 대응하지 못하고 있다는 평가를 반영한다.

현행 헌법 제10조는 "모든 국민은 인간으로서의 존엄과 가치를 가지며, 행복을 추구할 권리를 가진다"라고 규정하고 있다. 그러나 기본권의 실질적 보장은 이러한 선언적 규정을 넘어 모든 시민이 실제로 향유할 수 있는 구체적 권리로 발전되어야 한다. 자유권적 기본권의 경우, 현행 헌법 제12조부터 제22조에 걸쳐 규정된 신체의 자유, 양심의 자유, 언론·출판·집회·결사의 자유 등이 국가권력에 의해 침해되지 않도록 하는 소극적 보장을 넘어 자본 및 사회권력에 의한 침해로부터의 적극적 보호로 확장되어야 한다. 이는 특히 국가 외부 권력의 영향력이 증대되는 현대 사회에서 매우 중요한 과제가 된다. 또한 디지털 정보 환경에서 플랫폼 기업들의 영향력 증대를 고려할 때, 헌법 제17조의 "사생활의 비밀과 자유"를 개인정보 자기결정권과 프라이버시권으로 구체화할 필요가 있다.

평등권과 관련하여 현행 헌법 제11조는 "모든 국민은 법 앞에 평등하다"라고 규정하고 있으나, 이를 실질적 평등으로 발전시키기 위해서는 포괄적 차별금지법 제정과 같은 노력이 시급하다. 성별, 장애, 연령, 인종, 출신지역, 성적지향 등에 따른 차별을 금지하고, 실효성 있는 피해구제 제도를 마련해야 한다. 특히 헌법 제32조 제4항의 여성 노동의 보호와 제34조 제5항의 장애인 등의 보호 조항을 확대하여, 구조적 차별 해소를 위한 적극적 평등 실현 조치의 헌법적 근거를 강화해야 한다. 사회적 약자와 소수자의 권리 보장을 위한 특별한 보호조치도 함께 규정되어야 하며, 이러한 조치들이 실효성을 가질 수 있도록 구체적인 이행 방안도 함께 제시해야 한다. 또한 차별시정을 위한 독립적 기구의 설치와 권한에 대한 헌법적 근거도 마련할 필요가 있다.

한편, 헌법 제10조와 제11조에서 사용되는 '국민'이라는 표현은 다문화 시대에 한국 사회의 구성원이 된 이주민들의 기본권을 제약하는 요인이 되고 있다. 한국의 이주민 수는 2023년 11월 기준으로 약 246

만 명이며, 이는 전체 인구의 4.8%에 이르는 규모다.[84] 결혼이주민, 이주노동자, 난민 등 다양한 이주민들이 한국 사회의 구성원으로서 살아가고 있지만, 이들의 노동권, 가족생활권, 교육권 등 기본적 권리가 충분히 보장되지 못하고 있다. 따라서 헌법상 기본권의 주체를 '국민'에서 '사람'으로 확대함으로써 이주민의 권리를 포괄적으로 보장할 수 있는 기초를 만들어야 한다.[85] 참정권과 관련해서도 유럽연합 국가들이나 뉴질랜드 등의 사례를 참고하여 이주민의 권리를 점진적으로 확대할 필요가 있다. 한국은 이미 1996년부터 재외동포에게, 2005년부터는 영주권자에게 지방선거 참정권을 부여했는데, 이를 더욱 확대하는 논의를 시작해야 한다.

사회권과 관련하여 현행 헌법은 제31조부터 제36조에 걸쳐 교육을 받을 권리, 노동의 권리, 인간다운 생활을 할 권리, 환경권, 주거권 등을 규정하고 있다. 그러나 이러한 권리들의 실현을 위한 국가의 구체적 의무가 보다 명확히 규정되어야 한다. 특히 헌법 제31조의 교육권은 평생교육권으로, 제32조와 제33조의 노동권은 일과 생활의 균형을 보장하는 방향으로, 제35조의 환경권은 기후위기 대응과 미래세대 권리 보장을 포함하는 방향으로 강화되어야 한다. 또한 정보화 시대에 필수적인

---

84) [보도자료] 국내 거주 외국인주민 수 246만 명, 총인구 대비 4.8%, '역대 최다', 행정안전부, 2024.10.24.
85) 2017년 국회 헌법개정특별위원회 논의에서도 기본권의 주체를 '국민'에서 '사람'으로 확대하자는 공감대가 일정하게 형성되었다(개헌특위, 기본권 주체 '국민'서 '사람'으로 확대하기로, 한겨레, 2017.07.16.).

정보접근권과 네트워크 이용권도 새로운 사회권으로 명문화할 필요가 있다. 이러한 사회권의 실현을 위한 재원 확보의 근거와 방안도 구체적으로 논의해야 한다.

참정권과 관련하여 현행 헌법 제24조는 선거권을, 제25조는 공무담임권을 규정하고 있다. 2019년 공직선거법 개정으로 선거연령은 만 18세로 하향 조정되었으나, 국회의원 피선거권 만 25세, 대통령 피선거권 만 40세 등 공무담임권의 연령제한은 여전히 높은 수준을 유지하고 있다. 참정권을 실질화하기 위해서는 각종 제한 규정을 완화하고, 특히 청년의 정치참여를 가로막는 연령제한을 재검토해야 한다. 또한 헌법 제72조와 제130조에 규정된 국민투표 제도를 확대하고, 국민발안제를 도입하는 등 직접 민주주의 요소를 강화할 필요가 있다. 그리고 헌법 제21조의 표현의 자유를 구체화하고, 시민의 정치적 의사 형성과 표현이 더욱 폭넓게 보장되도록 제도적 장치를 마련해야 한다. 선거 과정에서의 정보 격차 해소와 공정한 정보 제공을 위한 제도적 보완도 필요하다.

마지막으로, 기본권 보장의 실효성 확보를 위해서는 현행 헌법 제37조 제2항의 기본권 제한 법리를 근본적으로 재검토할 필요가 있다. "국가안전보장·질서유지 또는 공공복리"를 이유로 한 기본권 제한이 자의적으로 이루어지지 않도록 제한의 요건과 한계를 더욱 엄격하게 규정해야 한다. 특히 '비례성 원칙과잉금지 원칙'[86]을 헌법에 명문화하여 기본권 제한의 한계를 분명히 하고, '본질적 내용 침해 금지 원칙'[87]의 구체적 기준도 제시할 필요가 있다. 기본권 침해에 대한 구제 수단도 강화되어야 하는데, 현행 헌법상 기본권 구제 제도인 헌법소원의 대상과 요건을 확대하고, 집단소송이나 공익소송 제도를 확대·도입하여 기본권 침해에 대한 실효성 있는 구제가 이루어지도록 해야 한다. 또한 국가인권위원회의 권한과 독립성을 헌법적으로 보장하고 지방자치단체의 주민 기본권 보장 책무도 명시하여, 기본권 보장을 위한 제도적 기반을 전반적으로 강화할 필요가 있다.

새로운 기본권의 확립

디지털 전환 시대를 맞아 새로운 유형의 기본권 보장이 시급한 과제로 대두되고 있다. 현행 헌법은 제17조에서 "사생활의 비밀과 자유"만을 규정하고 있어, 디지털 시대의 새로운 권리들을 포괄하지 못하고 있

---

[86] 기본권을 제한하는 국가의 행위가 목적의 정당성, 수단의 적합성, 피해의 최소성, 법익의 균형성이라는 네 가지 요건을 모두 충족해야 한다는 원칙이다. 독일 연방헌법재판소의 판례를 통해 발전된 이 원칙은 현재 한국 헌법재판소의 판례를 통해 일정하게 확립되어 있으나, 법적 안정성과 기본권 보장 강화를 위해, 그리고 유럽연합 기본권 헌장 등 현대 민주주의 국가들의 헌법개정 추세를 반영하여 헌법에 명문화할 필요성이 제기되고 있다.
[87] 헌법 제37조 제2항 후단에 규정된 원칙으로, 기본권을 제한하는 경우라 해도 "자유와 권리의 본질적인 내용을 침해할 수 없다"라는 헌법적 한계를 두는 것을 의미한다.

다. 이는 단순한 사생활 보호를 넘어 개인정보 자기결정권으로 발전되어야 하며, 자신의 정보에 대한 수집·처리·활용의 전 과정에서 실질적 통제권이 보장되어야 한다. 특히 AI 알고리즘의 의사결정이 개인의 삶에 미치는 영향이 커지면서, '알고리즘 설명요구권'과 같은 새로운 권리의 제도적 보장도 검토해야 한다. 또한 정보 격차로 인한 새로운 형태의 차별과 배제를 방지하기 위해 디지털 포용권을 기본권으로 명시하고, 이를 실현하기 위한 국가의 구체적 의무를 규정할 필요도 있다.

생명공학과 의료기술의 발전은 인간 존엄성의 보장에 새로운 도전을 제기하고 있다. 현행 헌법 제10조는 "모든 국민은 인간으로서의 존엄과 가치를 가지며, 행복을 추구할 권리를 가진다"라고 규정하고 있으나, 생명공학 시대에 필요한 구체적 권리들을 담고 있지는 못하다. 유전정보에 대한 권리, 생체정보 보호권, 첨단의료기술에 대한 접근권 등이 새로운 기본권으로 논의될 필요가 있다. 특히 유전자 편집, 인공생명, 뇌과학 등 생명공학 기술의 발전은 인간의 본질과 생명권에 대한 근본적 질문을 제기하므로, 이에 대응하는 법적 규범이 요구된다. 또한 헌법 제36조 제3항의 "모든 국민은 보건에 관하여 국가의 보호를 받는다"라는 규정을 현대화하여, 보편적 의료 접근권과 생명윤리 보장을 위한 국가의 의무를 구체화할 필요가 있다.

정보 기본권은 현행 헌법에서 찾아보기 어려운 새로운 영역이다. 헌법 제21조의 표현의 자유 조항으로는 디지털 시대의 다양한 정보 관련 권리들을 포괄하기에 부족하다. 정보접근권, 정보 문해력에 대한 권리, 잊혀질 권리 등을 새로운 기본권으로 논의할 필요가 있고, 특히 공공데이터에 대한 시민의 접근권과 활용권을 실질적으로 보장하는 방안을 찾아야 한다. 그리고 빅데이터와 플랫폼 기업의 정보독점이 새로운 형태의 권력 집중으로 이어지지 않도록 정보의 공공성 원칙을 헌법적 차원에서 확립하고, 허위 정보와 정보 조작으로부터 보호받을 권리도 새로운 기본권으로 규정하는 논의가 시작되어야 한다.

과학기술의 발전에 따른 새로운 권리와 자유의 보장도 현행 헌법 체계로는 대응하기 어려운 영역이다. 헌법 제127조가 "과학기술의 혁신과 정보 및 인력의 개발"을 규정하고 있으나, 이는 국가의 과학기술 진흥 의무만을 강조할 뿐 그에 따른 시민의 권리를 규정하지는 않는다. 인공지능, 로봇공학, 가상현실 등의 발전은 기존 기본권 체계로는 포섭하기 어려운 새로운 권리들을 요구한다. 메타버스 등 가상공간에서의 인격권 보호, 로봇과의 상호작용에서 발생하는 권리의무관계, 인공지능 발달의 혜택에 대한 공평한 향유권 등이 새롭게 규정되어야 한다. 또한 과학기술의 잠재적 위험으로부터 보호받을 권리를 명시하고, 시민참여적 기술 거버넌스의 근거도 마련하여, 과학기술 발전의 방향과 속도에 민주적으로 개입할 수 있는 제도적 기반을 구축해야 한다.

경제민주화의 실현

제7공화국은 정치적 민주화와 경제적 민주화 사이의 심각한 괴리를 해소해야 할 시대적 과제를 안고 있다. 최장집은 "민주화 이후 정부들은 경제정책 및 사회정책에서 권위주의 정부보다도 더 신자유주의적이고 시장 근본주의적인 경제 독트린과 정책 노선을 추구해 왔다"라고 지적했다최장집 2010, 263. 그는 이를 "한국적인 신자유주의 정책 레짐"이라고 명명하면서 그 핵심 내용을 "신자유주의적 시장경제체제를 중심으로 하되 구권위주의의 발전 모델로부터 전수된 성장 지상주의 이념 및 가치와 국가-재벌 연합, 노동 배제"로 파악했다최장집 2010, 264. 나아가 그는 "민주화 이후 절차적 수준에서 민주화와 발전이 없었던 것은 아니지만, 그와는 다른 차원이라 할 수 있는 사회경제적 수준에서 민주화는 퇴보했고, 현재에도 계속 퇴보하고 있다"라고 진단했고, 이는 "정치적 민주화와 경제적 민주화, 절차적 민주주의와 실질적 민주주의가 서로 역진적으로 전개되는 경향"을 보여주는 것이라고 분석했다최장집 2010, 265-266. 이러한 상황이 지속되고 있는 지금, 성장 지상주의와 신자유주의 경제 패러다임의 근본적 전환은 여전히 시급한 과제다.

현행 헌법은 경제민주화의 원칙을 담고 있으나, 그 실천적 의미는 여전히 모호한 상태로 남아있다. 제119조 제2항은 "국가는 균형 있는 국민경제의 성장 및 안정과 적정한 소득의 분배를 유지하고, 시장의 지배와 경제력의 남용을 방지하며, 경제주체 간의 조화를 통한 경제의 민주화를 위하여 경제에 관한 규제와 조정을 할 수 있다"라고 명시하고 있다. 그러나 이 조항이 가진 경제민주화의 잠재력은 충분히 실현되지 못했고, 재벌 중심의 경제력 집중과 불평등 심화를 제어하는 데도 한계가 있었다. 특히 신자유주의적 경제정책 기조 아래 이 조항의 실효성은 크게 약화되었으며, 오히려 경제력 집중과 양극화는 더욱 심화되었다. 경제민주화의 헌법적 가치가 실질적인 경제질서의 변화로 이어지지 못한 것은 정치권력과 경제권력의 유착, 그리고 이를 견제할 수 있는 시민사회의 역량 부족에서 비롯된 측면이 크다. 이제는 새로운 시대에 맞는 경제민주화의 원칙과 방향을 분명히 하면서, 이를 실현할 수 있는 구체적인 제도적 수단을 모색하고 마련해야 한다.

경제민주화의 실현을 위해서는 먼저 그 기본 원칙에 대한 사회적 합의와 실천 방안의 구체화가 필요하다. 재벌개혁을 통한 경제력 집중 해소, 기업지배구조의 투명성과 책임성 강화 등은 여전히 한국 경제의 건강한 발전을 위한 주요 과제다. 이는 국가-재벌 연합이라는 오랜 정경유착의 구조를 해체하고 새로운 경제 질서를 확립하는 출발점이 될 것이다. 특히 재벌개혁은 단순한 소유구조의 변화를 넘어, 기업의 지배구조와 의사결정 과정의 민주화, 노동자 경영참여의 확대, 기업의 사회적 책임 강화 등을 포괄하는 종합적인 접근이 필요하다. 금융기관의 공공성 강화와 금융소비자 보호, 서민금융 지원 확대 등을 통한 금융민주화 역시 경제민주화의 중요한 축을 이룬다. 이를 위해서는 금융감독 체계의 개혁, 금융소비자 권리 보호를 위한 제도적 장치 마련, 서민금융 지원체계의 확충 등이 종합적으로 추진되어야 할 것이다.

현행 헌법 제123조 제3항이 규정하고 있는 중소기업 보호 및 육성의 원칙은 경제민주화의 또 다른 중요한 축이다. 대기업과 중소기업 간의 불공정한 거래 관행을 근절하고 협력적 산업생태계를 조성하는 것은 단순히 경제적 효율성 제고의 문제를 넘어 경제민주화의 핵심적 과제가 되어야 한다. 특히 대기업과 중소기업 간의 심각한 임금 격차와 노동조건 격차를 해소하는 것은 노동시장의 이중구조 해소와 사회통합을 위해 시급히 해결해야 할 과제다. 디지털 경제로의 전환 과정에서 새롭게 등장하는 불공정 거래나 경제력 집중 문제도 적극적으로 대응해야 하며, 이를 위한 법·제도적 기반을 시급히 마련해야 한다. 플랫폼 경제의 확산에 따른 새로운 형태의 경제력 집중과 노동권 침해 문제도 주목해야 하며, 이에 대한 적절한 규제와 노동자 보호 방안이 필요하다.

기업의 사회적 책임과 공공성 강화는 경제민주화의 질적 심화를 위한 핵심 과제다. 기업은 단순한 이윤추구의 주체가 아닌 사회적 책임을 지닌 공동체의 일원으로서, 주주 이익 극대화를 넘어 노동자, 소비자, 지역사회 등 다양한 이해관계자의 이익을 균형 있게 고려해야 한다. 이를 위해서는 기업의 의사결정 과정에 다양한 이해관계자들의 참여를 보장하는 제도적 장치가 마련되어야 하며, 기업의 사회적 책임과 환경적 책임을 강화하는 방향으로 기업 관련 법·제도를 개선할 필요가 있다. 특히 기후위기 시대에 기업의 환경적 책임은 더욱 중요해지고 있으며, 이는 단순한 규제의 차원을 넘어 기업의 존재 이유와 직결되는 문제로 인식되어야 한다. 나아가 기업의 지속가능성과 사회적 가치 창출이 새로운 시대 기업 경쟁력의 핵심 요소라는 인식도 확산되어야 한다.

이러한 경제민주화의 기본 원칙들을 실현하기 위해서는 강력한 정치적 의지와 시민사회의 적극적인 참여가 필수적이다. 성장 지상주의와 재벌 중심 경제를 넘어, 균형과 공정, 상생의 가치가 실현되는 새로운 경제 질서는 광범위한 사회적 합의와 실천을 통해서만 구축이 가능하다. 경제민주화의 과제를 새로운 헌법에 어떻게 담을 것인지, 어떤 내용을 법률로 규정할 것인지는 충분한 사회적 토론을 거쳐 결정되어야 한다. 이 과정에서 노동조합, 시민사회단체, 전문가 집단 등 다양한 주체들의 참여가 보장되어야 하며, 이들의 의견이 실질적으로 반영될 수 있는 논의 구조가 마련되어야 할 것이다. 경제민주화는 단순한 제도 개혁을 넘어 경제의 토대와 체질을 바꾸는 일과 관련된 것이므로 그만큼 깊이 있는 논의와 합의가 필요하다.

노동기본권의 보장

제7공화국이 사회경제적 민주주의를 실현하는 체제가 되기 위해서는 노동이 배제된 민주주의를 넘어서야 하고, 이를 위한 핵심 과제는 노동기본권의 실질적 보장이다. 최장집이 말한 "국가-재벌 연합, 노동 배제"라는 기존의 구조는 한국 민주주의의 가장 심각한 결함 가운데 하나다 최장집 2010, 264. 민주화 이후에도 노동 배제는 지속되었고, 이는 사회경제적 불평등을 심화시킨 핵심 요인이 되었다. 이제는 이러한 역사와 단절하고, 노동의 가치와 존엄성이 경제·사회 영역에서 온전히 인정받는 민주주의 체제를 구축해야 한다.

현행 헌법은 제33조에서 노동기본권의 가장 기초가 되는 단결권·단체교섭권 및 단체행동권을 보장하고 있지만, 공무원 등에 대해서는 "법률이 정하는 자"에 한해서만 이러한 기본권을 인정하고 있다. 이에 따라 공무원과 교원의 노동권은 과도하게 제약되고 있다. 필수공익사업장의 경우 필수유지업무 범위가 지나치게 광범위하게 설정되어 있고 대체근로까지 허용되어 있어, 철도, 의료, 전력 등 주요 공공부문 노동자들의 단체행동권이 실질적으로 무력화되고 있다. 새로운 헌법은 이러한 제약을 근본적으로 재검토하고, 노동3권의 본질적 내용이 침해되지 않도록 해야 한다.

한국의 노동시장은 크게 정규직과 비정규직으로 구분되는 심각한 이중구조 문제를 안고 있다. 정규직은 안정된 고용과 높은 임금을 누리는 반면, 비정규직은 고용 불안과 저임금에 시달리고 있다. 정규직으로의 사회적 이동 또한 매우 제한적이어서 이러한 격차는 점점 굳어져 가고 있다. 이러한 문제를 해결하기 위해서는 우선 무분별한 비정규직 고용을 제한할 필요가 있다. 비정규직 고용이 가능한 특별한 사유를 최대한 줄이고, 고용이 가능한 기간도 최소화할 수 있도록 해야 한다.

또한 'ILO 제100호 협약'과 'UN 사회권 규약' 등 주요 국제규범에서 '동일가치노동 동일임금' 원칙이 규정되어 있는 것처럼,[88] 이러한 보편적 원칙을 헌법 제32조에 명문화하여, 고용형태, 학력, 연령, 신체조건 등에 따른 차별적 처우를 방지해야 한다. 현재 한국에서는 이러한 원칙이 성별에 따른 차별을 금지하는 「남녀고용평등과 일·가정 양립 지원에 관한 법률」에서만 규정되어 있을 뿐이다. 아울러 비정규직 노동자들의 단결권과 단체교섭권 강화는 이중구조 해소의 중요한 수단이 될 수 있다. 노동기본권 보장이 곧 노동시장 개혁의 핵심이라는 인식이 필요하다.

디지털 전환은 노동시장에 새로운 과제를 던져주고 있다. 특수고용

---

88) '동일가치노동 동일임금' 원칙은 ILO 제100호 협약(1951) 제2조 제1항("회원국은 … 동일가치노동에 대한 남녀노동자의 동일보수 원칙을 촉진하고 … 모든 노동자에게 적용되도록 보장하여야 한다")과 UN 사회권 규약(1966) 제7조("공정한 임금과 어떠한 종류의 차별도 없는 동등한 가치의 노동에 대한 동등한 보수")에서 규정하고 있다.

노동자, 플랫폼 노동자 등 새로운 형태의 노동자들이 빠르게 증가하고 있다. 이들 중 상당수는 자영업자로 분류되어 노동법의 보호에서 아예 배제되고 있다. 실질적으로는 특정 사업자에 대한 경제적 종속성이 매우 높은 이들의 노동기본권을 보장하고 산업재해보상보험 적용 등 사회안전망을 충분히 확충하는 것은 더 이상 외면할 수 없는 시대적 과제다.

기업 내 노동자 경영 참여의 제도화도 적극적으로 추진될 필요가 있다. 이때 독일의 '공동결정제도$_{Mitbestimmung}$'[89]는 중요한 참고가 될 수 있다. 이 제도에서 노동자 대표는 기업 규모에 따른 차등적인 비율로 대기업과 중견기업의 감독이사회에 참여하고, 주요 경영 의사결정에 관여한다. 또한 사업장 단위에서는 노동자평의회$_{Betriebsrat}$가 인사, 복지, 근로조건 등에 관한 실질적인 협의 권한을 행사한다. 이러한 제도적 기반은 제2차 세계대전 이후 경제민주화의 일환으로 발전하여 독일의 협력적 노사관계 형성에 중요한 역할을 해왔다.

산업안전보건 분야에서도 노동자 참여가 핵심적이다. 현행 중대재해처벌법의 실효성을 높이고 위험의 외주화를 근본적으로 금지해야 하

---

[89] 1976년 제정된 '공동결정법'과 2004년 제정된 '1/3 참가법'에 주로 기초한 제도이다. 공동결정법은 광산·철강 부문 이외의 2,000명 이상 노동자를 고용한 기업의 감독이사회를 노사 동수로 구성하도록 규정하고 있으며, 1/3 참가법은 500~2,000명 규모 기업의 경우 노동자 대표가 감독이사회의 1/3을 차지하도록 규정하고 있다. 광산·철강 부문에서는 더 일찍이 1951년 '몬탄공동결정법'을 통해 감독이사회의 노사 동수 구성이 시행되었다.

며, 노동자의 작업중지권을 실질화하고 산업안전보건위원회에 노동자 대표의 참여를 확대해야 한다. 특히 산업재해 은폐에 대한 처벌을 강화하고, 산업재해 피해자에 대한 보상과 지원을 확대해야 한다.

이러한 노동기본권 강화의 원칙과 방향에 대한 사회적 합의를 형성하고, 이를 제도화하는 것이 제7공화국의 주요 과제가 될 것이다. 분명한 것은 노동 없는 민주주의로는 더 이상 지속가능한 발전을 이룰 수 없다는 점이다. 노동기본권의 실질적 보장은 새로운 민주공화국의 정체성을 규정하는 핵심 요소가 되어야 한다. 이는 정치적 민주주의를 넘어 실질적 민주주의로 나아가는 이정표 역할을 할 것이다.

지역자치와 균형발전 강화

지방분권은 중앙집권적 권력구조의 혁신을 위한 핵심 과제이나, 동시에 지역 간 격차를 심화시키지 않는 신중한 접근이 필요하다. 현행 헌법은 지방자치와 균형발전에 대한 규정이 미흡할 뿐만 아니라, '지방'이라는 용어 사용으로 중앙-지방의 수직적 관계를 전제하고 있다. 이러한 수직적 관계 설정은 지역의 자율성과 창의성을 제약하는 요인이 되어왔다. 지역은 단순한 지리적 공간을 넘어 그곳에서 살아가는 사람들의 삶의 터전이자 문화적 공동체라는 점에서, 헌법적 차원에서 지역의 가치와 위상을 재정립할 필요가 있다. 특히 현행 헌법이 상정하고 있는 중앙-지방의 위계적 구조를 지역 간 협력과 연대의 수평적 관계로 전환해야 한다.

현재 한국의 지역자치는 여전히 '중앙집권의 그늘' 아래 놓여있으며, 자치입법권, 자치행정권, 자치재정권은 매우 제한적이다. 특히 자치입법권의 경우, 헌법 제117조 제1항 후단의 "법령의 범위 안에서 자치에 관한 규정을 제정할 수 있다"라는 제약으로 인해 지역 특성을 반영한 독자적인 정책 추진이 어렵다. 조례의 제정 범위를 확대하되, 지역 간 기본권 보장의 격차가 발생하지 않도록 하는 제도적 장치가 필요하다. 헌법적 차원에서 지역공동체의 자율성과 다양성을 보장하는 방향으로 나아가되 균형발전이 고려되어야 한다는 것이다.

지방재정의 자립도 문제도 심각하다. 2023년 기준 전국 지방자치단체의 평균 재정자립도는 50%에도 미치지 못하며, 수도권과 비수도권 간 격차는 더욱 심화되고 있다. 국세-지방세 구조 개편 시에는 단순한 지방세 비중 확대를 넘어, 지역 간 재정 격차를 완화하는 메커니즘이 반드시 수반되어야 한다. 지방소비세율 인상과 지방소득세 독립세화는 수평적 재정조정제도의 도입과 함께 추진되어야 하며, 특히 재정력이 취약한 지역에 대한 차등적 지원을 강화해야 한다. 이러한 재정분권은 지역의 자율성을 높이되, 지역 간 격차 심화를 방지하는 방향으로 설계되어야 하고, 이러한 원칙이 헌법에 보장될 필요가 있다.

중앙-지방 간 사무 배분의 개편도 지역 간 행정서비스 격차를 고려하며 진행되어야 한다. '보충성의 원칙'[90]에 따라 기초자치단체를 우선하되, 개별 지방자치단체의 역량과 여건을 고려한 단계적 이양이 필요하다. 특히 복지, 교육 등 기본권적 성격이 강한 사무의 경우, 전국 최소 기준을 설정하고 이를 보장하기 위한 중앙정부의 조정 역할이 유지되어야 한다. 이는 분권화 과정에서 발생할 수 있는 지역 간 기본적 생활수준의 격차를 방지하기 위한 것으로, 헌법적 가치로서의 균형발전 원칙과도 연결된다.

광역협력체계는 지역 간 격차 해소와 공동 문제 해결을 위한 핵심 수단으로 재정립되어야 한다. 행정구역을 넘어서는 광역 차원의 문제들이 증가하고 있는데, 수도권의 교통문제, 대기오염 문제, 상수원 관리 등이 대표적이다. 특히 수도권 집중 심화에 대응하여, 비수도권 광역자치단체들의 자발적 연합을 통한 경쟁력 강화 방안도 논의해 볼 수

---

[90] 공공사무의 처리는 시민과 가장 가까운 하위 정부 단위에서 우선 수행하고, 하위 정부가 감당하기 어려운 경우에만 상위 정부가 보충적으로 개입한다는 원칙이다. 이러한 지방자치의 기본 원칙은 지방자치법 제11조에 명시되어 있다.

있다. 일본의 '간사이광역연합関西広域連合'[91]이나 프랑스의 '레지옹Région'[92] 사례를 참고하되, 한국적 맥락에서 수도권-비수도권 상생발전을 위한 독자적 모델을 개발해야 한다. 이를 위해서는 광역자치단체들이 자발적으로 협력하여 공동으로 대응할 수 있는 제도적 기반이 우선 마련되어야 한다. 이는 헌법이 지향해야 할 지역공동체 간 협력과 균형발전의 실현 수단이 될 수 있을 것이다.

주민자치는 지역자치의 궁극적 목표이자 풀뿌리 민주주의의 기반이다. 현행 헌법에는 주민들의 실질적인 자치권과 참여권 보장에 관한 언급이 없고, 주민자치 제도의 상당수도 형식적인 운영에 그치고 있다. 제7공화국 헌법은 주민들의 자치권과 참여권을 기본권으로 인정하고, 주민들이 지역의 중요한 의사결정 과정에 참여할 수 있는 권리를 실질적으로 보장해야 할 것이다. 이러한 헌법적 보장을 바탕으로 주민자치회 제도를 실질화하고, 주민참여예산제의 범위와 권한을 확대하며, 마을공동체 활성화를 위한 법적·제도적 기반을 마련해야 한다. 특히 주민 참여를 통한 재정민주주의 실현을 위해 참여예산의 규모를 전체 예

---

91) 2010년 12월 설립된 일본 간사이 지역의 광역 지방자치단체로, 오사카·교토 등 2부와 시가·효고·와카야마·돗토리·도쿠시마·나라 등 6현, 그리고 오사카·사카이·교토·고베 등 4개 시가 참여한다. 도쿄 일극 집중 타파와 분권형 사회 실현을 목표로 하며, 광역 방재, 관광·문화 진흥, 산업 진흥, 농림수산, 의료, 환경 보전, 자격 시험·면허 등의 행정사무를 공동으로 처리한다.
92) 프랑스의 최상위 광역자치단체로, 2016년 1월 기존 본토 22개에서 13개로 통합 개편되었으며 해외령 5개를 포함해 총 18개가 있다. 주요 권한으로는 경제발전·혁신·국제화 계획 수립, 국토 및 지역계획, 직업교육, 고등학교 시설 및 운영, 지역교통, 관광발전계획 수립 등이 있다.

산의 일정 비율 이상으로 법제화하고, 숙의 민주주의 원리에 따른 주민참여 절차도 제도화할 필요가 있다.

결론적으로, 지역의 분권과 자치는 지역 간 균형발전과 조화를 이루며 추진되어야 한다. 무분별한 분권화는 오히려 지역 격차를 심화시킬 수도 있으므로, 단계적이고 전략적인 접근이 필요하다. 특히 수도권 집중이 심화하고 있는 현실에서, 분권과 자치는 지역 균형발전 정책과 더더욱 떼어놓을 수 없다. 헌법개정을 통해 대한민국이 지역공동체들로 구성된 민주공화국임을 명시하고 '지방자치'를 '지역자치'로 재규정하면서, 지역의 다양성과 자율성을 존중하고 균형발전을 도모하는 원칙이 자리 잡도록 해야 한다. 2014년 국회 헌법개정자문위원회의 개헌안 제149조 제1항도 "국가는 각 지방자치단체와 주민의 자치권을 최대한 보장하되, 동시에 지역 간의 균형 있는 발전을 위하여 노력하여야 한다"라고 규정함으로써, 자치와 균형발전의 헌법적 가치를 동시에 추구하고자 했다 정재황 2023, 94.

시민참여의 제도화

시민참여의 제도화는 대의 민주주의를 보완하고 참여 민주주의를 실현하기 위한 핵심 과제다. 직접민주주의 요소로 흔히 거론되는 것은 국민소환제, 국민발안제, 국민투표제이다. 이러한 제도들은 시민들이 정치과정에 직접 참여할 수 있는 통로를 제공하며, 대의제 민주주의의 한계를 보완하는 역할을 한다. 그러나 국민발안제와 국민투표제는 시민들의 직접적인 정책 참여를 보장한다는 점에서 적극적인 도입과 확대가 필요하지만, 국민소환제는 헌법상 '자유위임 원칙'[93]의 위배 또는 정치적 악용 가능성 등을 고려할 때 매우 신중한 접근이 필요하다.

국민발안제는 일정 수의 선거권자들이 연대 서명을 통해 중요 헌법이나 법률의 제·개정을 직접 제안할 수 있는 제도로, 현재 한국에 존재하지 않는다. 과거 1954년 제2차 개헌 때 헌법개정에 대한 국민발안제가 도입되어 선거권자 50만 명 이상의 찬성으로 헌법개정을 제안할 수 있었으나, 1972년 유신헌법에서 삭제된 바 있다. 이 제도는 시민들의 직접적인 입법 참여를 보장하는 중요한 제도로 헌법 국민발안뿐만 아니라 법률 국민발안도 적극 고려할 필요가 있다. 특히 법률 국민발안은 의회의 입법 독점을 견제하고 국민의 입법 참여를 보장하는 기능을 할 수 있다. 2024년 12월 22~23일 한국일보가 한국리서치에 의뢰해 실시한 여론조사에서 응답자 85%가 국민발안제를 지지했다.

---

93) 현행 헌법 제46조 제2항은 "국회의원은 국가이익을 우선하여 양심에 따라 직무를 행한다"라고 규정하고 있다. 이는 국회의원이 지역구 유권자나 정당의 지시에 법적으로 구속되지 않고 독립적으로 판단하여 의정활동을 할 수 있음을 의미하는 '자유위임 원칙'을 천명한 것이다. 따라서 정치적·정책적 판단에 따른 소환 요구는 이 원칙과 충돌할 수 있다. 위헌·위법 행위를 한 경우로 소환 사유를 제한하게 되면, 의원직을 상실토록 하는 다른 제재 수단이 이미 존재하므로 그 실효성이 떨어지는 문제도 있다.

국민투표제는 헌법개정이나 주요 정책에 대해 국민이 직접 결정권을 행사하는 제도이다. 현행 헌법 제130조는 국회재적의원 과반수 또는 대통령이 헌법개정안을 발의할 수 있다고 규정하고, 이에 관한 국민투표를 명시한다. 헌법 제72조는 "대통령은 필요하다고 인정할 때에는 외교·국방·통일 기타 국가안위에 관한 중요정책을 국민투표에 붙일 수 있다"라고 규정함으로써 정책 관련 국민투표 발의권을 대통령에게만 독점적으로 허용한다. 이를 개선하여 국민이나 국회가 직접 발의할 수 있는 상향식 국민투표제로의 전환을 고려할 필요가 있다. 국민투표의 대상도 현재는 "외교·국방·통일 기타 국가안위"로 한정되어 있으나, 이를 경제, 사회, 환경 등 다양한 분야로 확대할 필요가 있다. 이는 시민들의 정책 참여 범위를 넓히고 민주주의의 질적 향상에 기여할 것이다.

반면, 국민소환제 도입은 면밀한 검토가 선행되어야 한다. 국민소환제가 도입되면 비리 정치인 퇴출보다는 정책적 반대자들에 의한 정치적 공격 수단으로 악용될 소지가 크다. 이는 민주주의의 안정성을 위협할 수 있다. 2024년 12월 22~23일 한국일보가 한국리서치에 의뢰해 실시한 여론조사에서 응답자 92%가 국민소환제를 지지했다. 더불어민주당 지지자 97%, 국민의힘 지지자 86%가 국민소환제 도입을 찬성했다. 이러한 높은 지지는 그만큼 국회의원에 대한 불신이 높다는 점을 반영한다. 정치적 상대편에 대한 불신 또한 극에 달해 있다고 볼 수 있다. 이재명 더불어민주당 대표는 2025년 2월 10일 국회 교섭단체 대표 연설에서 "민주적 공화국의 문"을 활짝 여는 첫 조치로 "국회의원 국민소환제를 도입"하자고 주장했다.[94]

사실 오랜 역사를 가진 민주주의 국가 가운데 유권자가 발의하는 국민소환제를 도입한 국가는 리히텐슈타인을 제외하면 없다.[95] 다만, 2015년 '하원의원소환법 Recall of MPs Act 2015'이 통과되어 2016년부터 이 법이 시행된 영국의 사례가 거론되는 경우가 있다. 그러나 이 법은 형사 문제로 기소되어 자유형 이상의 형이 확정된 경우나 의회에서 일정 기간 이상의 정직 처분을 받은 경우에만 적용되고, 소환 요건의 해당 여부도 하원의장의 공표로 확정된다 김선화 2017. 즉, 사법부나 하원의 결정이 선행되어야 하므로 유권자가 임의로 소환에 나설 수 있는 제도가 아니다.

한편, 한국의 경우 금고 이상의 형을 선고받고 그 형이 실효되지 아니한 자 등은 피선거권을 박탈당하는데, 이에 해당하는 의원은 국회법 제136조에 따라 의원직을 상실한다. 그리고 공직선거법이나 정치자금법 위반으로 징역형 또는 100만 원 이상의 벌금형을 선고받으면 당선

---

94) [전문] 이재명 더불어민주당 대표 국회 교섭단체 대표연설, 뉴시스, 2025.02.10.
95) 유권자가 발의하고 유권자 투표로 소환을 결정하는 제도가 있는 국가는 벨라루스, 에콰도르, 에티오피아, 키리바시, 키르기스스탄, 리히텐슈타인, 미크로네시아 연방, 나이지리아, 팔라우, 베네수엘라이고, 유권자가 발의하고 국가기관이 소환을 결정하는 제도가 있는 국가는 우간다이다(김선화 2017).

무효가 된다. 나아가 선거사무장, 회계책임자, 후보자의 직계존비속 및 배우자가 정치자금법 위반 등으로 징역형 또는 300만 원 이상의 벌금형을 선고받아도 해당 후보자 당선은 무효가 된다. 또한 헌법 제64조에 따라, 국회는 의원 자격을 심사하여 의원을 징계할 수 있는데, 재적의원 3분의 2 이상 찬성이 있으면 제명도 할 수 있다.

숙의 민주주의 기구의 제도화 역시 중요한 과제로 떠오르고 있다. '시민의회'나 '공론화위원회'[96] 등의 숙의 민주주의 기구들은 복잡한 사회적 의제에 대해 시민들이 충분한 토론을 거쳐 합리적 결론을 도출하는 데 효과적이다. 이러한 기구들은 무작위로 선발된 일반 시민들로 구성되며, 전문가 지원을 받아 심도 있는 논의를 진행한다. 프랑스의 '기후시민의회 Convention Citoyenne pour le Climat',[97] 아일랜드의 '헌법회의 Constitutional Convention'[98] 등이 좋은 사례가 될 수 있다. 한국에서는 '신고리 5·6호기

---

[96] '시민의회'는 성별, 연령, 지역, 소득, 학력, 정치성향 등을 고려한 추첨으로 전체 국민을 축소한 형태로 구성하는 민주주의 기구이며, 선거로 선출된 의회와는 다른 방식의 시민 대표성을 갖는다. 수개월에서 1년 이상 각 분야 전문가로부터 다양한 관점과 정보를 제공받으며 충분한 학습과 토론을 거쳐 주요 정책 현안에 대한 구체적인 해법을 도출한다. 이는 비교적 단기간 운영되며 주로 기존 정책안에 대한 의견수렴에 초점을 맞추는 '공론화위원회'와 차이가 있다. 한국에서는 2024년 5월 8일 출범한 '시민의회 입법추진 100인 위원회'가 시민의회의 법제화를 위해 노력하고 있다.
[97] 2019년 10월부터 2020년 6월까지 운영된 시민참여 기구로, 무작위로 추첨이 된 150명의 시민이 온실가스 감축을 위한 정책을 논의하여 149개 제안을 도출했다. 마크롱 대통령이 제안 중 146개를 수용하겠다고 밝혔으나 실제 이행은 제한적이었다.
[98] 2012년부터 2014년까지 운영된 시민참여 기구로, 무작위로 선발된 66명의 시민과 33명의 정치인이 참여하여 동성결혼, 선거권 연령 하향 등 8개 헌법개정 의제를 논의했다. 이후 2015년 국민투표를 통해 동성결혼 합법화가 이루어지는 등 실질적 성과가 나타났다.

공론화위원회'[99] 운영 경험이 있다.

온라인 시민참여 플랫폼의 구축도 시급한 과제다. 기존의 청와대 국민청원 시스템은 시민들의 높은 참여 의지를 보여주었으나, 일방적 청원에 그치는 한계가 있었다. 시민들이 정책을 직접 제안하고 다른 시민들과 토론하며, 행정부가 이에 공식적으로 응답하는 쌍방향 소통 체계가 필요하다. 서울시의 '민주주의 서울'[100]이나 대만의 'vTaiwan'[101] 등이 참고할 만한 사례다. 이러한 시민참여 플랫폼은 투명성과 책임성을 갖추어야 하며, 실질적인 정책 반영으로 이어질 수 있는 제도적 장치가 마련되어야 한다.

환경권과 미래세대 권리의 보장

현행 헌법 제35조는 모든 국민이 "건강하고 쾌적한 환경에서 생활

---

[99] 2017년 7월부터 10월까지 운영된 한국 최초의 공론화 기구이다. 문재인 정부 출범 직후 공사가 일시 중단된 신고리 5·6호기의 건설 재개 여부를 시민참여단의 숙의 과정을 통해 결정했다. 비판적 평가도 무시할 수 없지만, 국가 주요 정책 결정에 있어 숙의 민주주의를 실험한 대표적 사례라는 의의가 있다.

[100] 2017년 10월 박원순 시장 재임 시절 출범한 서울시의 온라인 시민참여 플랫폼으로, 시민이 직접 정책을 제안하고 논의하며 결정하는 공간이다. 2022년 12월 플랫폼 명칭이 '상상대로 서울'로 변경되었다.

[101] 2014년 시작된 대만의 온라인 시민참여 플랫폼으로, 디지털 관련 정책을 중심으로 시민, 정부, 기업이 함께 논의하고 합의를 도출한다. 대규모 그룹 토론과 여론 수렴을 위한 온라인 플랫폼인 'pol.is' 등을 활용해 우버 규제, 핀테크 규제 등 주요 정책을 수립했다.

할 권리"를 갖는다고 규정하고 있으나, 그 내용이 지나치게 추상적이고 선언적 수준에 머물러 있다. 특히 환경권의 구체적 내용과 행사를 전적으로 법률에 위임함으로써 기본권으로서의 실효성이 약화되는 한계를 보인다. 헌법 제120조와 제122조에서도 국토와 자원의 보호, 균형 있는 개발과 이용을 규정하고 있으나, 이 역시 개발과 보전의 균형점을 모호하게 처리하고 있다. 현대 사회에서 환경권은 생존권적 기본권으로서의 성격이 강화되고 있는 만큼, 보다 구체적이고 실효성 있는 헌법적 보장이 필요하다. 특히 기후위기 시대에 환경권은 더 이상 선택이 아닌 필수적 기본권으로 자리매김해야 한다.

제7공화국 헌법에서는 환경권을 실질적 기본권으로 강화하고, 국가의 환경보호 의무를 보다 구체적으로 명시할 필요가 있다. 기후위기 대응과 탄소중립 달성을 위한 국가의 책무를 명확히 규정하고, 환경정의 실현과 생태계 보전의 원칙도 헌법적 가치로 명문화해야 한다. 환경영향평가제도의 헌법적 근거를 마련하고, 환경정보에 대한 시민의 알 권리와 환경정책 결정 과정에서의 시민참여권도 기본권으로 보장해야 한다. 특히 환경오염으로 인한 피해가 사회적 약자에게 집중되는 현실을 고려할 때, 환경정의의 실현은 헌법적 과제로 다뤄져야 한다.

현행 헌법은 미래세대의 권리에 대한 고려가 전무하다는 점에서도 한계를 보인다. 기후위기와 생태계 파괴는 현재 세대뿐만 아니라 미래세대의 생존을 위협하는 심각한 문제다. 제7공화국 헌법에서는 미래세대의 권리를 독자적인 헌법적 가치로 승인하고, 현재 세대의 의사결정이 미래세대에게 미치는 영향을 고려하도록 하는 원칙을 명시해야 한다. 특히 환경, 재정, 복지 정책에서 세대 간 정의와 형평성이 보장되어야 한다는 원칙이 헌법에 반영되어야 한다.

미래세대의 권리 보장을 위한 제도적 노력은 이미 여러 국가에서 시도되고 있다. 이스라엘의 '미래세대 위원회'[102]나 헝가리의 '환경 옴부즈만'[103] 사례는 우리에게 중요한 시사점을 제공한다. 이러한 해외 사례들을 참고하되, 우리의 맥락에 맞는 세대 간 정의의 원칙을 헌법에 규정할 필요가 있다. 특히 기후위기와 같은 환경문제에 있어서는 예방적 조치의 원칙을 도입하고, 회복 불가능한 환경피해로부터 미래세대를 보호해야 할 국가의 책무를 강조해야 한다. 이러한 헌법적 원칙은 향후 구체적인 법제도 정비의 기준이 되면서 미래세대의 권리 보장을 위한 실질적 바탕이 될 것이다.

---

[102] 2001년 의회법 개정으로 세계 최초로 설치된 의회 내 특별위원회로, 미래세대의 이익 관련 사항에 대한 강력한 정보권과 조사권을 보유했다. 주요 정책에 대한 위원회의 판단이 나오기까지 법안 심의가 지연되는 효과가 발생해 실질적 거부권을 행사할 수도 있었다. 그러나 여러 집단의 이익이 충돌하고 내부 갈등이 이어지면서 2010년 결국 폐지되었다.

[103] 2008년부터 2011년까지 헝가리 옴부즈만법에 따라 운영된 독립기구로, 환경 분야에 특화되어 환경권 관련 모든 이슈에 대한 조사권을 가졌다. 환경 손해가 불가역적일 경우 법률 및 정책의 중단권이 있었고, 일정 범위 내의 법률안 발의권도 보유했으며, 환경피해 예방을 위한 법원 제소와 헌법재판소 재판청구 권한도 있었다.

합의 민주주의의 심화를 위하여

이 장에서 논의한 기본권의 실질적 보장, 새로운 기본권의 확립, 경제민주화의 실현, 노동기본권의 보장, 지역자치 강화와 균형발전, 시민참여의 제도화, 환경권과 미래세대 권리의 보장 등과 같은 과제들은 제7공화국의 합의 민주주의가 실질적 민주주의와 함께 나아갈 수 있도록 하는 핵심 요소들이다. 이는 7장에서 논의한 의회제-비례대표제 개혁과 함께 추진됨으로써 시너지 효과를 낼 수 있다. 의회제는 다양한 정치세력 간의 협의와 타협을 제도화함으로써 합의 민주주의의 토대를 마련하고 개혁 과제들의 실현 가능성을 높이며, 비례대표제는 다양한 사회계층과 집단의 이해관계가 정치과정에 반영될 수 있도록 함으로써 개혁의 동력을 제공한다.

이러한 과제들은 상호 연관되어 있다는 점에 주목해야 한다. 예를 들어, 경제민주화와 노동기본권의 강화는 시민의 실질적 자유와 평등을 보장하는 사회권의 핵심 내용이 되며, 지역자치의 강화와 균형발전의 실현은 시민참여의 실질화를 위한 제도적 기반이 된다. 환경권과 미래세대의 권리보장은 지속가능한 민주주의의 토대가 된다. 이처럼 각각의 과제들은 독립적으로 존재하는 것이 아니라, 하나의 유기적 체계를 이루며 상호 보완적 관계에 있다.

다만, 이러한 과제들을 헌법개정 과정에서 모두 반영하는 것은 현실적인 어려움이 많다. 권력구조 개편이나 선거제도 개혁에 관한 합의도 쉽지 않은 상황에서, 경제민주화나 노동기본권, 환경권과 미래세대 권리 등에 관한 구체적인 합의를 도출하는 것은 매우 힘든 과제가 될 것이다. 특히 각각의 영역에서 첨예한 이해관계의 대립이 존재할 때, 이를 조정하고 합의를 이루어내는 과정은 상당한 시간과 노력이 요구된다.

그럼에도 이러한 논의는 매우 중요한 의미를 지닌다. 첫째, 이는 우리 사회가 지향해야 할 가치와 목표를 명확히 하는 과정이다. 헌법은 단순한 제도의 집합이 아니라 사회의 기본 가치와 원칙을 담는 그릇이며, 이러한 가치와 원칙에 대한 사회적 합의 없이는 민주주의의 질적 발전을 기대하기 어렵다. 둘째, 이러한 논의 자체가 시민들의 헌법에 대한 이해도를 높이고 민주적 역량을 강화하는 계기가 된다. 기본권의 확장, 경제민주화, 지역자치와 균형발전 등에 관한 논의는 곧 한국의 민주주의가 어떤 방향으로 나아가야 하는지에 대한 성찰의 과정이 될 수 있다.

헌법개정 과정은 단순히 조문을 수정하는 기술적 작업이 아니라, 우리 사회의 새로운 가치와 비전을 모색하고 이에 대한 합의를 형성해 가는 과정이다. 모든 과제를 한꺼번에 실현할 수 있으면 좋겠지만, 그것이 어려울 경우를 대비하여 장기적인 관점에서 단계적으로 과제를 추진해 나가는 로드맵을 구상하는 것도 필요한 일이다.

- 9장 -

제7공화국 수립의 과제와 전망

국가체제는 정부형태는 물론이고, 선거제도, 그리고 국가와 사회관계를 총괄한다는 의미에서 헌정주의적 개념이기도 하다. 이러한 의미에서 헌법개정은 그동안 헌법규범과 헌법실천의 괴리에서 벗어나 국민의 기본권과 사회적 보호를 위한 헌법해석과 헌법실천이 복합적으로 상호작용하는 사회적 공론화의 결과라는 점은 몇 번을 강조해도 지나치지 않다. 강병익 2016, 32

12·3 내란은 제6공화국 체제의 근본적 한계를 극명하게 드러냈다. 1987년 민주화 이후 수립된 제6공화국은 군부독재를 종식하고 민주주의의 형식적 틀을 마련했지만, 권력구조의 민주화를 포함한 실질적 민주주의의 진전을 이룩하지 못했다. 특히 비상계엄을 활용한 내란 시도는 현행 헌법의 긴급조치 관련 제도가 가진 심각한 문제점을 드러냈다. 7장과 8장에서 논의한 의회제-비례대표제로의 전환과 민주주의의 심화라는 과제를 담아낼 새로운 제7공화국 수립을 더 이상 미룰 수 없다. 그러나 개헌의 필요성에 대한 공감대가 확산하는 것과 달리, 더불어민주당의 현상 유지 선호와 국민의힘 진영의 퇴행과 극우화로 인해 실제 개헌의 정치적 실현 가능성은 오히려 감소하는 '개헌의 역설' 상황이 전개되고 있다. 그럼에도 이 장에서는 계엄제도 개혁이라는 최소 과제부터 의회제-비례대표제 도입이라는 핵심 과제를 포함하는 제7공화국으로의 이행을 위한 구체적인 쟁점들을 검토하고 그 실현 방안을 모색한다.

'개헌의 역설'

개헌의 필요성에 대한 공감대는 앞으로 더욱 확장될 여지가 존재한다. 하지만 문제는 개헌의 정치적 실현 가능성이 더욱 옅어지고 있다는 것이다. 이를 12·3 내란 사태와 그 이후 전개되고 있는 정치적 상황이 만들고 있는 '개헌의 역설'로 명명할 수 있다. 왜 이러한 역설 상황이 발생하는가. 무엇이 개헌의 정치적 실현 가능성을 희박하게 만들고 있는가를 짚어보자. 크게 두 가지다. 사회적 합의의 문제와 추진할 주체의 문제다.

첫째, 대통령제의 대안에 관한 사회적 합의의 부재이다. 한국에서 현행 5년 단임 대통령제에 대한 대안으로는 크게 4년 중임 대통령제, 준대통령제, 의회제가 제시될 수 있다. 4년 중임 대통령제는 오랫동안 민주당 계열 정당의 공약이기도 했고 세 가지 대안 중에서 상대적으로 가장 높은 지지를 받고 있다. 2024년 12월 3~5일에 실시된 한국갤럽 여론조사에서도 만약 개헌이 이루어진다면 어떤 방안을 선호하냐는 물음에 46%는 '4년 중임 대통령제', 14%는 '분권형 대통령제', 18%는 '의원내각제'를 택하겠다는 의견이 나왔다.

4년 중임 대통령제와 준대통령제의 다른 이름이기도 한 분권형 대통령제의 문제에 대해서는 5장에서 좀 더 자세하게 다룬 바 있다. 4년 중임 대통령제는 사실 현행 5년 단임 대통령제보다 단점이 많을 수 있고, 대통령제의 본질적인 문제점을 해결하는 것과도 거리가 멀다. 대통령제와 의회제를 혼합한 준대통령제도 대통령제의 대안이 되기 어렵다. 대통령과 총리가 같은 당 소속이라면 이는 강력한 대통령제처럼 기능하고, 대통령과 총리의 정당이 다른 동거정부 상황에서는 분점정부 상황의 대통령제에서 나타나는 정치적 문제들이 그대로 나타날 수 있기 때문이다. 적어도 이론적으로 대통령제에 대한 대안은 의회제밖에 없다고 할 수 있다. 문제는 한국에서 대통령제에 대한 애착이 여전히 강력하고 의회제에 대한 거부감 또한 매우 높다는 것에 있다.

둘째, 현재 다수당인 더불어민주당에는 개헌을 추진할 절실한 동기가 없고, 국민의힘 또한 개헌 문제를 진지하게 고민하지 않는다. 우선 더불어민주당은 현행 권력구조는 물론 현행 선거-정당체제를 유지하는 것에 큰 이해관계가 걸려 있다. 양당 체제 또는 1.5당 체제[104]를 3당 이상의 다당제 체제로 바꾸기 위한 일련의 개혁은 더불어민주당 자신의 몫을 줄이는 일이므로 지지할 이유가 없다. 현행 소선거구 단순다수대표제를 축소하거나 폐지하고 비례대표제를 확대하거나 전면화할 동기도 마찬가지로 더불어민주당에 존재하지 않는다. 2020년과 2024년의 위성정당 체제가 만들어진 이유도 바로 이 때문이었다.

한편, 국민의힘 일부 정치인들이 개헌 문제를 언급하기는 했으나 그 내용도 불분명할뿐더러, 12·3 내란 사태와 그 이후 벌어진 정치 상황

---

[104] '1.5당 체제'는 한 정당이 압도적인 우위를 점하고 다른 정당들의 역할이 미미해지는 정치 구조를 의미한다. 이 체제에서는 지배적인 정당이 '1'을 차지하고 나머지 정당들이 '0.5'를 이룬다. 정권교체는 어려우나 개헌 저지선은 유지된다고 보는 이 체제는 일본 자유민주당의 장기 집권을 설명할 때 종종 사용된다. 한국에서도 이러한 체제가 형성될 수 있다는 견해가 있다(조귀동, 국민의힘, 이러다 일본 '1.5당 체제' 만년 야당 된다?, 新東亞, 2025.02.03.). 2020년과 2024년 총선 결과만 놓고 보면 이미 비슷한 상황이 벌어졌는데, 윤석열 파면 이후 국민의힘의 변화 방향에 따라 이러한 추세의 지속 여부를 판단할 수 있을 것이다.

에 대한 국민의힘의 태도 자체가 개헌 논의의 진전을 가로막았다. 국민의힘 주류는 윤석열 탄핵과 파면에 대한 반대를 넘어 부정선거 음모론에 동조하며 더불어민주당이 다수인 국회와 선관위를 공격하고, 법원과 헌법재판소의 사법적 절차와 그 정당성을 훼손하는 정치 행위까지 일삼았다. 이런 상황에서 국민의힘 일부 정치인들이 대통령제의 비극을 막자며 개헌을 언급한 것은 큰 의미가 없다.[105] 더구나 내란을 실행에 옮긴 국민의힘 '1호 당원'인 윤석열과도 분명한 선을 긋지 못한 정당이 꺼낸 개헌 논의에서 어떤 진정성을 발견할 수 있겠는가.

그렇다면 12·3 내란 사태가 출발점이 된 이 '개헌의 역설' 상황은 우리에게 어떤 과제를 던져주는가? 대통령제의 문제가 극명하게 드러났으나 이를 뜯어고치기 위한 개헌이 정치적으로 실현될 가능성이 매우 희박한 지금의 상황에서 우리는 어떤 목소리를 낼 수 있고, 또 무엇을 할 수 있는가? 우선 개헌의 필요성에 대한 공론화 작업을 지속적으로 추진해야 한다. 현재의 정치적 한계에도 불구하고, 시민사회와 학계를 중심으로 대통령제의 구조적 문제점과 그 대안에 대한 심도 있는 논의를 이어가야 한다.

---

105) 계엄 선포 이틀 후인 2024년 12월 5일, 국민의힘 김재섭, 김상욱, 김소희, 김예지, 우재준 의원 등 소장파 5명은 기자회견을 열어 윤석열 대통령의 임기를 줄이면서 4년 중임 대통령제를 시행하자는 내용의 개헌안을 제안했다. 비상계엄의 부적절성에 공감했던 오세훈 서울시장, 홍준표 대구시장, 김태흠 충남도지사, 이철우 경북지사 등 여권 광역단체장들도 개헌의 필요성을 언급한 적이 있다. 국민의힘은 지난 2월 6일 헌법개정특별위원회를 구성하여 당 자체의 개헌안 마련에 돌입했다.

우선 12·3 내란에서 드러난 것처럼 대통령의 비상대권과 같은 위험한 권한들을 제한하고 견제하는 헌법적 장치 마련이 시급하다. 더불어 헌법개정 없이도 가능한 개혁 방안을 직극적으로 모색해야 한다. 예를 들어, 대통령의 권한을 제한하고 견제할 수 있는 법적·제도적 장치를 강화하거나, 국회의 실질적인 권한을 확대하는 방안을 고려할 수 있다. 또한 선거제도 개혁을 통해 다당제의 기반을 마련하고, 정당 민주주의를 강화하는 것도 중요한 과제다. 이러한 단계적 접근과 함께 제7공화국 수립으로 나아가는 전면적인 헌법개정을 주요 과제로 설정하고 지금부터 준비를 시작해야 한다. 이에 동의하는 시민사회, 학계, 정치권의 힘을 모아 개헌의 방향과 내용에 대한 사회적 합의를 도출하는 작업을 추진해야 한다. 이러한 노력이 축적된다면 궁극적으로 개헌의 정치적 실현 가능성이 높아질 것이다.

헌법개정 논의의 현실과 과제

제7공화국의 핵심은 의회제-비례대표제에 기초한 새로운 정치체제의 수립이다. 그러나 이에 대한 반론도 만만치 않다. 과거 김종필의 의회제 주장에 대한 역사적 반감이 아직도 존재한다. 당시의 정당 구도를 고려할 때 그의 주장이 실현되면 지역주의 정당 경쟁 구도가 굳어질 것이라는 우려에는 정당한 측면이 있었다. 이러한 역사적 경험은 의회제 도입 논의에서 여전히 중요한 걸림돌로 작용하고 있다. 그러나 이러한 반감은 현재의 정치 상황에서는 더 이상 유효하지 않다.

정치문화 측면에서는 대통령 직선제에 대한 국민적 애착이 있다. 많은 국민이 대통령을 직접 선출하는 권리를 포기하기 싫어한다는 것이다. 이처럼 단순히 제도적 문제를 넘어서는 정서적·심리적 거부감의 영역이 존재한다. 특히 민주화 과정에서 대통령 직선제 쟁취가 가졌던 상징성이 크기 때문에, 이를 포기하는 것에 대한 저항이 클 수밖에 없다. 그러나 이러한 정서적 저항이 제도개혁의 본질적 필요성을 압도할 수는 없다.

대통령제 개혁 논의의 또 다른 걸림돌은 구체적 대안에 관한 사회적 합의가 쉽지 않아 보인다는 점이다. 현행 5년 단임 대통령제의 문제점은 상당 부분 공유되고 있으나, 이를 대체할 통치형태에 대해서는 의견이 엇갈린다. 최근 여론조사 결과를 보면, 4년 중임 대통령제가 준대통령제나 의회제보다 상대적으로 높은 지지를 얻고 있으나 확고한 지지와는 거리가 멀다. 이러한 합의의 부재는 단순히 제도적 선호의 차이 때문이라기보다 한국 사회의 정치적 분절화와 정치개혁 방향에 대한 근본적 시각 차이를 반영한다.

거듭 강조하지만 4년 중임 대통령제는 대통령제의 본질적 문제를 해결하지 못한다. 중간 평가를 통한 책임성 확보, 정책의 연속성 보장,

국회의원 선거와 대통령 선거 시기의 일치를 통한 분점정부의 가능성 축소 등이 장점으로 제시되나 권력 집중과 승자독식의 문제는 여전히 남는다. 준대통령제 역시 대통령과 총리의 권한 배분, 동거정부 상황에서의 정치적 교착 등 고질적인 문제가 상존한다.

특히 한국의 정치문화가 의회제와 맞지 않는다는 비판이 있다. 그러나 이는 민주주의에 대한 관점의 차이에서 비롯된 것이다. 대결과 배제의 정치문화는 대통령제의 결과물이거나 최소한 대통령제가 그러한 문화를 더욱 강화하고 있다는 점을 인식할 필요가 있다. 의회제는 오히려 협의와 타협의 정치문화를 발전시킬 수 있는 제도적 기반이 될 수 있다. 적어도 이론적으로는 대통령제에 대한 대안이 의회제밖에 없다는 점은 분명하다.

제7공화국 수립의 최소 과제: 계엄제도의 개혁

제7공화국 수립을 위한 최소한의 헌법개정 과제는 12·3 내란과 같이 대통령이 비상계엄을 정치적 도구로 악용하는 것을 원천적으로 차단할 수 있는 제도적 장치를 마련하는 것이다. 우선 대통령의 계엄 선포권에 대한 제한이 시급하다. 이를 위해 현행 헌법 제88조와 제89조를 개정하여 계엄 선포를 국무회의의 형식적 심의가 아닌 의결을 거치도록 해야 한다. 또한 현행 헌법 제77조의 개정을 통해 계엄 선포에 대한 국회 통고에만 그치는 것이 아니라 국회 승인을 받도록 해야 한다.

〈표 9-1〉 헌법 제77조 개정안

현행	개정안
제77조 ① 대통령은 전시·사변 또는 이에 준하는 국가비상사태에 있어서 병력으로써 군사상의 필요에 응하거나 공공의 안녕질서를 유지할 필요가 있을 때에는 법률이 정하는 바에 의하여 계엄을 선포할 수 있다. ② 계엄은 비상계엄과 경비계엄으로 한다. ③ 비상계엄이 선포된 때에는 법률이 정하는 바에 의하여 영장제도, 언론·출판·집회·결사의 자유, 정부나 법원의 권한에 관하여 특별한 조치를 할 수 있다. ④ 계엄을 선포한 때에는 대통령은 지체없이 국회에 통고하여야 한다. ⑤ 국회가 재적의원 과반수의 찬성으로 계엄의 해제를 요구한 때에는 대통령은 이를 해제하여야 한다.	제77조 ① 대통령은 전시·사변 또는 이에 준하는 국가비상사태에 있어서 병력으로써 군사상의 필요에 응하거나 공공의 안녕질서를 유지할 필요가 있을 때에는 법률이 정하는 바에 의하여 계엄을 선포할 수 있다. ② 계엄은 비상계엄과 경비계엄으로 한다. ③ 비상계엄이 선포된 때에는 법률이 정하는 바에 의하여 영장제도, 언론·출판·집회·결사의 자유, 정부나 법원의 권한에 관하여 특별한 조치를 할 수 있다. ④ 계엄을 선포한 때에는 대통령은 지체없이 국회에 <u>보고하여 그 승인을 얻어야 한다.</u> ⑤ <u>제4항의 승인을 얻지 못한 때에는 그 계엄은 그때부터 효력을 상실한다.</u> ⑥ 국회가 재적의원 과반수의 찬성으로 계엄의 해제를 요구한 때에는 대통령은 이를 <u>지체없이</u> 해제하여야 한다. ⑦ <u>대통령은 제4항, 제5항, 제6항의 사유를 지체없이 공포하여야 한다.</u>

헌법 제76조의 긴급명령권 발동 규정을 토대로 〈표 9-1〉에 있는 헌법 제77조 개정안을 만들어 보았다. 개정안은 계엄 선포 시 국회 통고만이 아니라 국회 보고 및 승인을 명시했으며, 국회 승인을 얻지 못할 경우 계엄이 그 즉시 효력을 잃도록 했다. 또한 국회가 계엄 해제를 요

구할 경우 대통령이 이를 지체없이 해제하도록 했고, 대통령의 계엄 선포와 국회의 계엄 승인 및 해제 사유를 지체없이 공포하도록 하는 조항도 새로 담았다.

12·3 내란 과정에서 드러났듯이, 비상계엄 선포는 헌정질서 파괴의 도구로 악용될 가능성이 크다. 그야말로 심각한 국가비상사태라면 국무위원들의 형식적인 심의가 아니라 의결을 거치고, 국회의 전적인 동의를 받지 못할 이유가 없다. 비상계엄 발동으로 시작된 12·3 내란에서 국회가 계엄 해제 권한을 갖고 있었다는 것이 그나마 천만다행인 상황이었다.

새로운 통치형태에 대한 사회적 합의가 없는 상태에서, 그리고 개헌 주도 세력이 분명하지 않은 상황에서 권력구조를 포함한 전면 개헌이 당장은 어려울 수 있다는 사실을 누구나 알고 있다. 하지만 적어도 12·3 내란과 같은 사태의 재발을 막을 수 있는 원포인트 개헌은 매우 절실한 일이므로 얼마든지 가능하다고 본다. 계엄 선포를 통해 국회를 무력으로 진압할 수 있다는 망상 자체를 허용하지 않는 최소한의 개헌에 반대할 사람은 그리 많지 않을 것이다.

이와 관련하여 의회제 국가들의 비상사태 관련 제도를 참고할 필요가 있다. 독일기본법의 제10a장 '긴급방위사태$_{\text{Verteidigungsfall}}$'[106]나 영국의 '민간비상사태법$_{\text{Civil Contingencies Act 2004}}$'[107]은 비상시국에서도 의회의 통제를 보장하는 적절한 사례다. 특히 독일은 나치 정권의 역사적 경험을 바탕으로 비상사태 시에도 의회 민주주의의 근간이 훼손되지 않도록 세밀한 제도적 장치를 마련해 두고 있다. 사실 비상사태 시 발동되는 계엄의 집행권, 결정권, 선포권은 민주적 제도의 작동에 일시적 또는 부분적 제한을 가하는 것이므로, 이는 대통령제나 의회제와 같은 통치형태와 무관하게 철저하고 엄격한 민주적 통제 아래에 두어야 하는 일이다.

제7공화국 수립의 핵심 과제: '의회제-비례대표제' 도입

제7공화국 수립을 위한 최대 주요 과제는 의회제-비례대표제로의

---

106) 독일기본법 제115a조~제115l조에 상세히 규정된 제도로, 연방이 무력으로 침공당하거나 직접적인 침공 위협이 있을 때만 발동될 수 있다. 긴급방위사태 선포를 위해서는 연방정부의 신청에 따라 엄격한 이중 의결정족수(투표에 참여한 의원 중 3분의 2 이상의 찬성과 동시에 전체 재적의원 과반수 이상의 찬성)를 충족해야 한다. 의회 소집이 불가능한 경우에는 '공동위원회(Gemeinsamer Ausschuss)'가 그 기능을 대신하지만, 어떤 경우에도 독일기본법을 개정하거나 그 적용을 중지할 수 없도록 함으로써 긴급상황 속에서도 민주적 기본질서가 유지되도록 제도화되어 있다.
107) 이 법은 비상사태를 영국의 복지, 환경 또는 안보에 심각한 피해를 초래하는 사건이나 상황으로 정의한다. 비상사태 시 정부의 모든 비상조치(emergency regulations)는 의회에 제출한 뒤 7일 이내에 승인을 받아야 하고 최대 30일간만 유효하다. 이때 비상조치는 영국 인권법(Human Rights Act 1998) 제1부와 양립할 수 없는 조항을 포함할 수 없는데, 이는 비상사태라 할지라도 유럽인권협약상의 기본적 인권과 자유를 보장하기 위함이다.

전환이다. 이는 단순한 제도개혁이 아닌, 한국 민주주의의 근본적 전환을 위한 필수 요건이다. 의회제와 비례대표제의 결합은 권력의 분산과 견제, 정치적 대표성 강화, 협치의 제도화를 동시에 달성할 수 있는 최적의 방안이다. 특히 이 두 제도의 결합은 단순히 각각의 장점을 더하는 것을 넘어서는 상호 보완적 효과를 발휘해 민주주의의 질적 도약을 가능케 할 것이다.

한국이 현재 직면한 정치적 위기의 근원에는 대통령제, 다수대표제, 양당제 등 여러 제도적 결함이 중첩되어 있다. 12·3 내란은 이러한 제도적 결함이 극단적 형태로 표출된 사건이다. 특히 대통령제의 이원적 정통성 문제는 행정부와 입법부 사이의 갈등을 해결할 수 있는 제도적 해법을 제공하지 못했고, 다수대표제는 승자독식의 정치를 제도화하며 양당제를 고착화시켰다. 더욱이 이러한 구조적 한계들은 서로를 강화하면서 정치 양극화와 대립을 심화시키는 악순환을 만들어냈다.

이러한 구조적 문제의 해결을 위해서는 의회제와 비례대표제의 유기적 결합이 필수적이다. OECD 38개국의 사례를 보면, 26개국이 의회제를 채택하고 있으며, 이 중 20개국이 비례대표제를 시행하고 있다. 이는 두 제도의 강력한 친화성을 보여준다. 특히 독일, 스웨덴, 네덜란드 등 안정적 민주주의 국가들의 경험은 이러한 제도적 결합이 가져오는 긍정적 효과를 입증한다. 이들 국가에서 나타나는 높은 수준의 정치적 안정성, 사회적 합의, 정책의 연속성은 의회제-비례대표제 조합의 실천적 성과를 보여주는 것이다.

의회제와 비례대표제의 결합이 가져오는 시너지 효과는 크게 세 가지 차원에서 나타난다. 첫째, 의회제는 권력의 분산과 견제를 제도화하고, 비례대표제는 투표 가치의 평등과 다양한 정치세력의 대표성을 보장한다. 둘째, 의회제에서는 연립정부 구성이 자연스러운 현상인데, 비례대표제는 이러한 경향을 더욱 강화하고 안정화한다. 셋째, 의회제와 비례대표제는 모두 정당정치를 강화하고 정당의 정책 경쟁을 촉진한다. 이러한 제도적 결합의 효과는 단순히 정치의 기능 개선을 넘어 정치문화의 전반적 변화를 이끌어내는 동력이 될 수 있다.

그러나 이러한 개혁의 실현은 커다란 도전에 직면해 있다. 현재 다수당인 더불어민주당은 현행 제도에서 오히려 유리한 고지를 점하고 있어, 근본적 체제 개혁에 소극적이다. 기존 보수 진영의 강성 극우화는 대화와 타협을 어렵게 만들면서 개혁의 전망을 더욱 어둡게 만들고 있다. 그러나 레이파르트의 연구 결과가 보여주었듯이, 합의 민주주의는 다수결 민주주의보다 더 나은 민주주의의 성과를 나타냈다. 특히 의회제와 비례대표제를 채택한 국가들은 참여와 책임성, 정치적 안정과 비폭력, 정부 효율성, 법의 지배, 부패 통제 등에서 월등함을 드러냈다. 이러한 실증적 증거들은 의회제-비례대표제 전환의 당위성과 시급성을 뒷받침한다.

의회제-비례대표제 전환의 추진 전략은 정교하게 설계되어야 할 것이다. 시민사회가 주도하는 개헌 논의 속에서 의회제-비례대표제 도입을 핵심 의제로 설정하고, 이에 대한 구체적인 청사진을 제시해야 한다. 의회제의 안정적 운영 방은 마련은 물론 비례대표제와 관련해서는 독일의 연동형 비례대표제나 스웨덴의 완전 비례대표제와 같은 구체적 모델을 비교검토하고 더욱 적합한 방안을 채택할 필요가 있다. 이때 지역 대표성[108]과 비례성의 조화, 안정성과 다양성의 균형과 같은 구체적 쟁점에 대한 세밀한 제도 설계도 필요하다.

또한 의회제-비례대표제 전환은 보완적 개혁과 함께 추진되어야 한다. 헌법재판소를 비롯한 사법부, 감사원 등 국가기구의 독립성 보장과 강화가 필수적이다. 국민발안제 도입과 국민투표제 확대, 시민참여예산제의 확대·발전 등 직접민주주의적 요소도 강화되어야 한다. 특히 계엄제도 개혁과 같은 시급한 과제와 연계하여 의회제-비례대표제로의 전환이 가져올 수 있는 민주주의의 질적 도약을 설득력 있게 제시해야 할 것이다. 이러한 보완적 개혁들은 의회제-비례대표제의 안정적 정착과 발전을 위한 제도적 기반이 된다.

---

108) 독일의 연동형 비례대표제는 16개 주 기반의 비례대표 선거와 지역구 선거를 혼합함으로써 지역 대표성을 살리고 있고, 스웨덴의 완전 비례대표제는 29개 선거구 기반의 권역별 비례대표 선거를 통해 지역 대표성을 반영하고 있다.

중요한 것은 이러한 제도개혁이 통치형태나 선거제도의 단순한 변경이 아닌 한국 정치의 근본적 전환을 위한 핵심 고리라는 점이다. 내란으로 촉발된 현재의 정치적 위기를 극복하고 민주주의를 실질적으로 심화하는 데 있어서 의회제-비례대표제라는 제도적 토대 구축이 결정적 역할을 할 수 있다. 이는 12·3 내란을 넘어 제7공화국을 수립한다고 할 때 반드시 달성해야 할 역사적 과제인 것이다. 이러한 정치체제 전환 없이는 한국 민주주의의 질적 도약과 사회통합의 실현이 요원할 것이다.

헌법개정의 범위와 내용

헌법개정은 그 개정의 범위에 따라 크게 전부개정과 일부개정으로 나눌 수 있다. 한국의 헌법은 제헌헌법인 헌법 제1호$_{1948.07.17.}$를 제외하고 현행 헌법인 헌법 제10호에 이르기까지 모두 9번의 헌법개정이 이루어졌다. 이 가운데 전부개정으로 이루어진 것은 헌법 제6호$_{1962.12.26.}$, 제8호$_{1972.12.27.}$, 제9호$_{1980.10.27.}$, 제10호$_{1987.10.29.}$였고, 일부개정은 헌법 제2호$_{1952.07.07.}$, 제3호$_{1954.11.29.}$, 제4호$_{1960.06.15.}$, 제5호$_{1960.11.29.}$, 제7호$_{1969.10.21.}$였다.

<표 9-2> 대한민국 현행 헌법의 체계

장	절	관	조의 범위
전문			
제1장 총강			제1조~제9조
제2장 국민의 권리와 의무			제10조~제39조
제3장 국회			제40조~제65조
제4장 정부	제1절 대통령		제66조~제85조
	제2절 행정부	제1관 국무총리와 국무위원	제86조~제87조
		제2관 국무회의	제88조~제93조
		제3관 행정각부	제94조~제96조
		제4관 감사원	제97조~제100조
제5장 법원			제101조~제110조
제6장 헌법재판소			제111조~제113조
제7장 선거관리			제114조~제116조
제8장 지방자치			제117조~제118조
제9장 경제			제119조~제127조
제10장 헌법개정			제128조~제130조
부칙			

 합의 민주주의로 나아가기 위한 제7공화국 헌정질서를 수립하기 위해서는 당연히 통치형태 조항과 기본권 조항 등을 아우르는 전면적인 헌법개정이 필요하다. 현행 헌법의 체계는 〈표 9-2〉와 같이 이루어져 있는데, 우선 통치형태를 의회제로 바꾸기 위해서는 현행 헌법 제3장 '국회'와 제4장 '정부'의 관련 조항에 대한 전면적인 개정이 필요하다. 이 책 8장에서 논의된 내용을 담아내기 위해서는 현행 헌법 제2장 '국

민의 권리와 의무', 제8장 '지방자치', 제9장 '경제'의 관련 조항에 대한 대대적인 개정이 필요하다. 구체적으로, 기본권의 실질적 보장, 새로운 기본권의 확립, 노동기본권의 보장, 시민참여의 제도화, 환경권과 미래세대 권리의 보장 등은 제2장과 밀접한 관련이 있고, 지역자치와 균형발전은 제8장과 밀접하며, 경제민주화의 실현은 제9장과 직결된다.

앞의 논의가 헌법의 전반적인 또는 부분적인 내용 변경에 초점을 맞춘 것이라면, 헌법의 형식이나 체계를 개정하면서 내용을 손보자는 의견이 있을 수도 있다. 예를 들어, 김종세$_{2009}$는 국가에 대한 인간의 우월성을 강조할 필요가 있으므로 기본권 편제의 장의 위치를 '전문-기본권-국가조직'의 순으로 개정하자고 제안한다. 그 밖에도 헌법의 문언 자체를 적절하게 개정하자는 의견도 있다. 예를 들어, 김종세$_{2009}$는 주어가 없는 문장, 의미상 주어와 서술어가 호응하지 않는 문장, 절 구성의 오류 등을 바로잡자고 주장한다.

헌법개정과 선거제도의 문제

선거제도 관련 사항은 헌법에 구체적으로 명시하지 않는 것이 당연하게 여겨져 왔다. 선거제도의 구체적인 운영 방식은 시대와 상황에 따라 유연하게 변경될 수 있어야 하므로 하위법인 공직선거법 등에서 규

정하는 것이 올바르다는 인식 때문이다. 그런데 헌법 제9호_{1980.10.27. 전부개}
_정 제77조 제3항은 "국회의원의 선거구와 비례대표제 기타 선거에 관한 사항은 법률로 정한다"라고 되어 있다. 그리고 이 항목은 현행 헌법 제41조 제3항으로 그대로 이어졌다. 선거 관련 사항은 법률로 정한다는 것이 기본 원칙이긴 하지만 헌법 제9호와 제10호에 '비례대표제'라는 개념이 포함되었다는 점을 좀 더 적극적으로 해석해 볼 여지가 있다. 비례대표제와 대립항을 이루는 다수대표제라는 개념 자체가 헌법에 존재하지 않는다는 점도 눈여겨 볼 대목이다.

제41조
① 국회는 국민의 보통·평등·직접·비밀선거에 의하여 선출된 국회의원으로 구성한다.
② 국회의원의 수는 법률로 정하되, 200인 이상으로 한다.
③ 국회의원의 선거구와 비례대표제 기타 선거에 관한 사항은 법률로 정한다.

위의 현행 헌법 제41조 제1항은 독일기본법 제38조 제1항인 "독일 연방의회의 의원은 보통·직접·자유·평등 및 비밀선거에 의해서 선출된다. 그들은 국민 전체의 대표자이고, 명령과 지시에 구속되지 않으며, 자신의 양심에만 따른다"와 유사하다. 독일기본법 역시 한국 헌법과 마찬가지로 선거와 관련한 세부 사항은 법률로 정하도록 한다. 그러나 독일 연방헌법

재판소는 여러 판례를 통해 기본법 제38조 제1항의 '평등' 선거 원칙이 비례대표제를 적극 뒷받침한다고 해석한다. 즉, 정당의 득표율과 의석배분 간의 비례성 확보를 중요한 헌법적 가치로 인정하고 있다.

'평등' 선거 원칙은 일반적으로 두 가지 측면에서 이해할 수 있다. 첫째, '수적인 평등'이다. 모든 선거권자는 동일한 수의 투표권을 가져야 하며, 누구의 표도 다른 사람의 표보다 더 큰 가치를 가져서는 안 된다는 원칙이다. 과거 프로이센의 '3등급 선거제도'[109]나 영국의 '복수투표제'[110]처럼 재산이나 신분에 따라 투표가치가 달라지는 것을 금지하는 것이다. 둘째, '투표 가치의 평등'이다. 각 표가 대표자 선출에 미치는 영향력이 평등해야 한다는 원칙이다. 예를 들어, 선거구 간 인구편차가 지나치게 큰 것은 이러한 원칙을 위배한다. 인구가 적은 선거구 유권자의 한 표 가치가 인구가 많은 선거구 유권자의 한 표 가치보다 훨씬 더 커지게 되기 때문이다.

한국의 헌법재판소도 이러한 두 가지 측면을 모두 인정하며, 특히 투표 가치의 평등과 관련해서는 국회의원 선거구의 상한 인구수와 하한 인구수 비율이 2대 1을 넘어서면 안 된다는 구체적 기준을 제시했다. 그러나 이는 소선거구에 기초한 다수대표제를 전제로 한 상태에서

---

[109] 납세액에 따라 유권자를 상·중·하 3등급으로 나누어 각 등급이 동일한 수의 선거인단을 선출하도록 한 제도로, 1849년부터 1918년까지 시행되었다.
[110] 특정 자격(대학 졸업, 사업체 소유 등)을 가진 유권자가 거주지 외에도 추가로 투표권을 행사할 수 있었던 제도로, 1948년까지 시행되었다.

투표 가치 평등의 문제를 협소하게 다룬 것이다. 투표 가치 평등의 문제를 독일 연방헌법재판소와 같이 적극적으로 해석하면, 사표를 최대화하는 다수대표제가 아니라 사표를 최소화하는 비례내표제가 투표 가치의 평등을 적극적으로 보장하는 올바른 방향이다.

헌법개정 과정의 민주화

현행 헌법개정 절차는 국회 재적의원 과반수 또는 대통령의 발의, 국회 재적의원 3분의 2 이상의 찬성 의결, 그리고 국민투표에서 국회의원 선거권자 과반수의 투표와 투표자 과반수의 찬성이라는 세 단계로 이루어진다. 이러한 절차는 마지막 단계에서 국민투표를 통해 국민 참여를 일정하게 보장하는 것처럼 보이지만, 헌법 내용 자체를 형성하는 과정에서는 국민이 실질적으로 참여할 수 있는 제도적 통로가 없다.

구체적으로 살펴보면, 우선 국민 발의권이 없으므로 개헌 발의 자체가 국회와 대통령에 의해 독점된다. 개헌안 논의를 정치권이 주도한다고 하더라도 시민사회나 전문가 집단이 체계적으로 논의에 참여할 수 있는 제도적 수단조차 없다. 공청회나 토론회 같은 숙의 과정이 법적으로 의무화되어 있지 않아 충분한 사회적 논의 없이 개헌이 진행될 수도 있다. 마지막으로, 국민투표라는 절차가 있으나 이는 이미 정치권에서 확정된 개헌안에 대한 단순 찬반만을 묻는 형식적 절차에 불과하다.

1987년 제9차 개헌 과정 또한 이러한 한계를 극명하게 보여주는 사례였다. 당시 개헌 논의는 여야 정치인 8인의 정치협상으로 진행되었으며, 단 한 차례의 공청회도 없이 3개월 만에 개헌의 모든 절차가 완료되었다. 7월 23일 여야 8인 정치회담이 구성된 후, 8월 3일부터 실질적 논의가 시작되어 8월 31일에 개헌안 합의에 이르렀고, 이후 국회 공고 요청과 대통령 공고를 거쳐 10월 12일 국회 의결, 10월 27일 국민투표로 개헌이 확정된 것이다. 이는 민주화 이후의 시대를 규정한 헌법이 주권자인 국민의 실질적 참여 없이 개정되었다는 것을 보여준다. 그 이후 한국 사회는 아직도 헌법개정 과정의 민주화를 이룩하지 못했다.

민주화의 결실이라 불리는 1987년 헌법은 역설적으로 그 제정 과정에서 민주적 절차를 충분히 따르지 못했다. 당시 시민사회와 전문가 집단은 개헌 논의에서 배제되었고, 지역의 목소리와 다양한 사회계층의 의견이 반영될 기회도 없었다. 6월 민주항쟁으로 표출된 거대한 민주화 운동의 에너지가 소수 정치인의 합의로 축소되며 제도화되었다. 특히 당시 개헌 논의 과정은 '밀실 협상'이라는 비판까지 받았다. 여야 정치인들은 각자의 정치적 이해관계에 따라 대통령 직선제와 권한 배분 문제에 집중했을 뿐, 다양한 개혁 의제들은 제대로 다루지 않았다.

현대 민주주의 국가에서 헌법개정은 단순히 낡은 제도를 손보고 땜

질하는 기술적 과정이 아니라, 국민적 합의를 통해 새로운 사회계약을 형성하는 과정이어야 한다. 특히 통치구조 개혁과 같은 중대한 변화를 수반하는 헌법개정은 정치세력 간의 이해관계 조정에 그치는 것이 아니라, 주권자인 국민이 국가권력의 구성과 운영 원리를 새롭게 설계하는 주체로 나서는 과정이어야 한다. 헌법개정은 국민의 다양한 목소리가 숙의와 합의를 통해 반영되는 이성적 대화의 산물이어야 하며, 정치적 이권을 둘러싼 담합의 결과물로 전락해서는 안 될 것이다.

비민주적 헌법개정 절차의 한계를 극복하기 위해서는 제도적 보완이 필수적이다. 제21대 국회에서 김진표 전 국회의장이 발의한 '개헌절차법' 제정안은 국회 '헌법특별위원회'의 상설화, 500명 이상의 시민이 참여하는 '헌법개정국민참여회의'의 구성, 공론조사의 의무화 등 국민참여를 실질화하는 방안을 제시했다. 이러한 제안은 형식적 국민 참여의 한계를 넘어설 수 있는 소중한 첫걸음이 될 수 있다. 이를 더욱 구체화하면서 온라인 플랫폼을 통한 의견수렴, 전문가와 시민이 참여하는 토론회, 지역별 공청회 등 다층적인 참여 구조를 확보하여 헌법개정 논의의 민주적 성격을 강화할 수 있을 것이다.

헌법개정 과정의 민주화는 단순히 절차적 정당성을 확보하는 차원을 넘어, 헌법이 국민의 의사를 충분히 반영하는 생명력 있는 규범으로 기능하기 위한 필수 조건이다. 헌법개정 과정에 국민의 참여를 실질적으로 보장하는 일은 헌법의 민주적 정당성을 더욱 강화하는 훌륭한 방안이기도 하다.

시민참여형 헌법개정과 시민사회의 역할

현재 한국의 정치 지형에서 제7공화국으로의 이행을 위한 동력은 일차적으로 시민사회에서 찾을 수밖에 없다. 현행 체제를 유지하고자 하는 두 축인 더불어민주당과 국민의힘이 근본적 개혁을 주도할 것이라고 기대하기는 어렵다. 더불어민주당은 현행 제도에서 이미 상당한 정치적 우위를 확보하고 있어 체제 변화에 적극적이지 않고, 국민의힘은 12·3 내란 사태 이후 갈피를 잡지 못한 채 민주공화국을 부정하는 반체제 정당화의 경향마저 보여주었다.

진보정치 세력의 분화와 약화도 제7공화국 수립의 동력을 떨어뜨리는 요소다. 일부는 더불어민주당의 위성정당 체제에 흡수되어 독자성을 상실했고, 정의당을 비롯한 나머지 세력들은 정치적 영향력이 현저히 감소하면서 주변부로 밀려난 상태다. 이처럼 양당 체제의 고착화와 진보정치의 해체가 중첩되는 가운데 의회정치가 더 이상 발전하지 못하고 있는 실정이다.

이러한 상황에서 시민사회의 역할이 더욱 중요해졌고, 시민참여형 헌법개정에 대한 관심도 더욱 높을 수밖에 없다. 헌법개정 과정뿐만 아니라 중요정책 결정에서도 시민참여를 제도화할 필요성은 크다. 앞에서 논의한 바 있는 시민의회, 공론화위원회 등과 같은 다양한 형태의 참여 기구를 통해 개헌에 관한 심도 있는 논의를 하고 의견을 수렴하는 것이 요구된다. 나아가 최근 해외에서 등장하고 있는 시민참여형 헌법개정을 위한 혁신적 모델들도 눈여겨 볼 필요가 있다.

2012년 아이슬란드는 2008년 금융위기 이후 고조된 정치 불신을 배경으로 획기적인 시민참여형 헌법개정을 시도했다. 아이슬란드의 새 헌법 초안은 "세계 최초의 '크라우드소싱crowdsourced' 헌법"이었다Morris 2012. 무작위로 선발된 950명의 시민이 헌법의 핵심 가치와 원칙을 제안했고, 공개 선거로 선출된 25명의 제헌위원회가 초안을 작성했다. 모든 회의는 온라인으로 생중계되었으며, 소셜미디어를 통해 시민들의 의견을 수렴했다. 4개월간의 논의 과정에서 12개의 초안에 대해 3,600여 건의 시민 의견이 제출되었고, 이 중 상당수가 최종안에 반영되었다Popescu and Loveland 2021.

아이슬란드의 크라우드소싱 헌법안은 환경보호, 국제인권법 준수, 난민과 이주민의 권리보장, 자연 자원의 공정한 분배 등을 담아 사회의 새로운 가치와 방향을 제시했다. 이 개헌안은 국민투표에서 3분의 2 이상의 지지를 받았으나 국민투표 자체가 구속력이 없었고, 의회는 절차상의 문제와 논의 시간 부족 등의 다양한 이유를 들어 이 안을 부결했다. 그러나 이러한 시도는 시민들이 직접 참여하여 헌법의 기본 원칙과 가치를 정했다는 점, 온라인 플랫폼을 통한 폭넓은 의견 개진이 가능했다는 점에서 대의 민주주의를 보완하는 새로운 모델로 평가받았다. 비록 최종 개정에는 실패했으나 시민들의 적극적인 참여와 합의를 통해 만들어진 개헌안은 민주주의의 새로운 가능성을 보여준 의미 있는 성과였다.

2016년 멕시코시티는 자체 '도시헌법' 제정 과정에서 또 다른 혁신적인 시민참여 모델을 보여주었다. 시장이 임명한 실무그룹이 초안을 작성하고 시민 의견을 수렴했으며, 디지털 플랫폼을 통해 설문조사, 온라인 청원, 초안 의견제시, 시민 주도 행사 등 네 가지 참여 방식을 제공했다. 특히 세계에서 가장 큰 온라인 청원 플랫폼인 'Change.org'를 활용한 청원 시스템에서는 5만 명 이상의 서명을 받은 청원을 시장이 직접 검토하여 도시헌법안에 반영하기로 했다. 이는 시민들의 의견이 실제 정책 결정 과정에 반영될 수 있는 구체적인 경로를 제시했다는 점에서 주목할 만하다.

6개월에 걸친 시민참여 과정에서 341개의 온라인 청원에 40만 명 이상이 참여했고, 3만 건의 설문조사, 100개의 에세이와 1,000개의 의견 제출, 55개의 시민 주도 행사가 이루어졌다. 이러한 광범위한 시민참여는 도시헌법의 민주적 정당성을 높이는 데 기여했다. 2018년 9월 발효된 멕시코시티 도시헌법은 라틴아메리카에서 가장 진보적인 지방자치 헌법으로 평가받았으며, 유엔은 이를 "발전과 평화의 핵심 과제를 다룬 역사적 문서"로 인정했다.~GovLab. n.d.~ 이는 지방정부 차원에서 이루어진 시민참여형 헌법제정의 성공적 사례로서, 향후 다른 도시들의 자치법규 제정 과정뿐만 아니라 헌법개정 과정의 시민참여 모델 개발을 위한 중요한 참고 사례가 될 수 있다.

한국에서도 시민사회는 헌법개정 과정에서 다음과 같은 적극적 역할을 수행할 수 있을 것이다. 첫째, 시민단체들은 학계와 협력하여 개헌의 구체적 내용을 연구하고 제안하는 싱크탱크로서의 기능을 더욱 강화해야 한다. 그간 몇몇 시민단체들이 개헌 논의와 관련한 의제설정 기능을 일부 수행해 오긴 했으나, 이러한 기능의 극대화가 필요한 순간은 바로 지금이다. 특히 통치형태 및 선거제도 혁신, 사회적 기본권 보장 등에 관한 구체적인 연구가 시급하다. 이러한 연구는 단순한 학술적 작업에 그쳐서는 안 되며, 시민들이 이해하기 쉬운 형태로 다듬어져 폭넓은 토론의 기초가 되어야 한다. 이러한 싱크탱크의 기능이 제대로 작동할 때 개헌에 관한 시민들의 다양하고 깊이 있는 의견 형성이 가능할 것이다.

둘째, 시민의회와 같은 숙의 민주주의 기구의 도입을 제안하고 운영에 적극 참여해야 한다. 앞에서 본 해외 사례들은 디지털 기술을 활용한 시민참여 방식의 혁신 가능성을 보여준다. 온라인 플랫폼을 통한 의견수렴, 실시간 토론 중계, 그리고 모든 논의 과정과 자료를 체계적으로 기록하고 시민들이 쉽게 찾아볼 수 있도록 하는 디지털 아카이빙 등을 통해 참여의 폭을 넓히고 논의의 투명성을 확보해야 한다. 다만, 이러한 디지털 기술의 활용이 정보 접근성의 불평등을 심화시키지 않도록 주의해야 할 것이다. 따라서 오프라인 참여 방식과 온라인 참여 방식을 적절히 결합하고, 디지털 리터러시 교육을 병행하는 등 포용적인 시민참여 체계를 구축하는 노력이 필요하다.

셋째, 감시 및 견제 역할을 넘어 참여의 실효성을 확보해야 한다. 정치권의 밀실 담합이나 졸속 논의 및 처리를 방지하고, 개헌 과정의 투명성과 공정성을 확보하기 위한 감시 및 견제 역할은 매우 중요하다. 그러나 시민참여는 이러한 영역에 국한되지 않고 다양한 숙의 민주주의 기구 구성과 운영까지를 아우른다. 문제는 시민참여의 실효성을 높이는 것이다. 이를 위해서는 시민참여로 도출한 결과가 단순한 의견 개진에 그치는 것이 아니라 일정한 구속력을 지녀야 한다. 따라서 시민참여 절차와 그 결과의 위상을 분명히 하고, 이것이 존중되도록 하는 법·제도적 장치가 필요하다.

넷째, 시민교육 주체로서의 능동적 역할이다. 시민참여형 헌법개정의 성공을 위해서는 결국 시민사회의 역량 강화가 필수적이다. 시민들이 헌법적 쟁점들을 이해하고 합리적인 판단을 내릴 수 있도록 시민교육을 강화하고 토론을 활성화해야 한다. 이를 위해 학계, 시민단체, 언론 등이 협력하여 헌법 관련 교육 프로그램을 개발하고, 시민들의 민주주의에 대한 이해 증진과 함께 헌법적 소양을 제고하기 위한 다양한 방안을 모색해야 한다.

이러한 시민사회의 다층적 역할이 제대로 작동할 때, 진정한 의미의 시민참여형 헌법개정이 이루어질 수 있다. 물론 시민사회의 적극적 참여만으로 제7공화국으로의 이행이 보장되는 것은 아니다. 정치권의 결단, 제도적 뒷받침, 그리고 무엇보다 광범위한 사회적 합의가 함께 이루어져야 한다. 그러나 시민사회의 적극적 참여와 혁신적 실험이 이러한 변화의 출발점이자 추동력이 될 것이라는 점은 분명하다. 특히 현재와 같이 정치권이 근본적 개혁을 주저하고 있는 상황에서, 시민사회의 적극적 역할은 단순히 여러 필요조건 가운데 하나가 아니라 제7공화국 수립의 관건이다.

제7공화국 이행의 로드맵

현재 한국 정치는 '개헌의 역설' 상황에 직면해 있다. 12·3 내란 사태로 인해 개헌의 필요성에 대한 공감대는 확산하고 있지만, 정치적 실현 가능성은 오히려 감소하고 있다. 더불어민주당의 현상 유지 선호와 국민의힘의 반체제 정당화라는 조건은 개헌에 더욱 부정적인 환경을 조성하고 있다. 이러한 상황을 극복하고 이상적인 개헌 방향으로 나아가기 위해 최선을 다하되, 현실적으로는 최소주의적 접근도 병행할 필요가 있다. 가장 시급한 과제는 대통령의 비상대권 제한, 국회의 계엄 승인권 도입, 군대에 대한 민주적 통제 체계 강화와 같은 긴급조치 관련 제도의 폭넓은 개혁이다. 이는 내란의 재발을 원천적으로 방지하기 위한 최소한의 제도적 장치이다.

개헌을 포함한 정치체제 전환 논의의 출발점은 12·3 내란 사태의 완전한 종식이다. 윤석열의 탄핵과 파면에 승복하지 않고 여전히 내란을 두둔하거나 헌법재판소, 선관위 등과 같은 헌법기관을 부정하는 정치세력과는 87년 체제의 한계를 넘어서자는 논의를 진행하기 어려울 것이다.[111] 헌정질서를 수호하며 이를 발전시킬 의지가 있는 정당들이 2025년 6월 3일로 예정된 제21대 대통령 선거에 참여하며 각자의 개

---

[111] 일각에서는 내란을 일으킨 윤석열의 탄핵과 파면을 반대하고 당원자격조차 박탈하지 않은 국민의힘은 '민주적 기본질서'를 위배하고 있으므로 해산되는 것이 마땅하다며, 정부가 헌법재판소에 해산을 제소해야 한다고 주장한다. 헌법재판소가 2014년 12월 19일 통합진보당 해산을 결정한 주된 이유에 비추어 보면, 그 가능성도 충분하다는 설명이다. 그러나 어떤 차기 정부가 들어서더라도 현실적으로 국민의힘 해산을 제소할 가능성은 매우 낮다. 윤석열 파면 이후 치러지는 제21대 대통령 선거에 국민의힘 후보가 출마한다면, 이는 과거의 부적절한 행위와 상관없이 '민주적 기본질서'를 인정하는 것으로 해석될 수 있기 때문이다. 만일 국민의힘이 헌법재판소의 대통령 파면 결정에 불복하고 대통령 선거를 보이코트하며, 이른바 '국민저항권' 행사에 앞장서는 상황이라면 문제는 전혀 달라진다.

헌 구상을 명확히 밝히는 것은 필수적인 일이다. 그러나 대통령 파면이 결정된 4월 4일로부터 불과 60일 만에 치러지는 촉박한 선거 일정을 고려할 때 대선 과정에서 개헌 논의가 충분하게 이루어지기는 현실적으로 어렵다.

따라서 각 후보의 개헌 관련 공약은 제7공화국 논의의 출발점으로 기능할 수 있으되, 그것이 곧바로 개헌의 방향과 내용을 결정하는 것일 수는 없다. 새로운 대통령의 임기가 시작되면 이러한 공약은 국민적 개헌 논의를 촉발하는 토대 역할을 해야 한다. 대통령 당선인은 자신의 공약을 기초로 하되 폭넓은 사회적 논의와 합의 과정을 통해 최종 개헌안이 도출될 수 있도록 적극 노력해야 할 것이다.

개헌 논의와 관련한 구체적인 로드맵은 개헌의 최종 단계인 국민투표 실시 일정을 고려하여 그 역순으로 구성해 볼 수 있다. 개헌을 먼 미래의 일로 미루지만 않는다면, 현실적으로 〈표 9-3〉이 제시하는 것처럼 세 가지 선택지가 가능하다. 어떤 방안에서건 개헌안뿐만 아니라 선거제도를 포함한 정치개혁안을 함께 논의하여 헌법, 선거법, 정당법 등을 한 묶음으로 처리하는 것이 가장 이상적이고 바람직한 방향이다.

〈표 9-3〉 제7공화국 이행 로드맵 세 가지 안 비교

구분	1안	2안	3안
국민투표 일정	2026년 6월 지방선거	2027년 4월 단독	2028년 4월 총선
주요 특징	· 제21대 대통령 선거 직후 신속한 논의 시작하여 1년 이내 개헌안 등 합의 · 2단계 전략 구사 가능 (1단계로 계엄 관련 부분 개헌 완료)	· 선거구 확정 법정시한인 총선 1년 전 기준으로 기한 설정 · 약 2년의 논의 기간 확보 · 개헌 국민투표 단독 실시	· 개헌 국민투표만 총선에 맞춤 · 약 3년의 긴 논의 기간 확보 · 선거법 등 정치개혁은 총선 1년 전 완료
장점	· 개헌 논의 모멘텀 유지 · 계엄제도 개혁 등 시급한 과제 우선 처리 가능 · 지방선거와 동시 투표로 행정 효율성 향상	· 개헌 논의를 위한 적절한 시간 확보 · 개헌과 정치개혁 완료 후 이에 따른 총선 준비 가능 · 의회제-비례대표제로의 신속한 전환에 적합	· 가장 긴 시간 확보로 개헌 관련 심층 논의 가능 · 총선과 동시 투표로 행정 효율성 향상
단점	· 논의 시간 촉박으로 이해관계 조정이나 시민참여 제한 우려 · 2단계 전략 추진 시 더욱 복잡한 과정과 절차가 따름	· 단독 국민투표 실시에 따른 행정적 부담 · 단독 국민투표 시 낮은 투표율 우려	· 논의 장기화에 따른 모멘텀 상실 위험 · 정치적 돌발변수 발생 가능성 증가 · 통치형태 변화 시점의 지연
필요 조건	· 대통령 당선 직후 개헌 논의 기구 즉각 구성 · 신속하고 원활한 합의 도출 메커니즘 마련 · 최소한 계엄 부분 개헌에 대한 확고한 의지	· 범국민적 개헌 논의 기구 및 시민참여 기구의 안정적 운영 · 시민사회의 폭넓은 참여 보장	· 장기적 논의를 지속하기 위한 제도적 안정성 확보 · 선거법 등 정치개혁의 선행 추진 의지

가장 시기가 빠른 1안의 성공을 위해서는 제21대 대통령 선거가 끝나자마자 신속한 논의가 진행되어야 한다. 만일 2026년 6월 지방선거

이전에 전면 개헌과 정치관계법 전반의 개정 합의가 어렵다고 하더라도, 최소한 12·3 내란과 같은 사태를 방지할 수 있는 계엄제도 개혁은 합의를 이루고 부분 개헌과 계엄법 개정 등을 통해 최소한의 제도개혁을 완수해야 한다. 이때는 계엄 관련 부분 개헌 등을 1단계로 먼저 완료하고, 나머지 논의를 계속 진행하면서 전면 개헌 및 기타 개혁을 완료하는 2단계 전략도 충분히 구사해 볼 수 있다.

2안은 2028년 4월 총선 1년 전을 기준으로 한 것이다. 지금까지 제대로 지켜진 적이 없는 법이긴 하나, 공직선거법 제24조의2는 국회가 "국회의원지역구를 선거일 전 1년까지 확정하여야 한다"라고 규정하고 있다. 선거법을 포함한 개헌 등의 전체 논의를 이 시점까지 완료하는 계획을 세우는 것이다. 개헌을 마무리 짓기 위해서는 주요 선거와 별도의 국민투표일을 지정해야 한다는 행정적 부담은 있다. 그러나 이 방안은 개헌 논의를 충실히 진행할 수 있는 시간적 여유를 확보할 수 있고, 개헌뿐만 아니라 선거제도를 핵심으로 한 정치관계법 개혁을 완료한 상태로 2028년 총선을 맞이할 수 있다는 장점이 있다.

사실 의회제-비례대표제로의 신속한 전면 전환을 염두에 둔다면, 이 방안이 가장 적절하다. 2028년 4월 총선을 비례대표제로 치르고, 이를 통해 구성된 의회 다수파가 행정부를 이끄는 의회제가 출범하기 위해서는 적어도 총선 1년 전에 개헌과 정치관계법 개정을 완료해야 한다. 새로운 정치체제를 준비할 최소한의 시간이 필요하기 때문이다. 개헌 과정에서 해당 대통령의 임기를 총선 시점까지로 단축하는 것에 합의하면, 총선 직후에는 총리가 이끄는 새로운 내각이 출범할 수 있다. 전임 대통령도 의회의 신임만 보장된다면 다시 총리가 될 가능성이 열려 있다.

마지막 3안은 사실상 개헌 국민투표만 총선 일정에 맞추는 것이다. 선거법 등의 정치개혁 논의는 위에서 언급한 공직선거법의 선거구 확정 문제뿐만 아니라 출마를 희망하는 정당과 후보자의 준비 등을 고려할 때 총선 1년 전에 먼저 마무리하는 것이 바람직하다. 개헌 이외의 과제를 이처럼 미리 처리할 수 있고, 개헌 논의도 중단 없이 계속하여 제23대 총선 이전에 합의를 도출할 수만 있다면 큰 문제가 없는 방안이다. 그러나 개헌 논의를 3년가량 길게 끌고 가는 것에는 일정한 위험 부담도 따른다. 어떤 정치적 돌발변수가 발생할지 알 수 없기 때문이다. 총선과 동시에 개헌안이 통과되더라도 통치형태의 변화 시점이 총선에서 한참 뒤로 미루어질 가능성이 크다는 단점도 있다.

이상의 세 가지 로드맵을 상세히 검토하면서 적절한 방안을 선택하고, 범국민적 개헌 논의 기구 구성으로 나아갈 수 있다. 대통령 당선인은 취임과 동시에 국회 및 각 정당과 함께 기구 구성 논의를 시작하고, 이를 정부, 국회, 정당뿐만 아니라 시민사회의 다양한 영역이 폭넓게 참여하는, 실질적 의사결정 권한을 지닌 기구로 발전시켜야 한다.

이 기구는 정파적 이해관계를 초월하는 독립적 지위를 확보하고, 다양한 형태의 시민참여 기구를 통해 심도 있는 논의와 광범위한 의견수렴 작업을 병행해야 할 것이다. 이때 개헌 논의 기구 및 시민참여 기구의 구성과 운영은 정치적 이해관계자가 일방적으로 좌지우지할 수 없도록 하고, 시민사회의 폭넓은 참여가 보장되는 방식으로 이루어져야 한다. 이와 동시에 개헌과 정치개혁 등의 구체적 내용이 각계각층에서 활발하게 논의되어야 할 것이다.

12·3 내란 사태는 한국 민주주의의 구조적 취약성을 드러냈다. 그러나 이러한 취약성의 확인은 근본적 개혁의 필요성을 더욱 절감하게 했다. 제7공화국으로의 이행은 대결과 배제의 정치에서 협력과 포용의 정치로, 승자독식 체제에서 합의 민주주의 체제로의 전환을 의미한다. 이는 단순한 제도개혁을 넘어 한국 사회의 질적 도약을 위한 역사적 과제다. 합의 민주주의 모델에 기초한 새로운 정치체제를 수립하고 이를 정착시키기 위해서는 의회제-비례대표제 도입을 위한 개헌 및 관련 제도개혁 작업이 필수적이다. 이와 함께 정당정치 및 정당체제의 혁신, 정당 민주주의 실현, 시민참여의 제도화 등이 추진되어야 한다. 이러한 종합적 접근만이 정치체제의 근본적 혁신을 가능케 하고 한국 민주주의의 확고한 도약을 실현할 것이다.

|맺으며|
제7공화국의 미래:
지속 가능한 민주주의를 위하여

　12·3 내란의 후과는 막대했다. 당장 한국의 민주주의 수준이 급격히 추락했다. '이코노미스트 인텔리전스 유닛'이 매년 발표하는 '민주주의 지수'에서 2023년 8.09점을 기록해 '완전한 민주주의' 국가로 분류되던 한국은 2024년 7.75점으로 내려앉아 '결함 있는 민주주의' 국가로 강등되었다EIU 2025. 순위도 전년에 비해 10계단을 내려앉아 세계 32위를 기록했다. 내란 사태의 발발이 직접적인 원인이었다. 이러한 객관적 지표의 하락은 민주주의의 위기에 대한 분명한 경고다. 그러나 이 지표가 잡아낼 수 없는 요소가 있었다. 위기 상황에서 민주주의를 지켜낸 시민들의 신속하고 자발적인 저항이다.

　12·3 내란은 1987년 민주화 이후 한국 민주주의의 가장 어두운 순간이었지만, 이에 대처하는 과정에서는 민주주의를 향한 열망과 희망

의 근거가 발견되었다. 비상계엄 선포가 알려지자마자 수천 명의 시민들이 국회 앞으로 달려와 헌정질서를 파괴하려는 시도에 단호히 맞섰다. 디지털 플랫폼을 통한 시민들의 능동적인 정보 공유와 연대는 새로운 시민 저항의 가능성을 보여주었다. 국회는 계엄 해제권을 행사하여 민주주의의 마지막 저지선을 지켰다. 동원된 계엄군 내부에서도 위법한 명령에 대해 크고 작은 저항이 일어났다. 한국 사회가 이미 민주주의의 가치를 상당 부분 내면화하고 있었기에 경고등이 켜지자 즉각 반응할 수 있었다. 민주주의의 불씨가 계속 타오르고 있었던 것이다.

이 책은 12·3 내란이라는 역사적 사건을 계기로 더욱 절실해진 한국 민주주의의 근본적 개혁에 관한 내용을 담았다. 특히 의회제-비례대표제로의 전환이라는 제도적 대안을 중심으로 기본권의 확장을 포함한 실질적 민주주의의 강화를 위한 포괄적인 개혁안을 제시하고자 했다. 이 작업은 민주주의를 단순한 정치제도가 아니라 사회 전반의 근본적 변화를 위한 기획과 실천으로 보는 관점에서 출발했다. 내란 종식 이후 우리가 열어야 할 새로운 민주주의 체제를 향한 열망이 조금씩 피어나고는 있지만, 그 방향이 뚜렷하지 않은 이때, 이 책은 합의 민주주의 체제를 지향하는 제7공화국의 청사진 제시를 목표로 삼았다.

이 책이 제안하는 제7공화국은 다수결 민주주의에서 합의 민주주의로의 전환을 통해 한국 민주주의의 질적 도약을 이루는 새로운 정치체제다. 현행 대통령제와 다수대표제의 결합이 승자독식의 정치를 제도화하고 정치적 양극화를 심화시켜온 반면, 의회제와 비례대표제의 결합은 권력의 분산과 견제, 정치적 대표성 강화, 협치의 제도화를 가능케 한다. 특히 의회제는 대통령제에 고질적인 이원적 정통성과 경직성 문제를 해소하고 제도화된 협력과 견제 및 균형을 제공하며, 비례대표제는 다양한 정치세력의 의회 진출을 보장하고 정책 중심의 정당정치를 강화한다. 정치문화의 혁신과 함께 추진되어야 할 이러한 제도적 전환은 한국 민주주의의 새로운 도약을 위한 핵심 과제다.

제7공화국은 형식적 민주주의를 넘어 실질적 민주주의로의 전환을 이끌어내야 한다. 현재 한국 사회는 단순한 권력구조 개편을 넘어 사회경제적 민주주의 실현과 다차원적 불평등 해소라는 복합적 도전에 직면해 있다. 실질적 민주주의의 핵심 과제는 기본권의 실질적 보장, 경제민주화와 노동권 강화, 지역자치 실질화, 시민참여 제도화, 그리고 환경권과 미래세대 권리 보장 등이다. 이는 정치적 민주화와 사회경제적 민주화 사이의 간극을 메우는 필수적 작업이다. 통치구조 개혁과 정치개혁이 이러한 실질적 민주주의 과제들과 유기적으로 결합할 때 비로소 제7공화국은 이전 공화국과 본질적으로 구별되는 새로운 정치체제로 자리매김할 수 있을 것이다.

변화는 이미 시작되었다. 12·3 내란 이후 시민사회는 더욱 활성화되었고, 새로운 민주주의와 정치개혁에 대한 요구가 분출하고 있다. 기존 정당들도 변화의 거센 압력에 직면해 있다. 윤석열 파면으로 치러지는 제21대 대통령 선거 과정을 제7공화국 수립 논의의 출발점으로 만들어야 한다. 대통령 선거를 거치면서 개헌 등에 관한 사회적 논의를 제대로 시작할 수 있다면, 빠르게는 2026년 6월 지방선거와 동시에 개헌 국민투표를 실시하여 제7공화국 수립을 위한 큰 걸음을 내디딜 수 있다. 아무리 늦어도 2028년 제23대 총선을 넘기지 않고 개헌과 정치개혁 작업을 완료하는 것을 목표로 해야 한다.

제7공화국으로의 이행은 정치적, 문화적, 제도적 차원에서 복합적인 도전과 과제를 안고 있다. 무엇보다 의회제와 비례대표제에 대한 뿌리 깊은 거부감, 정당정치에 대한 불신, 정치문화의 미성숙 등 한국 사회에 자리 잡은 문화적 제약을 극복해야 한다. 이는 단순한 제도 변경을 넘어서는 정치문화의 전환을 요구한다. 한국의 정치문화와 시민의식이 의회제와 비례대표제의 협치 모델과 조화를 이루기 위해서는 무엇보다 정당의 민주화와 책임정치 확립이 수반되어야 한다. 시민들이 정당과 정치인을 불신하는 근본적 원인을 해소하지 않은 채 이루어지는 제도적 변화는 기존의 정치적 관행에 의해 왜곡될 위험이 크며, 실질적인 변화로 이어지기 어렵다.

이러한 정치문화적 전환과 함께 개헌의 정치적 실현 가능성을 높이기 위한 전략적 접근도 필요하다. 전면 개헌이 당장 어렵다면 부분 또는 최소 개헌부터 시작하는 단계적 개헌을 검토할 수 있다. 개헌의 정치적 동력을 어떻게 형성할 것인지, 시민사회의 역량을 어떻게 결집할 것인지, 그리고 개헌에 소극적이거나 정략적으로만 접근하는 거대정당들을 어떻게 설득할 것인지가 중요한 과제다. 이를 위해서는 학계와 언론, 시민사회가 긴밀하게 협력하여 개헌의 필요성에 대한 사회적 공감대를 확산하는 작업이 선행되어야 한다. 정치체제 전환은 시민 모두의 적극적인 관심과 참여 없이는 불가능하다는 점에서, 풍부한 논의가 이루어질 수 있는 공론장 형성이 매우 중요하다.

이 과정에서 정치적 리더십의 문제가 중요하게 부각된다. 그러나 존경할 만한 특정 정치 지도자의 등장만으로 이 문제가 해결될 것이라 기대하는 것은 현실적이지도 않고 바람직하지도 않다. 해법은 인물 중심의 정치를 극복하고 민주적 정당정치를 발전시키며 이를 제도와 규범으로 확립하는 것에 있다. 시민사회의 감시와 비판, 참여는 정당정치에 긴장감을 불어넣고, 기존 정치의 관성과 한계를 넘어서는 새로운 정치적 실천을 가능케 할 것이다. 정치권은 당파적 이해를 넘어 역사적 책임감을 가지고 개헌과 정치개혁에 동참해야 한다. 제7공화국으로의 전환은 사회의 각 주체가 자신의 역할을 다하고 서로 협력할 때 비로소 현실이 될 수 있을 것이다.

12·3 내란은 한국 사회에 뼈아픈 교훈을 남겼다. 이 사태는 민주주의가 얼마나 취약한 것인지를 보여주었지만, 동시에 민주주의가 얼마나 소중한 가치인지를 절감하게 했다. 이 역사적 경험은 더 견고하고 포용적인 민주주의를 향한 새로운 이정표가 되어야 한다. 제7공화국은 이러한 시대적 요청에 대한 종합적이고 체계적인 헌정적 응답이다. 제6공화국이 군부독재 종식이라는 시대적 과제를 해결함으로써 수립되었다면, 제7공화국은 대통령제를 종식하고 실질적 민주주의의 구현이라는 새로운 시대적 과제를 해결함으로써 수립될 수 있다.

이미 변화는 시작되었고, 한국 사회는 그 역사적 전환의 한가운데 서 있다. 제7공화국이 펼칠 지속 가능한 민주주의는 시민의 삶과 무관한 정치체제의 형식적 변화로 이루어지지 않는다. 대통령제와 함께 제6공화국 체제가 종언을 맞이할 운명이라 하더라도, 제7공화국이 저절로 열리지는 않을 것이다. 제7공화국을 현실로 만드는 것은 결국 민주주의를 끊임없이 구성하고 발전시키는 주역인 공화국 시민의 몫이다.

참고문헌

강명세. 2013. "재분배의 정치경제: 권력자원 대 정치제도."『한국정치학회보』 47집 5호, 71-94.
강병익. 2016. "헌정주의와 사회국가."『아세아연구』 59권 2호, 6-37.
강신구. 2014. "준대통령제의 개념과 실제."『한국정치연구』 23집 3호, 111-136.
강원택. 2005.『한국의 정치개혁과 민주주의』. 고양: 인간사랑.
강원택. 2016.『어떻게 바꿀 것인가: 비정상 정치의 정상화를 위한 첫 질문』. 고양: 이와우.
강원택. 2017. "87년 헌법의 개헌 과정과 시대적 함의."『역사비평』 119호, 12-37.
강원택. 2022.『국가는 어떻게 통치되는가: 대통령제, 내각제, 이원정부제』. 고양: 인간사랑.
금 민. 2007.『사회적 공화주의: 한국 사회 위기 해소를 위한 정치 기획』. 고양: 박종철출판사.
김대중. 2010.『김대중 자서전 2』. 서울: 삼인.
김문현 외. 2016.『대화문화아카데미 2016 새헌법안』. 서울: 대화문화아카데미.
김선화. 2017. "헌법개정시 국민소환제 도입의 쟁점."『이슈와 논점』 1380호(국회입법조사처 2017.11.14.).
김수갑. 2017. "사회적 기본권의 법적 성격."『유럽헌법연구』 23호, 167-207.
김연식. 2022. "핀란드 헌법의 권력 구조에서 대통령의 과거, 현재 그리고 미래."『법학연구』 32권 4호, 31-74.
김인영. 2020. "이원정부제 전환의 정치 동학: 핀란드, 폴란드, 대만 사례를 중심으로."『세계지역연구논총』 38집 3호, 57-81.
김일년. 2020. "제왕적 대통령제란 무엇인가?: 그 기원에 대한 성찰."『역사비평』 133호, 412-436.
김종세. 2009. "기본권 일반조항의 바람직한 헌법개정방향."『법학연구』 34집, 19-39.
나필열. 2009.『의원내각제 채택의 필요성』. 파주: 한국학술정보(주).

남윤민. 2021. "경제적 불평등과 민주주의의 후퇴." 『비교민주주의연구』 17집 2호, 135-166.
박경미. 2007. "민주화 이후 한국의 교섭단체제도와 정당경쟁." 『한국정당학회보』 6권 1호, 5-26.
박경미. 2010. "교섭단체제 운영의 정치적 결과: 주요 정당의 합의와 배제의 구조." 『Oughtopia』 25권 1호, 191-213.
박기덕. 2007. "한국의 정부형태 및 권력구조 논쟁; 쟁점의 본질과 효율적 대안." 『한국정치연구』 16집 1호, 111-140.
박명호·양병하. 2016. "정치개혁을 위한 협의제 민주주의의 제도개선 방향: 선거와 정당 그리고 정치자금을 중심으로." 『선거연구』 7호, 181-201.
박 준. 2023. "한국의 정치 양극화 현황과 제도적 대안에 관한 국민인식조사." 『KIPA DATA BRIEF』 통권 16호. 한국행정연구원.
서희경. 2001. "헌법의 제정과 운영: 대한민국 건국기의 정부형태에 관한 논쟁을 중심으로." 『한국정치연구』 10권, 355-397.
선학태. 2012. "정치제도와 복지국가: 민주국가들의 비교." 『동서연구』 24권 1호, 191-218.
선학태. 2021. 『합의제 헌정체제: 연합정치 행정부-의회 협치 사회적 대화』. 광주: 전남대학교출판문화원.
송진미. 2023. "뉴질랜드 의회 선거제도." 『이슈와 논점』 2095호(국회입법조사처 2023.05.17.).
신진욱. 2024. "한국에서 민주주의 퇴행과 양극화 균열구조: 제22대 총선과 실종된 체제전환 전망." 『경제와사회』 142호, 140-174.
이동성·유종성. 2017. "이원정부제의 이론적, 경험적 고찰 및 한국적 적용을 위한 사례 검토." 『동향과 전망』 100호, 118-151.
장영수. 2012. "개헌을 통한 권력구조 개편의 기본방향: 분권형 대통령제의 가능성을 중심으로." 『고려법학』 67호, 1-34.
장 훈. 2003. "카르텔 정당체제의 형성과 발전: 민주화 이후 한국의 경우." 『한국과 국제정치』 19권 3호, 31-59.
정재황. 2023. "지역균형발전을 위한 헌법개정 방향." 『지방자치법연구』 23권 2호, 73-107.

조소영. 2015. "국고보조금의 합리적 개선방안에 관한 고찰."『공법학연구』16권 1호, 3-26.
조지형. 2008.『대통령의 탄생: 대통령 제도는 어떻게 생겨났는가』. 파주: 살림.
최광은. 2021. "정치적 불평등 완화를 위한 기획, 민주주의 배당",『평화연구』29권 1호, 141-178.
최광은. 2024.『위성정당 OUT!: 꼼수와 반칙이 망가뜨린 K-민주주의 대해부』. 평택: 정직한 모색.
최영진. 2009. "개헌주장은 타당한가?: 4년 중임제에 대한 비판적 검토."『사회과학연구』17집 1호, 328-363.
최장집. 2010.『민주화 이후의 민주주의: 한국 민주주의의 보수적 기원과 위기』개정2판. 서울: 후마니타스.
최태욱. 2014.『한국형 합의제 민주주의를 말하다: 시장의 우위에 서는 정치를 위하여』. 서울: 책세상.
최한수. 2005. "한국 역대정권의 대통령제 권력구조 특성에 관한 연구."『대한정치학회보』13집 2호, 291-311.
최호동. 2020.『1987년 헌법규정의 형성과정 연구』. 서울대학교 법학전문대학원 법학전문박사 학위논문.
허석재. 2023. "2023년 독일 연방선거법 개정 내용과 시사점."『외국 입법·정책 분석』36호(국회입법조사처 2023.05.30.).
허유정·윤광일. 2021. "한국 정당체계의 연속성: 법-제도적 측면을 중심으로."『미래정치연구』11권 2호, 33-70.
홍재우. 2010. "합의제 민주주의는 다수제 민주주의보다 우월한가?"『비교민주주의연구』6집 1호, 5-54.
황태연. 2005. "유럽 분권형 대통령제에 관한 고찰."『한국정치학회보』39권 2호, 45-63.
Almond, Gabriel A. and Sidney Verba. *The Civic Culture: Political Attitudes and Democracy in Five Nations.* Princeton: Princeton University Press.

Bartels, Larry M. 2016. *Unequal Democracy*. 2nd ed. New York: Russell Sage.
Bermeo, Nancy. 2016. "On Democratic Backsliding." *Journal of Democracy* 27(1): 5-19.
Bradshaw, Samantha, Hannah Bailey, and Philip N. Howard. 2021. "Industrialized Disinformation: 2020 Global Inventory of Organised Social Media Manipulation." Working Paper 2021.1. Oxford, UK: Project on Computational Propaganda.
Bunce, Valerie. 1995. "Should Transitologists Be Grounded?" *Slavic Review* 54(1): 111-127.
Carothers, Thomas. 2002. "The End of the Transition Paradigm." *Journal of Democracy* 13(1): 5-21.
Chancel, Lucas, Thomas Piketty, Emmanuel Saez, Gabriel Zucman et al. World Inequality Report 2022. World Inequality Lab wir2022.wid.world.
Cheibub, José A. 2006. *Presidentialism, Parliamentarism, and Democracy*. Cambridge: Cambridge University Press.
Duverger, Maurice. 1954. *Political Parties: Their Organization and Activity in the Modern State*. Barbara and Robert North (trans.). London: Methuen.
Duverger, Maurice. 1980. "A New Political System Model: Semi-Presidential Government." *European Journal of Political Research* 8(2): 165-187.
EIU. 2025. Democracy Index 2024: What's wrong with representative democracy? https://www.eiu.com/n/campaigns/democracy-index-2024/
Elgie, Robert. 2011. *Semi-Presidentialism: Sub-Types and Democratic Performance*. Oxford: Oxford University Press.
Friedman, Steven. 2011. "Beyond 'Democratic Consolidation': An Alternative Understanding of Democratic Progress." *Theoria: A Journal of Social and Political Theory* 58(126): 27-55.

Gerring, John, Strom C. Thacker, and Carola Moreno. 2009. "Are parliamentary systems better?" *Comparative Political Studies* 42(3): 327-359.

Giles, Martin and Benjamin I. Page. 2014. "Testing Theories of American Politics: Elites, Interest Groups, and Average Citizens." *Perspectives on Politics* 12(3): 564-581.

GovLab. n.d. Constitución CDMX. Crowdsourcing Mexico City's Constitution: Case Study. https://congress.crowd.law/case-constitución-cdmx.html

Huntington, Samuel P. 1991. *The Third Wave: Democratization in the Late Twentieth Century*. Norman: University of Oklahoma Press.

Laakso, Markku and Rein Taagepera. 1979. ""Effective" Number of Parties: A Measure with Application to West Europe." *Comparative Political Studies* 12(1): 3-27.

Levitsky, Steven and Daniel Ziblatt. 2018. *How Democracies Die*. New York: Broadway Books. 박세연 역. 2018. 『어떻게 민주주의는 무너지는가』. 서울: 어크로스.

Lijphart, Arend. 1994. "Presidentialism and Majoritarian Democracy: Theoretical Observations." In Juan J. Linz and Arturo Valenzuela, eds. *The Failure of Presidential Democracy: Comparative Perspectives*, 91-105. Baltimore: Johns Hopkins University Press.

Lijphart, Arend. 2012. *Patterns of Democracy: Government Forms and Performance in Thirty-Six Countries*. 2nd ed. New Haven: Yale University Press. 김석동 역. 2016. 『민주주의의 유형: 다수결 민주주의와 합의 민주주의 간의 정부 형태와 성과 비교』. 서울: 성균관대학교출판부.

Lijphart, Arend. 2023. "The perils of presidentialism: Juan Linz's analysis and further reflections." *Revista Chilena de Derecho y Ciencia Política* 14(1): 1-8.

Linz, Juan J. 1990a. "The Perils of Presidentialism." *Journal of Democracy* 1(1): 51-69.

Linz, Juan J. 1990b. "The Virtues of Parliamentarism." *Journal of Democracy* 1(4): 84–91.

Linz, Juan J. 1994. "Presidential or Parliamentary Democracy: Does It Make a Difference?" In Juan J. Linz and Arturo Valenzuela, eds. *The Failure of Presidential Democracy: Comparative Perspectives*, 3–87. Baltimore: Johns Hopkins University Press.

Linz, Juan J. and Alfred Stepan. 1996. *Problem of Democratic Transition and Consolidation*. Baltimore: Johns Hopkins University Press.

Loewenstein, Karl. 1957. *Political Power and the Governmental Process*. Chicago: University of Chicago Press.

Mainwaring, Scott. 1993. "Presidentialism, Multipartism, and Democracy: The Difficult Combination." *Comparative Political Studies* 26(2): 198–228.

Mebane Jr., Walter R. 2020a. "Frauds in the Korea 2020 Parliamentary Election." Unpublished manuscript (April 28), University of Michigan.

Mebane Jr., Walter R. 2020b. "Anomalies and Frauds in the Korea 2020 Parliamentary Election." Unpublished manuscript (May 13), University of Michigan.

Morris, Harvey. 2012. "Crowdsourcing Iceland's Constitution." The New York Times. https://rendezvous.blogs.nytimes.com/2012/10/24/crowdsourcing-icelands-constitution/

O'Donnell, Guillermo. 1994. "Delegative Democracy." *Journal of Democracy* 5(1): 55–69.

O'Donnell, Guillermo. 1996. "Illusions about Consolidation." *Journal of Democracy* 7(2): 34–51.

Popescu, Delia and Matthew Loveland. 2021. "Judging Deliberation: An Assessment of the Crowdsourced Icelandic Constitutional Project." *Journal of Deliberative Democracy* 18(1): 1–14.

Runciman, David. 2018. *How Democracy Ends*. London: Profile Books. 최이현 역. 2020. 『쿠데타, 대재앙, 정보권력: 민주주의를 위협하는 새로운 신호들』. 서울: 아날로그.

Schattschneider, Elmer Eric. 1942/2017. *Party Government*. New York: Routledge.

Schedler, Andreas. 1998. "What is Democratic Consolidation?" *Journal of Democracy* 9(2): 91-107.

Shugart, Matthew S. and John M. Carey. 1992. *Presidents and Assemblies: Constitutional Design and Electoral Dynamics*. Cambridge: Cambridge University Press.

Shugart, Matthew S. 2005. "Semi-Presidential Systems: Dual Executive And Mixed Authority Patterns." *French Politics* 3: 323-351.

Stepan, Alfred and Cindy Skach. 1994. "Presidentialism and Parliamentarism in Comparative Perspective." In Juan J. Linz and Arturo Valenzuela, eds. *The Failure of Presidential Democracy: Comparative Perspectives*, 119-136. Baltimore: Johns Hopkins University Press.

Tilly, Charles. 2007. *Democracy*. Cambridge: Cambridge University Press. 이승협·이주영 공역. 2010. 『위기의 민주주의』. 서울: 전략과문화.

V-Dem Institute. 2019. Democracy Report 2019: Democracy Facing Global Challenges. https://v-dem.net/publications/democracy-reports/

V-Dem Institute. 2024. Democracy Report 2024: Democracy Winning and Losing at the Ballot. https://v-dem.net/publications/democracy-reports/

V-Dem Institute. 2025. Democracy Report 2025: 25 Years of Autocratization — Democracy Trumped? https://v-dem.net/publications/democracy-reports/

찾아보기

ㄱ

가브리엘 아몬드 Almond, Gabriel A. 216
간사이광역연합 239
개헌
    개헌의 역설 251, 252, 254, 277
    발췌 개헌 50, 52, 53
    사사오입 개헌 50, 52, 53
    3선 개헌 50, 57
    유신 개헌 50
    직선제 개헌 61, 89, 138, 149, 156
개헌절차법 271
건설적 불신임 투표 157, 200, 211
경제민주화 221, 229-232, 235, 248, 249, 266
계엄
    경고성 계엄 36
    계엄 선포권 40, 75, 257
    계엄 포고령 31, 39
    계엄 해제권 16, 41, 105, 285
계엄령 30, 31, 46
공동결정제도 235
공론화위원회 244, 245, 273
광역협력체계 238
국가보위입법회의 36, 37
국가수반 54, 146, 190, 193, 209-210, 215
국가안전기획부 60, 105
국가재건최고회의 55
국가정보원 105
국가정보원장 109
국무원 78
국무총리 51, 54, 55, 64, 77, 78, 111, 112, 265
국민발안제 225, 241, 263
국민소환제 241, 242-243
국민의힘 12, 21, 24, 25, 45, 82, 88, 91, 141, 156, 171, 242, 251, 253-254, 272, 278
국민투표제 241, 242, 263
국민헌법자문특별위원회 138, 139
군부독재 60, 104, 251, 289
군사쿠데타 42, 56, 59, 125
군사혁명위원회 55
권력구조 15, 41, 42, 49, 52, 67, 68, 69, 72, 93, 113, 137, 140, 143, 144, 146, 147, 148, 154, 155, 160, 162, 182, 183, 192, 214, 218, 221, 222, 236, 249, 251, 253, 259, 286
권위주의 49, 52, 59, 68, 95, 97, 103, 105, 106, 108-110, 114, 115, 153, 201, 229

선거 권위주의 11
폐쇄된 권위주의 11
권위주의화 117
균형발전 221, 236-240, 248, 249, 266
극우 세력 27, 39, 40, 126, 127, 156
금민 161, 162
기독교민주연합 158, 200
기독교사회연합 200
기본권
    기본권 보장 56, 214, 222, 225, 226, 237
    사회적 기본권 220, 275
기예르모 오도넬 O'Donnell, Guillermo 114, 118, 119
기후시민의회 244
기후위기 131, 224, 232, 246, 247
김대중 14, 57, 61, 63, 64, 66, 77, 80, 85, 86-87, 89, 92, 94, 116, 136, 139, 155
김영삼 14, 63, 64, 66, 77, 80, 86, 89, 92, 136, 155
김종필 66, 136, 255

ㄴ
내란 우두머리 3, 10, 17, 22, 30, 68
낸시 버미오 Bermeo, Nancy 34
노동기본권 130, 221, 233-236, 248, 249, 266
노무현 77, 80, 85, 87, 94, 136, 139, 141
노태우 14, 59, 61, 63, 64, 65, 66, 77, 80, 85, 86, 136, 139, 149, 155, 197

노회찬 160-161, 162
녹색당 200, 211

ㄷ
다당제 165, 181, 185, 199, 201, 202, 203, 207, 213, 214, 253, 255
단독정부 49, 55, 195, 201, 202, 205, 206
단순다수대표제 79, 166, 213
    소선거구 단순다수대표제 168, 170, 175, 179, 182, 253
    중선거구 단순다수대표제 168
단임 대통령제
    5년 단임 대통령제 14, 64, 83, 91, 141, 145, 252, 256
    6년 단임 대통령제 14, 63
    7년 단임 대통령제 59
단점정부 49, 84-88, 143
당일투표 23
대니얼 지블랫 Ziblatt, Daniel 42, 43, 45
대통령선거인 59
대통령선거인단 59
대통령제
    4년 중임 대통령제 14, 64, 90, 91, 92, 135, 138, 140-143, 153, 162, 252, 254, 256
    제왕적 대통령제 41, 68, 92, 93, 94, 95, 146
대통령 중심제 74, 89-90, 136
더불어민주당 12, 21, 23, 31, 38, 43, 88, 91, 156, 170, 171, 242, 243, 251, 253,

254, 262, 272, 278
도널드 트럼프 Trump, Donald 44, 122, 124
도시헌법 274-275
독일을 위한 대안 126
뒤베르제의 법칙 166, 202
DJP연합 66, 85, 136
디지털 리터러시 276
디지털 플랫폼 131, 274, 285

ㄹ ─────────────

래리 바텔스 Bartels, Larry M. 128
레지옹 239
로버트 엘지 Elgie, Robert 145
루이 나폴레옹 보나파르트 34

ㅁ ─────────────

마틴 길렌스 Gilens, Martin 128
모리스 뒤베르제 Duverger, Maurice 166
미디어 리터러시 131
미래세대 위원회 247
민의원 54, 167
민주노동당 160
민주당 54, 55, 56
민주자유당 65, 86, 136
민주정의당 14, 61, 62, 63, 64, 65, 86, 155, 156, 171
민주주의
 경제적 민주주의 160
 다수결 민주주의 166, 174, 175, 176, 189, 200-206, 218, 262, 285
 대의 민주주의 15, 17, 129, 131, 152, 154, 221, 240, 274
 민주주의 공고화 114, 115, 116, 117
 민주주의 공고화론 16, 103, 104, 115, 117, 118, 121
 민주주의 단계론 103, 115
 민주주의 이행 114
 민주주의 이행론 114, 115
 민주주의 지수 122, 123, 145, 204, 284
 비자유주의적 민주주의 125
 사회경제적 민주주의 233
 선거 민주주의 11, 151, 165, 178, 179
 선거 민주주의 지수 11, 123-124
 숙의 민주주의 240, 244, 245, 275, 276
 의회 민주주의 121, 194, 260
 자유 민주주의 지수 11
 정당 민주주의 97, 98, 151, 165, 177, 178, 179, 182-185, 255, 283
 정치적 민주주의 160, 236
 참여 민주주의 131, 132, 154, 221, 240
 합의 민주주의 17, 165, 176, 182, 188, 189, 200-206, 216, 217, 218, 248, 262, 265, 283, 285
민주주의 다양성 연구소 11, 123-124
민주화
 경제적 민주화 221, 229
 민주화 이행 104, 105, 106, 116, 117
 보수적 민주화 104
 정치적 민주화 221, 229, 286
 제3의 민주화 물결 103, 118

1987년 민주화 59, 65, 72, 89, 103, 104, 107, 116, 251, 284
민주항쟁
    광주 민주항쟁 59, 104
    6월 민주항쟁 60, 65, 69, 104, 270
민주헌법쟁취 국민운동본부 65
민주화운동 41, 54, 107, 149, 155, 270
    광주 민주화운동 162
    1987년 민주화운동 153

ㅂ

바이마르 공화국 157, 211
박근혜 22, 40, 67, 77, 79, 80, 83, 85, 89, 92, 137, 139, 141, 198
반국가 세력 12, 21, 27, 28, 30, 31, 32, 33, 35, 38, 43, 46, 108
발레리 번스 Bunce, Valerie 120
법치주의 117, 126, 177
벤자민 페이지 Page, Benjamin I. 128
복수 투표제 268
본체정당 177, 178
분점정부 11, 49, 73, 77, 84-88, 141, 142, 190, 252, 257
불평등
    경제적 불평등 127, 128, 130, 132
    사회경제적 불평등 233
    소득 불평등 205-206
비례대표제
    연동형 비례대표제 180, 211, 213, 214, 215, 218, 263
    완전 비례대표제 212, 214, 215, 263
    준연동형 비례대표제 168, 176-177, 179
비례성 원칙(과잉금지 원칙) 226
비상계엄 4, 10, 11, 12, 13, 21, 28, 29, 30, 33, 35, 36, 37, 38, 43, 60, 68, 78, 82, 95, 103, 105, 111, 112, 155, 251, 254, 257, 258, 259, 285
비상입법기구 35, 37

ㅅ

사이버 부대 129
사전투표 22, 23, 24
사회국가 220
사회민주당 158, 200
사회적 공화주의 161
삼권분립 56, 74, 117, 121
3당 합당 65, 85, 136, 174
3등급 선거제도 268
상호 관용 45-46
새뮤얼 헌팅턴 Huntington, Samuel P. 116
샤를 드골 de Gaulle, Charles 13
샤츠슈나이더 Schattschneider, E. E. 166
세계 불평등 연구소 127
소선거구제 167-168
수정 생라그 방식 212
수평적 재정조정제도 237
스티븐 레비츠키 Levitsky, Steven 42, 43, 45, 122
스티븐 프리드먼 Friedman, Steven 120
승자독식 73, 80, 142, 151, 165, 174, 175,

176, 189, 190, 191, 192, 197, 200, 207, 210, 211, 218, 257, 261, 283, 286
시드니 버바 Verba, Sidney 216
시민의회 244, 273, 275
신대통령제 74, 75
신자유주의 127, 161, 229
　　신자유주의 세계화 127

ㅇ ─────────────
아돌프 히틀러 34
아렌트 레이파르트 Lijphart, Arend 82, 149, 203, 262
아서 슐레진저 Schlesinger Jr., Arthur 41
양당제 82, 142, 164, 165, 166, 168, 169, 172, 174, 175, 176, 178, 182, 198, 201, 202, 203, 206, 213, 214, 261
양원제 54
연립정부 49, 157, 159, 195, 199, 200, 201, 202, 205, 206, 207, 262
영속민주화론 17, 104, 118-121, 132
옥스퍼드 인터넷 연구소 129
월터 미베인 Mebane Jr., Walter R. 22, 23
위성정당 2, 165, 168, 170, 176-178, 179, 253, 272
유신체제 58, 59, 60, 64, 75, 108
유신헌법 58, 63, 64, 241
6·29 선언 60-61, 65, 104
윤보선 55, 57, 148, 157
음모론 22, 44, 82, 83

국제 음모론 26
극우 음모론 22
부정선거 음모론 16, 21, 22, 23, 24, 26, 27, 39, 44, 83, 156, 254
의회제-비례대표제 17, 206-207, 208, 211, 216, 217, 221, 248, 251, 255, 260-264, 280, 281, 283
이명박 77, 79, 80, 85, 87, 89, 116, 137, 139
이원적 정통성 73, 190, 206, 261, 286
이재명 23, 79, 80, 141, 198, 243
이코노미스트 인텔리전스 유닛 122-123, 204, 284
입헌군주 159, 193, 209-210
입헌군주국 159
입헌군주제 159

ㅈ ─────────────
자유당 55, 126
자유민주당 158, 200, 253
자유민주연합 66
자유위임 원칙 241
자이르 보우소나루 Bolsonaro, Jair 124, 125
장면 55, 148, 157
재분배 130, 205-206
정당체제 68, 97, 155, 165, 171, 172, 175, 176, 178, 185, 201, 283
　　선거-정당체제 17, 165, 181, 183, 185, 253
정당명부제

개방형 정당명부제 181, 212, 215
폐쇄형 정당명부제 181, 215
정부구성 49, 201, 205-206
정부형태 49, 250
정의당 160, 272
정치 양극화 82, 142, 148, 261
정치문화 42, 68, 108, 110, 194, 207, 214-218, 256, 257, 262, 286, 287
제도적 자제 46
제1공화국 16, 49, 50, 174
제2공화국 49, 50, 54, 69, 147, 148, 157
제3공화국 50, 55, 56, 57, 64, 78, 97
제4공화국 50, 147, 157
제5공화국 37, 50, 58, 59, 64, 171
제6공화국 14, 16, 17, 29, 49, 50, 63, 64, 70, 75, 77, 79-80, 85, 86-88, 169, 171, 251
제헌헌법 50, 52, 54, 78, 264
조정의석 212
주민자치 239,
준대통령제 135, 140, 144-149, 153, 159, 193, 204, 208-210, 218, 252, 256, 257
    대통령제형 준대통령제 208
    의회제형 준대통령제 208
중국 혐오 156
지니계수 205-206
지방분권 138, 160, 161, 162, 236
지방자치 236, 238, 240, 265, 266, 275
지방자치단체 27, 226, 237, 238, 239, 240
지역자치 221, 236-240, 248, 249, 266, 286
지역주의 142, 150, 165, 175, 198, 200, 216, 255
진보정치 272

ㅊ ────────────
참의원 54, 167
참정권 161, 224, 225,
철인왕 16
체제
    위성정당 체제 253, 272
    87년 체제 14, 15, 42, 61, 67, 75, 78, 135, 278
최장집 72, 92, 97, 98, 104, 139, 229, 233
충암파 39
친위쿠데타 11, 16, 20, 29, 34, 42, 103, 126

ㅋ ────────────
칼 뢰벤슈타인 Loewenstein, Karl 74
쿠데타 33, 55, 59, 64, 125
    행정부 쿠데타 20
크라우드소싱 헌법안 273

ㅌ ────────────
탄핵소추안 2, 4, 29-30, 137
탄핵심판 4, 28, 36, 112, 198
탈민주화 115, 120
토마스 캐로더스 Carothers, Thomas 115
통일민주당 61, 62, 63, 65, 66
통치형태 12, 14, 17, 49, 50, 52, 68, 73, 81,

93, 98, 135, 138, 144, 147, 149, 154, 160, 161, 162, 163, 165, 182, 183, 196, 201, 205-206, 207, 208-210, 215, 256, 259, 260, 264, 265, 275, 280, 282

환경권 221, 224, 245-247, 248, 249, 266, 286
후안 린츠 Linz, Juan J. 81, 150, 189, 191, 195, 210, 211

ㅍ

파시즘 127
포퓰리즘 44, 104, 129-130, 148, 152, 192
    극우 포퓰리즘 121, 124, 127
폭동 13, 35, 44, 125, 126
플라톤 Plato 16
필터 버블 128

ㅎ

하원의원소환법 243
한국사회당 55, 161
행정수반 54, 72, 146, 190, 193, 194
헌법개정
    시민참여형 헌법개정 17, 272-277
헌법개정특별위원회 65, 138, 139, 141, 155, 160, 224, 254
헌법회의 244
헌법재판소 2, 4, 13, 28, 31, 36, 38, 41, 54, 64, 112, 126, 158, 198, 226, 247, 254, 263, 265, 268, 278
헌정주의 139, 140
헌정질서 16, 37, 43, 53, 56-57, 64, 103, 116, 126, 139, 259, 265, 278, 285
호세 체이붑 Cheibub, José A. 147
환경 옴부즈만 247

대통령제의 종언
내란을 넘어 제7공화국으로

2025년 5월 1일 1판 1쇄

지은이 | 최광은
펴낸이 | 신석준
디자인 | 이현중

펴낸곳 | 정직한 모색
주　소 | 경기도 평택시 현신7길 43, 305동 1501호
전　화 | 010-7942-7321
이메일 | silkliver@naver.com

ISBN | 979-11-989678-0-0

값 20,000원